네트워크
설계 및 실습

NETWORK DESIGN & PRACTICE

홍릉과학출판사

머리말

네트워크 기술의 발달은 현대 문명을 그 끝이 어딘지 알 수 없을 정도로 발전시켜 가고 있고 생활의 편리함과 정보의 신속성을 바탕으로 무한 질주를 하고 있습니다. 컴퓨터가 모든 곳에 편재한다는 의미의 유비쿼터스(ubiquitous) 개념을 지나, 모든 사물이 네트워크로 연결되는 사물인터넷(Internet of Things) 시대로 향하고 있습니다. 그야말로 모든 것이 네트워크로 연결되는 시대가 다가오고 있습니다. 이렇듯 서로 연결된 네트워크 인프라 위에서 앞으로 새로운 애플리케이션들이 엄청나게 생겨나게 될 것입니다.

이러한 시대적 변화에 따라 네트워크 기술도 함께 변화하고 있습니다. 그 변화 속에서 라우터의 보안, 스위치 보안 그리고 IPv6 기술이 중요한 기술로 다루어지고 있습니다. 이러한 변화의 필요성에 따라 「네트워크 설계 및 실습」 교재를 개발하게 되었습니다. 특히 본 교재는 네트워크 이론을 기반으로 실습 위주로 구성되어 있고 최근 변경된 CCNA 공인인증 시험에 출제되는 필요 기술들을 포함하고 있습니다.

특별히 네트워크에 입문하는 누구에게도 쉽게 이해되도록 기술하였습니다. 네트워크 기술에 관심이 있는 학생들에게 네트워크 개념의 이해 및 실습에 도움이 되기를 바랍니다.

2014년 5월

차례

Chapter
01 네트워크 개요

Chapter
02 네트워크 통신 모델

차례

차례

차례

Chapter 08

라우팅 프로토콜

Chapter 09

스위치 기술과 VLAN

차례

Chapter 10 네트워크 보안

Chapter 01 네트워크 개요

1.1 네트워크 구성

네트워크(network)를 구축한다는 것은 사용자와 홈 그리고 사무실 등을 물리적 통신 설비를 기반으로 표준 통신 프로토콜로 연결하여 네트워크를 구축하는 것을 의미한다. 또한 네트워크는 또 다른 네트워크로 연결되어 거대한 인터넷으로 구성되며 사용자들이 원하는 정보를 언제든지 이용할 수 있는 것을 의미한다.

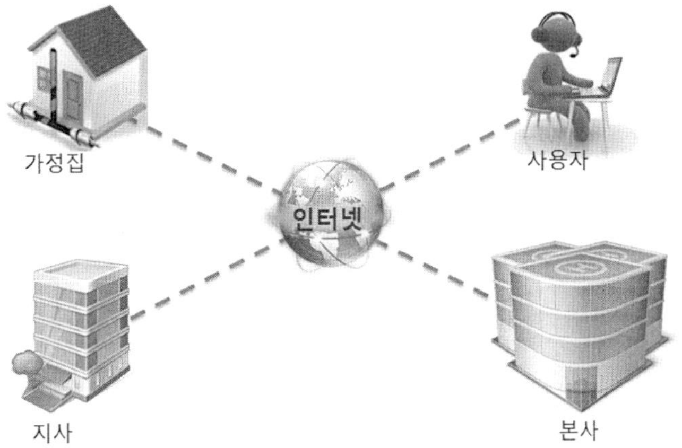

그림 1.1 네트워크 구축 개념

네트워크를 구성하는 물리적인 개념에서 하드웨어기반의 구성요소가 필요하다. 그 공통 구성요소는 다음과 같은 것들이 있다. 예들 들면 라우터, 스위치 그리고 이더넷 카드, 커넥터, 허브 등이 있고 서버 시스템과 개인용 컴퓨터 같은 호스트(host) 등이 있다.

표 1.1 네트워크 구성요소

네트워크 구성요소	기능
라우터	IP 주소기반 다른 네트워크와 통신 가능 장비
스위치	이더넷 주소기반 다음 목적지 회선 선택 장비
커넥터(RJ-45)	다양한 통신장비를 네트워크로 연결
이더넷 카드	단말기에 연결되어 데이터 송수신 역할
DSU/CSU, 모뎀, 허브, 리피터, 공유기	데이터전송을 위한 통신 주변 장치

표 1.1과 같은 각각의 구성요소를 기반으로 네트워크 표준(standard) 프로토콜로 연결되어 그림 1.2와 같은 네트워크의 네트워크를 구성 가능하다. 이를 우리는 인터넷이라 부른다.

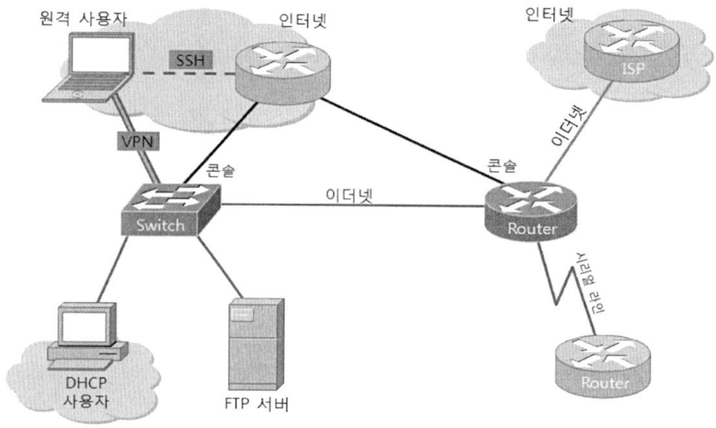

그림 1.2 인터넷

네트워크를 구성하게 되면 거리와 공간의 제약을 극복하여 많은 정보기술의 다양한 장점을 활용할 수 있다. 먼저, 같은 네트워크 스토리지와 백업 장치를 비롯한 하드웨어와 소프트웨어 자원들 그리고 수많은 데이터와 응용 프로그램들의 공유가 가능하다. 이러한 기능들은 클라우딩 컴퓨팅 시대에서 더욱 극대화될 것이다.

표준 네트워크 프로토콜 기반의 인터넷에서는 네트워크 주요 서비스인 이메일 서비스, 포털 서비스와 게임 그리고 홈쇼핑 서비스, 실시간으로 정보를 주고받은 네이트 같은 메신저 서비스, 나아가 화상 서비스와 파일공유 서비스 등의 애플리케이션 서비스를 언제 어디서든지 이용할 수 있게 된다. 네트워크 구축을 위해 사용되는 표준 프로토콜은 인터넷에서 사용되는 TCP/IP (Transmission Control Protocol/Internet Protocol) 프로토콜이다. TCP/IP 프로토콜을 이용하여 여러 토폴로지 형태의 네트워크를 연결한 것이 바로 인터넷인 것이다. 그리고 TCP/IP 프로토콜을 이용하여 내부 네트워크를 연결하여 내부 네트워크 사이 통신을 가능하게 한 것이 인트라넷(Intranet)이다. 인트라넷과 유사한 개념으로 지사 혹은 협력업체 등이 VPN(Virtual Private Network)같은 솔루션을 기반으로 원격에서 접속하여 업무처리가 가능한 것을 엑스트라넷(Extranet)이라 한다.

1.2 네트워크 분류

네트워크는 네트워크로 구성될 규모와 전체 크기에 따라 LAN(Local Area Network), MAN(Metropolitan Area Network), WAN(Wide Area Network)으로 분류할 수 있다. 먼저 LAN이란 작은 공간에서 필요로 하는 PC와 프린터 그리고 서버 등의 장치들을 연결하여 네트워크로 구성하는 것이다. 예를 들면 하나의 공간에 컴퓨터가 20에서 30대 정도의 네트워크를 구성한다면 이런 경우 LAN이라 할 수 있다. MAN이란 LAN보다는 큰 네트워크를 나타내며 다음에 설명할 WAN보다는 지리적으로 작은 장소의 컴퓨터와 통신장비들을 서로 연결하는 네트워크이다. 예를 들면 하나의 도시를 네트워크로 구축하는 규모이다. 이는 다수의 LAN을 브리지 혹은 백본 회선에 연결하는 의미이다. WAN은 멀리 떨어진 지역을 서로 연결하여 네트워크의 네트워크로 구성하는 것으로 우리가 흔히 이야기하는 인터넷을 바로 WAN이라 부른다. 인터넷이 가능한 환경은 WAN으로 볼 수 있다. 현재는 LAN 혹은 WAN의 의미를 엄격하게 구분한다기보다는 인터넷을 사용하기 위해 네트워크를 설치하고 구축하는 의미로 볼 수 있다.

1.3 네트워크 특징

(1) 전송 속도

네트워크 특징의 속도는 송신 네트워크에서 수신 네트워크까지 데이터가 이동하는 속도를 의미한다. 이는 초당 송신지에서 수신지까지 이동된 데이터의 양을 나타낸다. 일정기간 동안 전송된 정보의 양을 전송한 시간으로 나누는 방법을 적용하여 측정하고 평균 전송 속도로 나타낸다. 사용되는 단위로는 초당 전송된 비트수(BPS: Bit Per Second)로 표현된다. 예를 들면 64,000bps라고 한다면 초당 전송할 수 있는 비트수가 64,000bit라는 의미이다. 덧붙여 전송 속도를 나타내는 단위로는 baud(보)가 있다. 보는 초당 전송되는 단위 신호의 수를 의미한다. 보는 하나의 비트가 하나의 신호 단위로 쓰이는 경우에는 보 속도와 bps 속도는 같다. 그러나 2비트가 하나의 신호 단위로 사용되는 경우는 bps = baud * 2가 되고 3비트인 경우는 보 신호의 세 배 그리고 4비트인 경우는 보 신호의 네 배의 속도로 처리됨을 나타낸다.

속도를 표현할 때 대역폭(bandwidth)은 신호가 가지고 있는 주파수 범위의 크기를 나타내며 전송매체에서는 한 번에 실어 나를 수 있는 주파수 범위의 크기를 의미한다. 전송매체에 대해서는 3장에서 다루어진다. 일반적으로 전송매체의 대역폭은 전송하는 신호의 대역폭보다 크거나 같아야 한다. 음성신호의 경우 3,100Hz 정도의 대역폭이 필요하고 음성신호를 전송하는 전화선의 전송 속도는 4,000Hz의 대역폭을 가진다. 대역폭이 클수록 전송능력이 크다고 볼 수 있다. 대역폭을 향상시킬 수 있는 방법은 대역폭을 효율적으로 사용이 가능하도록 다중화(multiplex)하는 방법이 있고 광통신기술을 활용하여 높은 주파수를 활용하는 방법이 있다.

(2) 네트워크 특징과 통신 방법

특히 네트워크는 네트워크 확장이 필요한 경우 변경이 쉬워야 한다. 그러므로 네트워크 토폴로지(topology)에서 확장성은 중요한 특징으로 볼 수 있다. 가용성(availability)은 언제 어디에서나 네트워크를 이용할 수 있어야 한다는 특성으로, 가용성은 네트워크 보안에서 중요한 특성이다. 신뢰도(reliability)는 상시적으로 네트워크의 정지 혹은 장애없이 운영되는 특성이다. 네트워크 토폴로지는 버스형(bus), 스타형(star), 링형(ring), 그리고 메시형(mesh) 등이 있다. 네트워크 토폴로지는 4장에서 설명된다.

이러한 편리한 서비스를 가능하게 하는 네트워크의 특징은 표 1.2와 같다. 네트워크 특성 중에서 전송 속도는 1.2절에서 설명되었다.

표 1.2 네트워크 특성

특징
속도(speed)
비용(cost)
보안(security)
가용성(availability)
확장성(scalability)
신뢰도(reliability)
토폴로지(topology)

네트워크의 통신 방법에는 유니캐스트(unicast), 브로드캐스트(broadcast), 그리고 멀티캐스트(multicast) 통신이 있다. 유니캐스트 통신은 일 대 일(one-to-one) 관계로 통신하는 방법이고 데이터를 보내고자 하는 하드웨어 주소를 프레임에 캡슐화하여 보내는 방법이다. 하드웨어 주소 매핑에 의해 통신하게 되고 하드웨어 주소가 일치하지 않을 경우에는 이더넷 카드에 의해 필터링되어 버려지게 된다. 그러므로 중앙처리장치에 영향을 끼치지 않고 원하는 노드까지 통신이 가능한 방법이다. 인터넷 프로토콜(IP: Internet Protocol)은 A 클래스, B 클래스, 그리고 C 클래스를 사용하여 유일한 주소를 표현한다. 브로드캐스트 통신은 일 대 전부(one-to-all)에게 통신하는 방법이다. 네트워크에 포함된 모든 장치들은 무조건 수신하는 방법이다. 모든 패킷은 중앙처리장치에서 패킷을 처리하기 때문에 컴퓨터의 부담이 증가하는 방법이다. 인터넷 프로토콜(IP: Internet Protocol)에서 네트워크당 브로드캐스트 주소가 있고 서브네트워크당 브로드캐스트 주소가 있다. 일반적으로 16진수 표기로는 네트워크당 FF.FF.FF.FF로 표현 가능하고 10진수 표기에는 네트워크당 255.255.255.255이다. 2진수로 표기할 때는 네트워크당 1111.1111.1111.1111로 나타낼 수 있다. 그리고 멀티캐스트 통신은 일 대 다(one-to-many) 방법으로 통신하는 방법이며 그룹에 속한 가입자들에게 전송하는 방법으로 주소 헤더에 가입자들의 그룹 주소를 캡슐화하여 패킷을 전송하는 방법이다. 기존 인터넷은 유니캐스트만 지원하므로 멀티캐스트 전송은 라우터 사이 터널링 개념을 이용하여 캡슐화된 패킷을 전송한다. 헤더에 가입자의 멀티캐스트 주소를 지원하지 않는 라우터를 통과할 때는 유니캐스트 통신방법으로 전송되어 최종 터널링의 목적지까지 전송 가능하다.

인터넷의 폭발적인 성장으로 인하여 우리의 모든 일상이 인터넷 서비스에 의존하고 있기 때문에 네트워크를 안전하게 보호하는 일은 아무리 강조해도 지나치지 않다. 네트워크를 위협

(threat)으로부터 안전하게 보호하기 위해 폐쇄형(closed) 네트워크로 관리될 수는 없다. 네트워크는 언제나 개방(open)되어 다양하고 이질적인 네트워크와 연결된 가운데 안전성을 보장해야 한다. 우리의 일상생활은 인터넷에 더욱 의존하게 되고 밀착될 것이며, 그에 따른 네트워크에 대한 위협과 공격 또한 더 정교하고 지능화되고 있으므로 보안(security), 리스크(risk)의 관리가 필요하다.

본 교재는 네트워크의 기본 지식을 바탕으로 네트워크 설계와 기술에 대하여 실습 위주의 내용으로 구성되어 있으며 네트워크 관련 국내 국외 자격시험을 준비할 수 있는 필요 내용을 다루고 있다. 교재의 내용은 전체 10장으로, 각 단원은 이론과 실습내용으로 구성되어 있다. 1장과 2장 그리고 3장은 네트워크의 기초와 라우터의 사용방법, 4장과 5장 그리고 6장은 네트워크 구축 기술에 대하여 7장과 8장은 라우팅 프로토콜에 대하여 서술되었고 그리고 9장과 10장은 네트워크에서 많이 활용되고 있는 스위칭 기술과 네트워크 보안 기술에 대한 내용으로 구성되어 있다.

1.4 네트워크 기초 실습

네트워크 구축을 위해 가장 대표적인 장비인 라우터의 기초 사용법에 대하여 살펴볼 것이다. 네트워크와 네트워크를 연결하는 네트워크 계층 장비인 라우터를 실제 이용하여 4가지 상태모드로 구성된 라우터 구조에 접근하는 방법에 대하여 실습 한다.

라우터는 유저 모드, 프리빌리지드 모드, 셋업 모드, 구성 모드로 구성된다. 각 모드의 명령어를 통하여 라우터의 기본적인 내용과 버전, 인터페이스 정보 그리고 라우터의 동작 상태에 관한 정보를 얻을 수 있다.

(1) 라우터 구성과 접근

라우터의 사용을 위하여 부팅(booting)과정을 거쳐야한다. 부팅과정은 ROM(Read Only Memory)에서 작동하는 하드웨어 검사(POST: Power OneSelf Test)를 수행 후 ROM의 부트스트랩(bootstrap) 코드가 실행된 후 IOS(Internetwork Operating System) 프로그램에 의해 시작위치가 선택되고 IOS 로딩에 필요한 레지스터에 저장된 값(config-register)을 확인하여 플래시 메모리 또는 TFTP 서버로부터 IOS 프로그램을 로딩한다. 그리고 NVRAM(NonVolatile Random Access Memory)에 저장된 시작 환경 설정값(startup-config)을 RAM에 로딩(running-config)하여 부팅이 완료된다. NVRAM은 라우터의 환경설정 값이 저장되는 비휘발성 메모리이다.

라우터는 그림 1.3와 같이 5가지의 모드로 구성되어 있다.

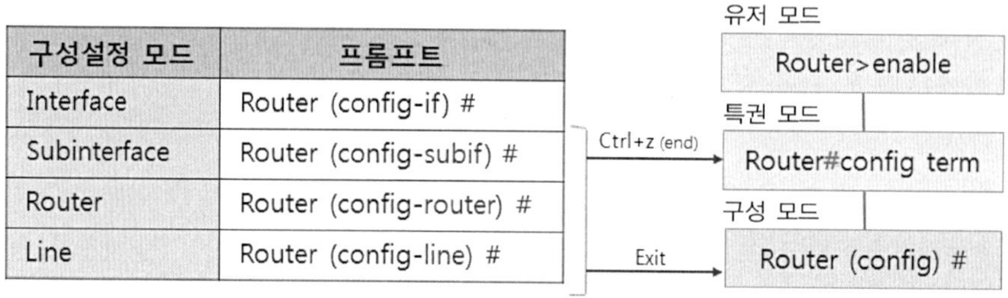

그림 1.3 라우터의 구조

라우터의 5가지 구성 모드에 대한 이해는 다음과 같다.

- 유저 모드(User mode, Router〉)
  유저 모드에서는 네트워크의 연결 상태(ping) 테스트 혹은 설정 내용을 확인하거나 경로 상태를 확인할 수 있다. 라우터의 구성 파일을 본다거나, 구성 자체를 변경할 수는 없다.
- 프리빌리지드 모드(Privileged mode, Router#)
  라우터의 운영자 모드이며, 프리빌리지드 모드에 들어가는 방법은 유저 모드에서 enable이라는 명령을 사용한다. 특권 모드로도 불린다.
- 구성 모드(Configuration mode, Router(config)#)
  라우터의 구성 파일을 변경하는 경우에 구성을 설정하는 모드이다. 이 모드를 사용하기 위해서는 반드시 프리빌리지드 모드를 이용해야 한다.
- 셋업 모드(Setup mode, Router# setup)
  라우터를 처음 구매해서 전원을 넣거나 라우터에 구성 파일이 없는 경우 라우터가 부팅되면서 기본 인터페이스 설정을 위해 자동으로 들어가는 모드이다.
- 복구 모드(RXBOOT mode, rommon 1〉)
  정상적으로 라우터에 접근이 되지 않을 경우로 예를 들면 패스워드를 분실한 경우나 라우터의 이미지 파일(IOS)의 문제가 생긴 경우를 대비해 사용하는 모드이며 부팅 시 CTRL_Break를 클릭하면 복구 모드로 진입하여 복구가 가능하다.

그림 1.4는 라우터 연결 시의 화면을 보여준다.

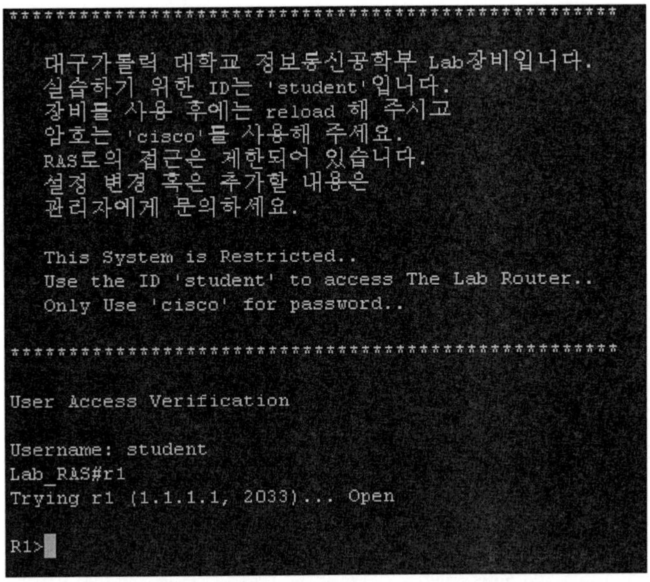

그림 1.4 라우터 연결 시의 화면

다음 실습을 통하여 라우터의 접근방법을 살펴보도록 한다.

실습 1 라우터 접속하기

라우터를 사용하려면 콘솔(console)을 통하거나 원격에서 텔넷을 통하여 접근 가능하다. 콘솔을 이용할 때는 윈도 운영체제가 지원하는 하이퍼터미널 기능을 이용할 수 있고 네트워크 기능에서는 텔넷(TELNET)을 이용하여 라우터에 접근 가능하다. 텔넷으로 라우터에 접속하는 방법을 살펴본다.

1 작업표시줄에 시작버튼을 누르고 실행버튼을 클릭한다.

2 실행 창에 telnet 203.250.32.13X을 입력한 후 확인버튼을 클릭한다.
telnet을 이용하여 203.250.32.13X(라우터가 연결되어 있는 서버 IP 주소)에 접속한다.

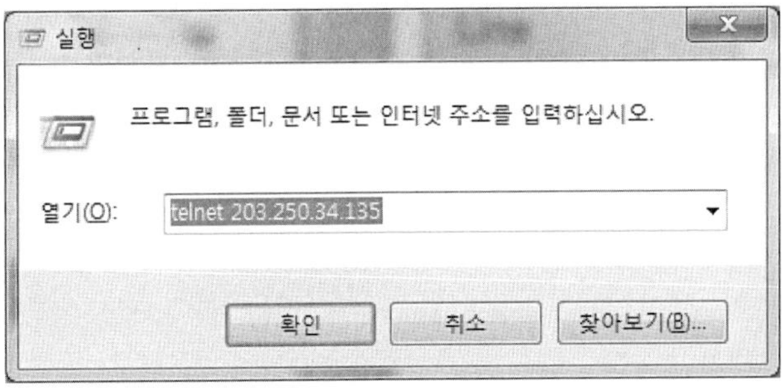

그림 1.5 라우터 접속 과정 예

3 접속한 서버에서 그림 1.6과 같이 username에 student라는 사용자명을 입력 후 로그인 한다.

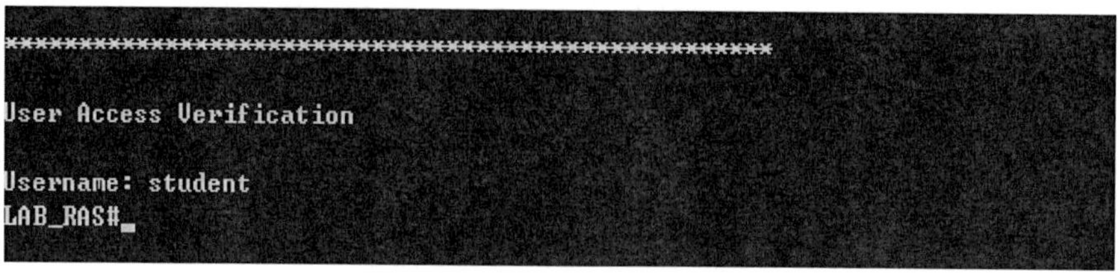

그림 1.6 사용자명 입력

4 여러 대의 라우터가 연결되어 있는 서버에 접속이 되면 그림 1.7과 같이 연결된 라우터 중 접속하고 싶은, R1에서 R10까지 전체 열 대의 라우터 중에서 임의의 한 대를 선택하여 접속한다. 실습에서는 R1 라우터로 접속한 예를 보이고 있다.

그림 1.7a 서버에서 라우터(R1)로의 접속

라우터 R1에 접속하면 화면에서 Router〉 유저 모드(user mode)라는 글과 함께 라우터 R1에 접속된 화면을 확인할 수 있다. 유저 모드 접속 종료를 위하여 exit를 사용한다.

```
Router>exit
```

그림 1.7b 라우터(R1)의 유저 모드에서 접속 종료

실습 2 라우터 모드 이해하기

라우터의 구조는 유저 모드(User mode), 프리빌리지드 모드(Privileged mode), 구성 모드(Configuration mode), 셋업 모드(Setup mode) 그리고 복구 모드(RXBoot 혹은 rommon mode)가 있으며, 실습 1을 통해 접속한 최초 라우터의 모드가 유저 모드 즉 처음 라우터에 접속하게 된 상태 모드임을 알 수 있다. 이 유저 모드에서는 앞서 살펴보았듯이 라우터의 현재 상태

만 볼 수 있고 설정 변경은 불가능하다. 본 실습에서는 각기 다른 라우터의 모드로 접근하는 방법을 실습한다.

1 접속한 라우터의 유저 모드에서 enable이라는 명령어를 사용하여 프리빌리지드 모드에 접근해 보자. 이 모드에서는 모든 라우터의 명령어 실행이 가능하며 정보의 확인, 저장, 삭제, 초기화 등을 할 수 있다.
프리빌리지드 모드에 들어가게 되면 프롬프트의 〉 표시가 # 표시로 변경됨을 알 수 있다.

```
Router>
Router>enable
```

```
Router>
Router>enable
Router#
```

그림 1.8a 유저 모드에서 프리빌리지드 모드로 전환

다음에서는 프리빌리지드 모드에서 유저 모드로 전환하는 방법을 보여준다.

```
Router#disable
Router>
```

```
Router#
Router#disable
Router>
```

그림 1.8b 프리빌리지드 모드에서 유저 모드로 전환

2 이제 접속한 라우터의 프리빌리지드 모드에서 configure terminal이라는 명령어를 사용하여 글로벌 모드 즉 구성 모드에 들어갈 수 있다(그림 1.9 참조). 이 구성 모드는 라우터의 전반적인 설정 및 더 상세한 설정모드로 접근이 가능한 모드이다. 구성 모드로 들어가기 위해서는 반드시 프리빌리지드 모드에 있어야 한다. 구성 모드에 들어가게 되면 프롬프트의 # 표시가 Router〈config〉# 표시로 변경됨을 알 수 있다.

```
Router>enable
Router#configure terminal
Enter configuration commands, one per line.  End with CNTL/Z.
Router(config)#
```

그림 1.9 프리빌리지드 모드에서 구성 모드로 전환

3 구성 모드에서 exit 명령어를 입력하여 상위 모드인 프리빌리지드 모드로 이동할 수 있다(그림 1.10과 1.11 참조). 구성 모드에서 프리빌리지드 모드로 전환하는 방법은 두 가지가 있다.

방법 1

Router>exit

그림 1.10 구성 모드에서 프리빌리지드 모드로 전환 - 방법 1

방법 2

Router>CTRL+Z

그림 1.11 구성 모드에서 프리빌리지드 모드로 전환 - 방법 2

실습 1과 실습 2를 통하여 기본적인 라우터의 모드 접근 명령어에 대해 알아보았다. 실습 3에서는 설정 모드 즉 셋업 모드에서 대하여 살펴보도록 한다.

실습 3 셋업 모드 이해하기

라우터의 인터페이스 설정을 위해 셋업(Setup) 모드의 사용 방법에 대하여 살펴보도록 하자. 셋업 모드에서는 라우터의 네트워크 인터페이스 설정을 대화방식을 이용하여 설정하는 방법이다. 라우터를 처음 구매해서 파워를 켰거나 라우터에 구성 파일이 없는 경우 라우터가 부팅하면서 자동으로 요구되는 모드이다.

1 라우터의 프리빌리지드 모드에서 setup를 입력한다. 대화식으로 구성 설정을 할 것인가? 라는 질문에 대해 예(yes)라고 답한다(그림 1.12 참조).

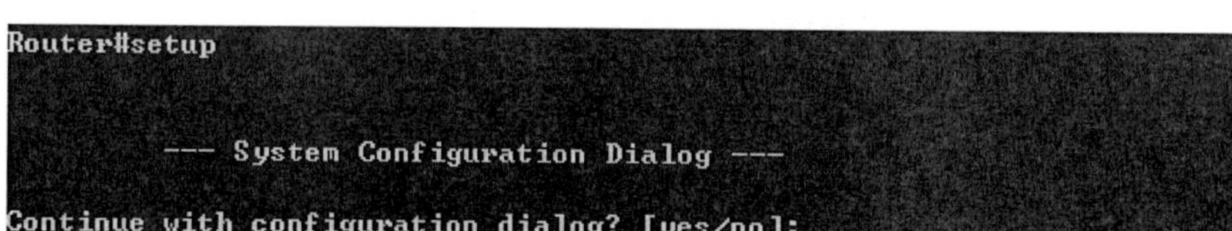

그림 1.12 Setup 설정 모드

그림 1.12처럼 라우터가 설정 모드로 들어가게 되면서 라우터 구성에 관계된 질문을 대화 형식으로 한 단계씩 질문하게 되고 사용자는 이 질문에 응답하면서 라우터의 내용을 구성한다. 이러한 단계별 설정 모드를 셋업(setup) 모드라고 한다. 그림 1.13에서는 질문에 대한 설정과정을 보여주며 해당 설명은 다음과 같다.

```
Would you like to enter basic management setup? [yes/no]: yes
Configuring global parameters:

  Enter host name [Router]: R3

  The enable secret is a password used to protect access to
  privileged EXEC and configuration modes. This password, after
  entered, becomes encrypted in the configuration.
  Enter enable secret [<Use current secret>]: cisco

  The enable password is used when you do not specify an
  enable secret password, with some older software versions, and
  some boot images.
  Enter enable password [cisco]: password

  The virtual terminal password is used to protect
  access to the router over a network interface.
  Enter virtual terminal password [password]: password
```

그림 1.13 Setup 설정 모드 1

- 기본 관리 설정(setup)으로 들어갈 것인가? yes
- 라우터 이름을 입력하시오. R3(디폴트값 : Router)
- 프리빌리지드 모드로 들어가기 위한 secret 암호를 설정하시오. cisco
- 프리빌리지드 모드로 들어가기 위한 password 암호를 설정하시오. cisco // secret 암호와 password 암호는 뒷 부분에서 설명된다.
- 가상 호스트에서 접속할 경우 사용할 암호를 설정하시오. password

암호 설정 시 시스템의 패스워드 정책에 맞게 임의의 암호를 설정하여야 한다. 실습에서는 보편적으로 사용하는 암호들을 사용한다.

2 그림 1.14와 같이 설정은 진행된다.

- SNMP 네트워크 관리를 설정할 것인가? no (디폴트 값 : no)
- 현재 라우터에 있는 이더넷과 시리얼의 현재 인터페이스 상황을 보여준다.

```
 Configure SNMP Network Management? [no]: No

Current interface summary


Interface                  IP-Address      OK? Method Status                Prot
ocol
Ethernet0/0                unassigned      YES unset  administratively down down


Serial0/0                  unassigned      YES unset  administratively down down


Serial0/1                  unassigned      YES unset  administratively down down



Enter interface name used to connect to the
management network from the above interface summary:
```

그림 1.14 Setup 설정 모드 2

3 그림 1.15에서와 같이 인터페이스와 이더넷 그리고 IP 주소를 설정하여야 한다.

```
Enter interface name used to connect to the
management network from the above interface summary: ethernet0/0

Configuring interface Ethernet0/0:
  Configure IP on this interface? [no]: yes
    IP address for this interface: 192.168.10.1
    Subnet mask for this interface [255.255.255.0] :
    Class C network is 192.168.10.0, 24 subnet bits; mask is /24
```

그림 1.15 Setup 설정 모드 3

- 설정할 인터페이스를 입력하시오. Ethernet0/0
- 설정할 Ethernet0/0의 IP 주소와 서브넷 마스크를 설정하시오.
  IP: 192.168.10.1, Subnet Mask : 255.255.255.0

4 그림 1.16은 이제까지 설정된 라우터의 정보를 보여준다.

```
The following configuration command script was created:

hostname Router
enable secret 5 $1$TUwD$E3qOmeSBX22wEAsaCB14X0
enable password cisco
line vty 0 4
password password
no snmp-server
!
no ip routing


!
interface Ethernet0/0
no shutdown
ip address 192.168.10.1 255.255.255.0
no mop enabled
!
interface Serial0/0
shutdown
no ip address
!
 --More--
interface Serial0/1
shutdown
no ip address
!
end
```

그림 1.16 Setup 설정내용 확인

5 그림 1.17은 설정이 완료된 후 저장 방법을 묻고 있다. 디폴트 값은 2번이며, 이는 지금까지의 설정내용을 NVRAM에 저장하고 종료한다는 의미이다.

```
[0] Go to the IOS command prompt without saving this config.
[1] Return back to the setup without saving this config.
[2] Save this configuration to nvram and exit.

Enter your selection [2]:
Building configuration...

1d23h: %LINK-3-UPDOWN: Interface Ethernet0/0, changed state to up
1d23h: %LINEPROTO-5-UPDOWN: Line protocol on Interface Ethernet0/0, changed sta

e to up
        [OK]
Use the enabled mode 'configure' command to modify this configuration.
```

그림 1.17 설정내용 확인 후 저장

그림 1.17과 같이 저장이 완료된 후 라우터의 프롬프트를 확인해 보면 프리빌리지드 모드 상태인 것을 확인 가능하다.

실습 4 라우터 사용법 익히기

1 Tab 키 기능

먼저 키보드 Tab 키(Key)와 Help 활용법을 살펴본다. Tab 키는 줄임 명령어를 입력한 후 Tab 키를 누르면 줄임 명령어의 완전한 명령어가 자동으로 완성되는 기능을 수행한다.

```
Router# conf t<Tab>
Router(config)#
```

```
Router#conf t
Router#conf terminal
Enter configuration commands, one per line.  End with CNTL/Z.
Router(config)#
```

그림 1.18a Tab 키의 활용

```
Router>ena<Tab>
Router>enable
```

```
Router#
Router#disa
Router#disable
```

그림 1.18b Tab 키의 활용

2 도움말 기능

도움말(Help) 기능은 현재 모드에서 사용가능한 명령어와 그에 대한 설명들에 대해 확인할 수 있다. 아무것도 입력하지 않은 상태에서 ?를 누르면 해당 모드에서 사용가능한 모든 명령어들의 목록을 볼 수 있고 앞에 몇 글자를 적고 나서 ?를 누르게 되면 그 해당 문자로 시작하는 명령어들의 목록이 나타난다.

예를 들면 밑의 그림 1.19는 ?를 사용하여 도움말 기능을 사용하였을 경우 사용가능한 명령어의 목록이며, 여기서 ac까지 입력한 후 ?를 누르면 ac로 시작하는 명령어 목록이 나타남을 알 수 있다.

```
Router#?
Exec commands:
  access-enable    Create a temporary Access-List entry
  access-profile   Apply user-profile to interface
  access-template  Create a temporary Access-List entry
  archive          manage archive files
  bfe              For manual emergency modes setting
  cd               Change current directory
  clear            Reset functions
  clock            Manage the system clock
  configure        Enter configuration mode
  connect          Open a terminal connection
  copy             Copy from one file to another
  debug            Debugging functions (see also 'undebug')
  delete           Delete a file
  dir              List files on a filesystem
  disable          Turn off privileged commands
  disconnect       Disconnect an existing network connection
  elog             Event-logging control commands
  enable           Turn on privileged commands
  erase            Erase a filesystem
  exit             Exit from the EXEC
```

그림 1.19 도움말 기능

3 CTRL Key 기능

라우터의 다양한 모드에서 라우터 명령어를 사용할 때 키보드 키를 사용하여 편집을 유용하고 손쉽게 제어할 수 있다. 다음 표 1.3은 라우터 상에서 사용 가능한 편집이 가능한 키의 활용방법이다.

표 1.3 편집 명령어

명령어	의미
Tab	명령어 앞의 몇 글자만 입력하고 Tab을 누르면 완전한 명령어가 자동으로 완성된다.
Ctrl + Z	환경설정 모드를 끝내고 EXEC로 돌아간다.
Ctrl + W	한 단어를 지운다.
Ctrl + U	한 줄을 지운다.
Ctrl + R	줄을 다시 보여준다.
Backspace	한 글자를 삭제한다.
Ctrl + D	한 글자를 삭제한다.
Esc + F	커서를 한 단어 앞으로 이동시킨다.
Ctrl + F	커서를 한 글자 앞으로 이동시킨다.
Esc + B	커서를 한 단어 뒤로 이동시킨다.
Ctrl + E	커서를 줄의 끝으로 이동시킨다.
Ctrl + A	커서를 줄의 처음으로 이동시킨다.

실습 5 라우터 Show 명령어 실습하기

1 show history

지금까지 사용된 명령을 모두 확인하고 싶을 때는 show history 명령어를 사용한다(그림 1.20 참조).

그림 1.20 show history 명령의 사용 예

2 show version

이 명령어를 통하여 라우터의 기본적인 내용, 사용하는 소프트웨어 버전, 인터페이스의 종류, IOS가 어디서 부팅했는지 등에 관한 전반적인 내용을 확인할 수 있다. 그림 1.21은 명령어의 실행화면의 예를 보여주고 있다.

```
Router>show version
Cisco Internetwork Operating System Software
IOS (tm) C2600 Software (C2600-D-M), Version 12.1(5)T12,  RELEASE SOFTWARE (fc1)
TAC Support: http://www.cisco.com/tac
Copyright (c) 1986-2002 by cisco Systems, Inc.
Compiled Mon 04-Feb-02 16:22 by ccai
Image text-base: 0x80008088, data-base: 0x80A8D1DC

ROM: System Bootstrap, Version 12.2(6r),  RELEASE SOFTWARE (fc1)

Router uptime is 1 week, 6 days, 5 hours, 13 minutes
System returned to ROM by power-on
System image file is "flash:c2600-d-mz.121-5.T12.bin"

cisco 2611 (MPC860) processor (revision 0x00) with 28672K/4096K bytes of memory.
Processor board ID JAD06210XUB (954921086)
M860 processor: part number 0, mask 49
Bridging software.
X.25 software, Version 3.0.0.
2 Ethernet/IEEE 802.3 interface(s)
2 Serial(sync/async) network interface(s)
32K bytes of non-volatile configuration memory.
8192K bytes of processor board System flash (Read/Write)

Configuration register is 0x2102

Router>
```

그림 1.21 show version 명령어 실행화면의 예

3 show interface

이 명령어를 통하여 현재 라우터가 가지고 있는 모든 해당 인터페이스의 정보를 알 수 있다. 특정 인터페이스만을 볼 때는 show interface ethernet 0 형식의 명령어를 사용하며, 이 명령어는 이더넷 인터페이스 0번만을 보여준다. 그림 1.22는 show interface serial0/0 명령어를 실행했을 때의 해당 인터페이스에 대한 상세내용을 보여준다(그림 1.22 참조). show interface serial0/0 수행 시에 구성되는 내용들에 대하여 하나씩 구체적으로 살펴본다.

```
R1>show interface serial0/0
Serial0/0 is administratively down, line protocol is down
  Hardware is PowerQUICC Serial
  MTU 1500 bytes, BW 1544 Kbit, DLY 20000 usec,
     reliability 255/255, txload 1/255, rxload 1/255
  Encapsulation HDLC, loopback not set
  Keepalive set (10 sec)
  Last input never, output never, output hang never
  Last clearing of "show interface" counters never
  Input queue: 0/75/0/0 (size/max/drops/flushes); Total output drops: 22270
  Queueing strategy: weighted fair
  Output queue: 0/1000/64/22270 (size/max total/threshold/drops)
     Conversations  0/1/256 (active/max active/max total)
     Reserved Conversations 0/0 (allocated/max allocated)
     Available Bandwidth 1158 kilobits/sec
  5 minute input rate 0 bits/sec, 0 packets/sec
  5 minute output rate 0 bits/sec, 0 packets/sec
     0 packets input, 0 bytes, 0 no buffer
     Received 0 broadcasts, 0 runts, 0 giants, 0 throttles
     0 input errors, 0 CRC, 0 frame, 0 overrun, 0 ignored, 0 abort
     4 packets output, 96 bytes, 0 underruns
     0 output errors, 0 collisions, 2 interface resets
     0 output buffer failures, 0 output buffers swapped out
     4 carrier transitions
     DCD=down  DSR=down  DTR=up  RTS=up  CTS=down
```

그림 1.22 라우터 부팅 시의 화면

각 필드에 대한 설명은 아래와 같다. 참고해보면 라우터 응용에 도움이 될 것이다.

- Serial0 is ....[UP/DOWN] → is administratively down

  해당 인터페이스가 Active 상태인지 아닌지를 확인하는 것으로 회선의 연결 상태를 나타낸다, 즉, DCE(CSU/FDSU/DSU 등) 장비와 라우터 간 인터페이스 신호가 정상적인지를 확인할 수 있다. administratively down 상태는 라우터 인터페이스가 셧다운(shutdown) 상태이며 라우터가 정상적으로 설정되지 않았음을 알 수 있다.

- line protocol is [up/down]

  line의 상태를 확인할 수 있다. 상대측 라우터와 회선이 정상적으로 연결되었는지, 인터페이스 인캡슐레이션(Interface Encapsulation)이 일치하는지를 알 수 있다. 다운(down)인 경우 다음과 같이 확인한다.

  - 자신의 라우터와 DCE 장비(CSU/FDSU/DSU)간 V.35 케이블(cable) 접속 상태를 확인한다.
  - 상대방의 DCE에서 루프백(loopback) 주소를 설정하고 자신의 DCE에서 테스트 명령을 송신했을 때 비트 에러(bit error) 여부를 확인한다.
  - 상대방의 DCE 장비(CSU/FDSU/DSU) 알람(alarm) 발생 여부 확인한다.
  - 상대방의 DCE 장비에서 루프백 주소를 설정하면 자신의 라우터는 line protocol up [looped]라고 표시되는지 확인한다.

- Hardware is QUICC Serial

  하드웨어의 형태를 나타낸다.

- Internet address is 192.168.0.1/30

  IP address와 subnet mask를 나타낸다. /30은 255.255.255.252의 서브네트워크의 마스크표시 방법이다.

- MTU 1,500 bytes

  인터페이스가 전송 가능한 최대 패킷 크기(packet size) 단위를 표시한다.

- BW 512 Kbit(BW=BandWidth)

  인터페이스에 설정된 대역폭의 변수로써 전용선의 속도가 512 kbps임을 나타낸다.

- DLY 20,000 usec

  인터페이스 지연시간을 의미한다.

- rely 255/255(Reliability)

  인터페이스의 신뢰성을 나타내는 수치이며 5분간 평균을 나타낸다. 255/255가 100%로 정상 상태이며 수치가 떨어질 경우 회선품질이 떨어진 것으로 ISP에 장애처리 요청을 할 수 있다.

- load 5/255

  인터페이스에 부하를 나타내는 것으로 5분간 평균 수치이며, 부하의 값이 높은 값일수록 인터넷 사용 속도가 떨어지게 되므로 주의 깊게 관찰하여야 한다.

- Encapsulation HDLC

  인터페이스에서 사용하는 통신방법을 의미한다:

  - HDLC(High level Data Link Control): 시스코 라우터끼리 사용하는 통신방법.
  - PPP(Point-to-Point Protocol): 이기종의 라우터 사이 사용하는 통신방법.

- loopback not set

  라우터 인터페이스 루프백(loopback) 주소 설정 여부를 표시하며, 해당 인터페이스 내부에서 루프백 주소를 사용할 수 있다.

- keepalive set(10 sec)

  회선 상태를 확인하는 시간을 의미하며, 10초 단위로 회선 상태를 점검한다.

- Last input 00:00:00

  해당 인터페이스가 마지막 패킷을 받고 경과한 시간을 나타낸다.

- output 00:00:00 output hang never

  Last clearing of "show interface" counters 20:07:07

  인터페이스가 마지막으로 패킷을 보낸 후 경과한 시간을 나타낸다. 인터페이스 카운터를 초기화하고 난 이후의 시간을 표시한다. 20시간 7분 7초가 경과되었음을 의미한다.

- Queueing strategy: fifo

  큐(Queue) 전송방식으로 인터페이스에서 적용된 큐잉 방법이다.

  - fifo(first in first out): 큐에 먼저 저장된 데이터부터 전송
  - weighted fair: 큐에 저장된 데이터 중에서 우선순위에 따라 전송

- Output queue 0/40, 63 drops; input queue 0/75, 0 drops

  출력과 입력 큐의 패킷 수를 의미하며 드롭(drop)은 큐가 가용 사이즈를 넘어서 폐기되는 패킷수를 나타낸다. 버려지는 패킷이 많을 경우 큐 사이즈를 늘려 주면 되는데 이는 다른 네크워크 성능에 영향을 줄 수 있으므로 주의한다.

- 5 minute input rate 109000 bits/sec, 30 packets/sec

  5분간 평균적으로 수신된 데이터 량을 표시하는 것으로 109kbps를 수신됨을 나타낸다.

- 5 minute output rate 11000 bits/sec, 21 packets/sec

  5분간 평균적으로 송신된 데이터 양을 표시하며, 11kbps가 송신됨을 나타낸다.

- 0 no buffer

  시스템 내의 버퍼가 없어서 인터페이스에 유입되면 받아서, 버리는 패킷의 수를 보여준다.

- Received 7,075 broadcasts

  인터페이스가 브로드캐스트(broadcast)나 멀티캐스트(multicast) 통신으로 수신된 패킷의 총 수(7,075)를 표시한다.

- 0 runts

프레임의 데이터 크기가 최소 전송 패킷 사이즈(46byte)보다 작아서 버려지는 패킷의 수를 나타낸다.

- 0 giants

프레임의 데이터 크기가 최대 전송 패킷 사이즈(1,500byte)보다 커서 버려지는 패킷의 수를 나타낸다.

- 0 input errors

no buffer, runts, giants, CRC, frame, overrun, ignored, abort counts의 전체 수치를 나타낸다. 입력과 관련된 다른 에러를 포함한 전체 에러 수를 나타낸다.

- 0 CRC

패킷 자체의 에러 검사합(error checksum)을 통해 송신 데이터와 수신 데이터가 정확한지를 체크하고 에러가 발생할 때 표시한다. CRC 발생요인으로 전송경로의 잡음이나 노이즈(noise), 통신제어장치(DCE) 오동작, 인터페이스 케이블 접속불량 등이 있다.

- 0 frame

CRC 에러 등을 가진 부정확한 패킷의 수를 보여주며, 주로 노이즈나 전송장애 시에 발생한다.

- 0 overrun

시리얼 인터페이스에서 들어오는 입력 데이터를 수신 장치가 처리할 수 없을 정도의 데이터가 들어와 정상적인 처리능력을 상실한 경우를 말하는데, 하드웨어 버퍼에 데이터가 수신되어 처리할 수 없게 된 횟수를 나타낸다.

- 0 ignored

브로드캐스트 스톰이나 노이즈의 갑작스런 증가로 인하여 무시된 패킷의 수이다. 인터페이스 하드웨어 버퍼가 부족하여 인터페이스가 받은 데이터 패킷을 처리하지 못해 무시되는 횟수를 의미한다.

- 0 abort

시리얼 인터페이스와 데이터링크 장비 사이의 클럭(clock) 문제로 인하여 발생하며, 클럭(clock) 설정이 잘못된 경우에도 발생한다.

- 0 underruns

시리얼로 나가는 출력 데이터를 전송 하드웨어 장치가 처리하지 못하게 된 횟수를 나타낸다.

- 0 output errors

underruns, collisions, interface resets, output buffer failures, output buffers swapped out carrier transitions counts의 전체 수치를 나타낸다. 출력과 관련된 전체 에러 수를 보여준다.

• 0 collisions

이더넷 충돌(Ethernet collision) 때문에 재전송 되는 메시지의 수를 보여준다. 이런 현상은 이더넷 케이블이 너무 길거나, 접속불량이거나, 또는 허브를 너무 많이 연결할 경우에 발생한다. 약간의 충돌 발생은 상관없지만, 충돌이 많이 발생할 때는 장비의 이상 유무를 점검해야 한다.

• 0 interface resets

인터페이스가 완전히 리셋(reset)된 횟수를 나타낸다. 이 경우는 특정시간 안에 큐에 있는 패킷을 전송하지 못하는 경우 발생한다. 시리얼 회선의 경우에는 주로 통신제어 장치(DCE)에서 클럭 시그널(clock signal)을 공급하지 못하는 경우나 케이블 문제로 발생한다. 회선이 다운(down)될 때와 업(up)될 때 1씩 증가한다.

• 0 output buffer failures

출력 버퍼가 실패한 횟수를 나타낸다.

• 0 output buffers swapped out

출력 버퍼가 비정상적 상태여서 교체된 횟수를 나타낸다.

• 0 carrier transitions

시리얼 인터페이스의 DCD(Data Carrier Detect) 시그널(signal) 변경 횟수를 나타내며, 수치 증가 시 회선이 다운(down)/업(up)되고 있으므로 전용 회선의 테스트가 필요하다.

• DCD=up DSR=up DTR=up RTS=up CTS=up

- DCD: 상대 DCE로부터 수신된 반송파 유무를 표시(Data Carrier Detect)
- DSR: DCE 동작 완료 상태를 표시(Data Set Ready)
- DTR: 라우터 동작 완료 상태를 표시(Data Terminal Ready)
- RTS: 라우터가 DCE에 데이터 송신요구 표시 준비를 완료(Request To Send)
- CTS: DTE가 DTE에 데이터 송신 가능을 표시(Clear To Send)

4 show flash

이 명령어는 플래시 메모리의 사용에 대한 상태 정보를 보여준다. 플래시 메모리에는 IOS(Internetwork Operating System)의 이미지 정보가 들어있다. 그림 1.23은 show flash 명령어 실행화면의 예를 보여준다.

```
Router>show flash

System flash directory:
File  Length   Name/status
  1   5741580  c2600-d-mz.121-5.T12.bin
[5741644 bytes used, 2646964 available, 8388608 total]
8192K bytes of processor board System flash (Read/Write)
```

그림 1.23 show flash 명령어 실행화면의 예

5 show process cpu

이 명령어는 현재 라우터 CPU의 동작 상태를 보여준다. 현재 라우터의 5분, 1분, 5초 동안의 CPU의 로드(load) 상태를 퍼센트로 나타난다. 그림 1.24는 show process cpu 명령어 실행화면의 예를 보여준다.

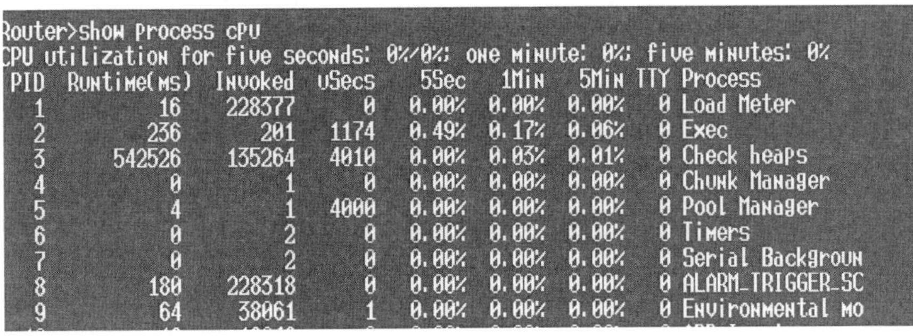

```
Router>show process cpu
CPU utilization for five seconds: 0%/0%; one minute: 0%; five minutes: 0%
 PID Runtime(ms)  Invoked  uSecs    5Sec   1Min   5Min TTY Process
   1          16   228377      0   0.00%  0.00%  0.00%   0 Load Meter
   2         236      201   1174   0.49%  0.17%  0.06%   0 Exec
   3      542526   135264   4010   0.00%  0.03%  0.01%   0 Check heaps
   4           0        1      0   0.00%  0.00%  0.00%   0 Chunk Manager
   5           4        1   4000   0.00%  0.00%  0.00%   0 Pool Manager
   6           0        2      0   0.00%  0.00%  0.00%   0 Timers
   7           0        2      0   0.00%  0.00%  0.00%   0 Serial Backgroun
   8         180   228318      0   0.00%  0.00%  0.00%   0 ALARM_TRIGGER_SC
   9          64    38061      1   0.00%  0.00%  0.00%   0 Environmental mo
```

그림 1.24 show process cpu 명령어 실행화면의 예

실습과제

1 네트워크 정의와 네트워크 구성요소의 특징을 정리하시오.

2 라우터의 5가지 모드에 대하여 설명하고 실행하시오.

3 라우터의 5가지 모드와 특히 프리빌리지드 모드에서 실행할 수 있는 명령어를 적고 실행하시오.

4 라우터를 관리하기 위한 명령어들을 정리하고 설명하시오.

Chapter 02

네트워크 통신 모델

컴퓨터와 통신 기술의 눈부신 발전은 멀티미디어 데이터의 활용을 선도하였고 또한 이질적인 네트워크 간의 데이터 송수신을 위한 표준(standard) 통신 모델의 필요에 따라 국제표준화기구(ISO: International Organization for Standardization)에서 개방형 시스템 상호 연결(OSI 모델: open System Interconnection)을 위한 참조(reference) 모델이 1984년 발표되었다. OSI는 표준 네트워크 장비를 만들 수 있는 기반 조성에 기여를 하였다. OSI 모델은 참조모델로서 구조(architecture) 모델이다. 송신지 컴퓨터의 애플리케이션이 목적지 컴퓨터의 애플리케이션으로 전달되는 과정을 규정하고 있다. OSI는 다양한 통신망 환경에서 효율적인 정보교환을 위한 표준을 정의하는 골격(framework)으로 제안되었다. OSI는 개방형 시스템 상호 연결이란 의미로 "Open"은 적용 가능한 표준을 상호 간에 인정하고 지원하는 것이다. OSI는 어떤 특정 시스템의 구현 혹은 기법(technology)이나 연결 수단을 의미하는 것이 아니다. OSI 모델은 또한 계층적인 통신의 모델이다. 현재 인터넷의 표준 프로토콜인 TCP/IP 프로토콜 역시 계층적인 통신 모델이다.

사용자에게 더 편리한 통신기능 제공을 위해 프로토콜은 모듈화 형태로 제공된다. OSI 모델은 구조적으로 7계층의 모듈로 분할되고 TCP/IP 프로토콜은 4계층의 모듈로 구성된다. 모듈은 독립적으로 동작하면서도 상호 유기적으로 통합될 수 있어야 하며 적절한 인터페이스가 필요하다. 계층적 네트워크 구조에서 각 계층 모듈 통신은 서비스의 요청에 대한 서비스 제공으로 완성된다. 한 계층 모듈의 변화는 다른 계층에는 영향을 미치지 않도록 설계되었다. 표 2.1에서는 계층형 네트워크 구조에서 사용되는 용어에 대하여 살펴본다.

표 2.1 계층형 네트워크 구조의 용어

용어	개념
entity(개체, 실체)	정보를 보내거나 받을 수 있는 하드웨어 또는 소프트웨어
system(시스템)	하나 이상의 개체로 구성된 체제
protocol(프로토콜)	두 개체 사이 정보교환을 위한 규칙과 협약

2.1 OSI 모델

OSI 모델은 복잡한 기능을 계층(layer) 개념으로 전체 7계층으로 통신 기능을 구분하였다. 하나의 계층은 다른 계층에 영향을 미치지 않는 독립적인 기능을 가지며 복잡성을 감소시켜 표준 인터페이스 기능을 정의하고 있다(그림 2.1 참조).

그림 2.1 OSI 7계층

응용 계층과 표현 계층 그리고 세션 계층은 상위 3계층이라 부르고 전송 계층은 가교 역할의 중간 계층이라 부르며, 네트워크 계층, 데이터링크 계층 그리고 물리 계층은 하위 3계층이라 부른다. 상위 계층은 종단간 애플리케이션 통신을 지원하고 하위 계층은 네트워크 혹은 네트워크 주소 설정 부분에 관여한다. 표 2.2는 OSI 7계층의 기능을 정리하고 있다.

표 2.2 OSI 7계층과 기능

7계층	기능
응용 계층	메일, ftp, 인증 서비스 응용 프로세스 제공
표현 계층	데이터 제공, 암호화, 압축, ASN.1 지원
세션 계층	응용의 세션연결 설정, 관리, 종료 기능
전송 계층	종단간 연결형지향, 오류탐지 정보복구 흐름제어 신뢰성 제공
네트워크 계층	주소기반 경로 선택을 통해 데이터 최적경로 라우팅 기능
데이터링크 계층	에러탐지를 포함하여 매체 접근방법과 전송방법 제공
물리 계층	물리적 링크의 전자적·기계적·절차적·기능적인 사양을 제공

(1) OSI 구조

컴퓨터 A, B에는 통신하려는 응용(application)이 존재한다는 가정하에 파일전송의 예를 들어 크게 OSI의 프로토콜 간 관계를 살펴본다.

먼저, 상위 3계층에서는, 응용 모듈의 행동을 연결시키고, 데이터 형식과 세션 연결 구성 등의 기능을 수행하기 위한 응용 프로토콜이 필요하다. 파일전송 프로토콜이 그 예가 될 수 있다. 둘째, 전송 계층은 응용 계층과 네트워크 접속 계층의 가교 역할을 담당하며 응용 간의 연결형 서비스 제공으로 신뢰성을 부여한다. 마지막으로, 하위 3계층에서는 네트워크 간의 경로 선택 및 흐름제어를 수행하고 실제 네트워크 접속되어서 비트 정보의 교환을 위해 물리적인 연결을 제공한다.

그림 2.2는 OSI 참조모델을 보여준다.

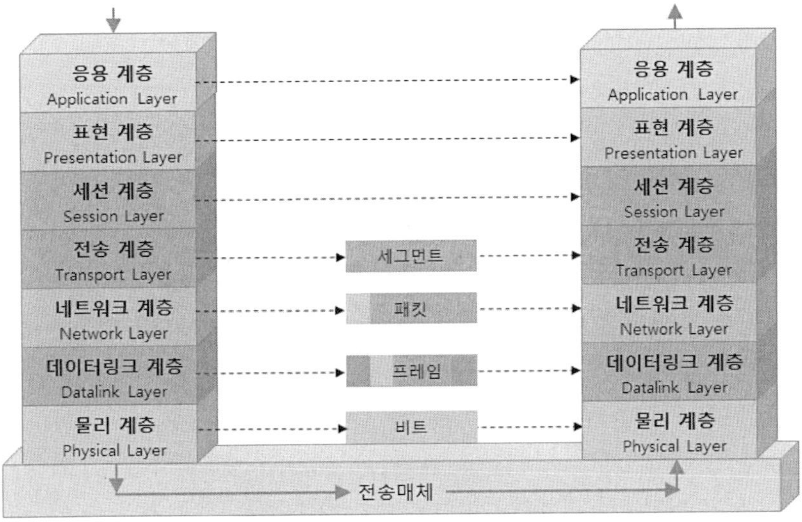

그림 2.2 OSI 7계층 참조모델

1) 물리 계층(Physical Layer)

비트 단위의 정보를 두 인접 노드 사이에서 전달되는 신호로 변환하는 기능을 수행한다. 물리 계층 프로토콜로는 데이터 통신 장치를 실제 네트워크에 접속하기 위해 기계적, 전기적, 기능적, 절차적 조건과 방법에 대해 약속하는 것으로 디바이스들 간의 물리적인 인터페이스를 제공한다. 물리 계층이 구체적으로 하는 일들은 연결된 두 장치들 사이 물리적인 회선을 구성하고 연결된 두 장치들 사이 데이터전송 방식을 결정하며 네트워크 토폴로지와 경로를 결정한다. 또 프레임전송에 사용될 신호와 부호화 방법을 선정하며 마지막으로 해당 정보들의 통신에 사용되는 인터페이스와 매체 환경을 선택한다.

2) 데이터링크 계층(Data Link Layer)

두 인접 시스템 사이 신뢰성 있는("error-free") 링크를 제공하여 정보를 전송하는 기능을 수행한다. 데이터링크 프로토콜(data link protocol)은 전송된 패킷의 에러 발생 여부를 확인하고 전송 에러를 검출하고 복구하는 기능을 제공하며, 에러가 발생한 패킷을 재전송하는 기능을 수행한다. 체크섬(checksum)을 포함한 데이터 블록을 전송하고 동기화, 에러제어, 흐름제어 기능을 담당한다. 데이터링크 계층의 구체적인 하는 일들은 인접한 노드 대 노드 전달을 기본으로 현재 노드와 다음 접근할 노드의 물리적인 주소를 식별하고 데이터링크 계층에서 전송될 수 있는 프레임의 흐름을 제어한다. 또 두 장치가 같은 링크에 연결될 때 프로토콜은 장치의 회선 점유에 대한 접근제어 기능을 결정하며 오류가 발생한 프레임의 재전송에 있어 전송된 프레임에 대한 타이밍을 맞추는데 필요한 동기화 기능을 수행한다.

① 데이터링크 프로토콜의 종류

㉠ ABP(Alternating Bit Protocol) or Stop and Wait Protocol

ABP에서는 송신 노드가 한 프레임을 송신하면 수신 노드는 프레임에 대하여 확인(ACK)을 보낸다. 송신 노드는 프레임전송에 대한 확인을 기다리는 간단한 프로토콜 운영방식으로 동작한다. 따라서 ABP는 버퍼가 작으며 전송 속도가 느리다.

㉡ SRP(Selective Repeat Protocol)

SRP의 수행과정은 다음과 같다. 송신 노드가 윈도 크기(Window size)만큼의 패킷을 연속적으로 전송한다. 여기서 윈도 크기는 ACK 수신없이 송신할 수 있는 프레임 수이다. 일정 시간 내에 ACK가 오지 않은 패킷은 타임 메커니즘을 적용하여 선택적으로 재전송 가능하다. 덧붙여 설명하면 송신 노드가 프레임전송 후 일정 시간 내에 수신 노드로부터 응답을 받지 못할 경우에 송신 노드는 자동적으로 그 프레임을 재전송한다. 수신 노드로부터 에러 프레임으로 확인된 프레임은 선택적 재전송이 가능하기 때문에 수신 노드 버퍼에서 재전송 프레임에 대한 순서화 논리회로가 부수적으로 필요하다.

㉢ Go Back N

Go Back N 프로토콜의 동작과정은 먼저, 송신 노드가 연속적으로 윈도의 크기 W개의 프레임을 전송한다. 수신 노드는 수신프레임에 대해 ACK 신호를 회신한다. 송신 노드는 수신 노드로부터 ACK를 받지 않고 전송 가능한 프레임 수는 윈도 크기 W를 초과할 수 없다. 송신 노드는 일정 시간 내에 송신 프레임에 대하여 ACK를 받지 못했다면, 이 프레임을 포함하여 다음 W개의 프레임을 재전송한다.

3) 네트워크 계층(Network Layer)

네트워크 계층은 전송되는 개체들 사이에 투명한 데이터 전달을 제공한다. 네트워크 계층에서 수행하는 가장 중요한 일은 송신 노드에서 수신 노드까지 패킷을 전송하는 경로(path)를 결정하여, 통신경로를 제공하는 것이다. 경로 선택(routing) 방법으로는 플러딩(flooding) 방식이 주로 이용된다.

4) 전송 계층(Transport Layer)

전송 계층은 종단 간(end-to-end) 전송에 대해 신뢰성 있는 통신경로를 제공한다. 즉, 통신서비스의 품질과 관련된 QoS(Quality of Service)를 제공하는데 예를 들면 에러율, 최대지연,

우선순위, 보안 등에 대한 QoS 기능을 종점 간 협약으로 종단 간 사용자에게 제공하는 것이다. 전송 계층은 다중화(multiplexing) 기능과 메시지를 패킷으로 분할(segmentation)하는 기능뿐만 아니라 이기종 망과의 정합 기능을 제공한다. 또한 모든 데이터가 수신되었는지를 확인하는 기능이 있다.

5) 세션 계층(Session layer)

세션 계층은 응용 프로세스 간 연결 설정 및 감시 기능을 수행한다. 세션 계층이 제공하는 서비스는 서비스에 따라서 필요 없을 때도 있다. 세션 계층에서 수행하는 기능은 다음과 같다. 전이중방식 혹은 반이중방식의 통신 방식의 결정과 복구를 위한 메커니즘 그리고 데이터 흐름을 위해 연관있는 데이터를 묶어주는 그룹화 기능이 있다.

6) 표현 계층(Presentation Layer)

표현 계층은 응용 서비스 사이 교환되는 데이터 형식을 정의한다. 정보의 표현방식이 다를 경우, 공통된 방식으로 표현 가능하다. 그 기능으로는 코드 변환 기능과 암호화 및 데이터 압축 기능이 있다.

7) 응용 계층(Application Layer)

사용자 사이 송수신되는 응용 프로그램 간에 정보교환을 가능하게 하는 기능이다. 사용되는 응용 계층 프로토콜의 예로는 파일전송 프로토콜, 전자메일, 가상 터미널, 웹 서비스 등이 있다.

▶ 계층 간 상호 기능의 이해

OSI 계층형 참조모델은 송신지에서 수신지로 전달될 때 각 7계층 구조에 대한 형식화된 표현을 통해 전송된다(그림 2.3 참조).

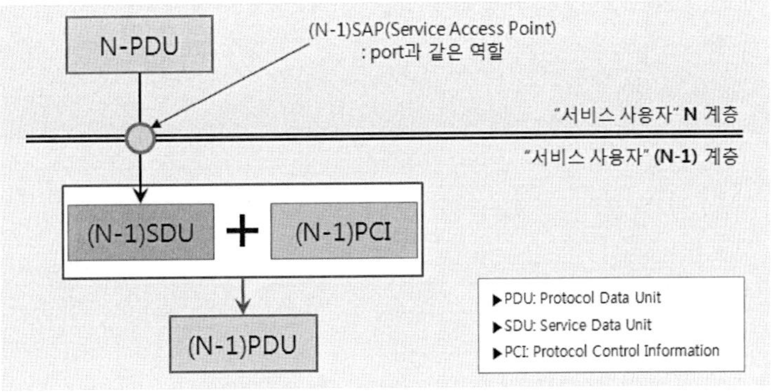

그림 2.3 계층형 구조 형식화

그림 2.3에서와 같이 각 계층은 계층의 제어 정보를 헤더 씌우기(encapsulation) 과정을 기반으로 계층 간 엔티티 사이의 정보교환을 수행한다. 수신지에서는 반대의 과정을 통해 송수신지의 응용 프로세스는 서비스 이용이 가능하다. 그림 2.4은 OSI 참조모델의 통신의 과정을 보여준다.

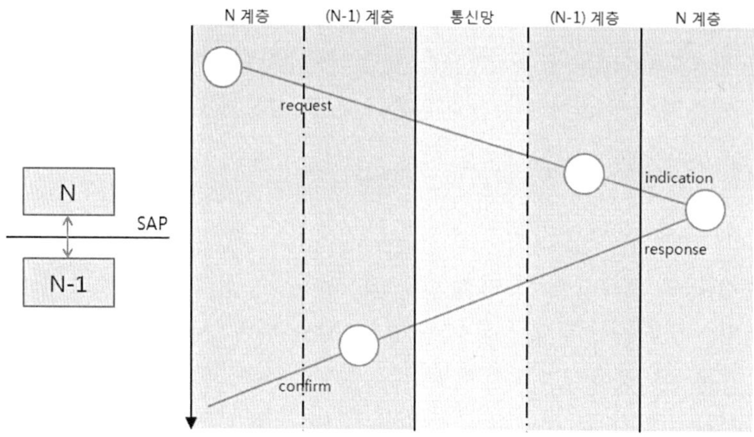

그림 2.4 OSI 모델의 정보 흐름

그림 2.5는 OSI의 참조모델에서 실제적인 정보의 흐름과정이 구체적으로 표현되고 있다.

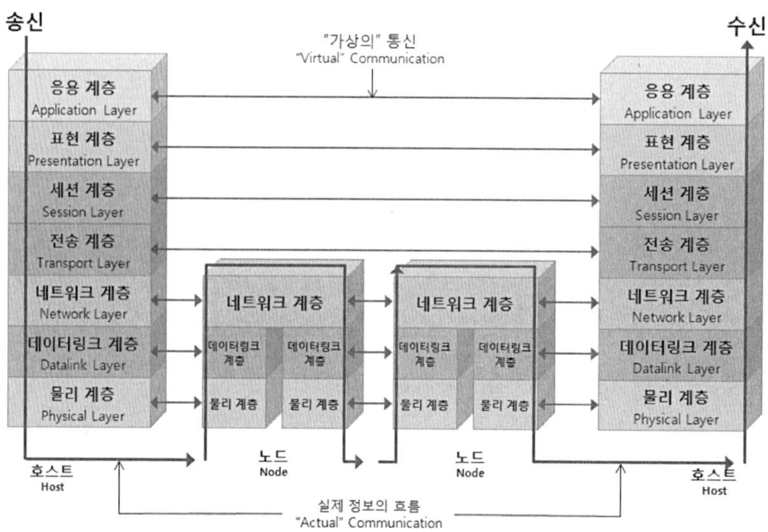

그림 2.5 OSI 참조모델의 통신과정

2.2 TCP/IP 프로토콜

인터넷 표준 프로토콜인 TCP/IP(Transmission Control Protocol/Internet Protocol)는 4계층으로 구성되는 계층적 프로토콜이다. 가장 하위 계층에는 네트워크 접속 계층이 있는데 이는 하나의 계층으로 정의하기도 하고 또는 물리 계층과 네트워크 접속 계층, 2개의 계층으로 정의하기도 한다. 그 다음 계층은 패킷을 목적지까지 전송 책임을 수행하는 인터넷 프로토콜 계층 그리고 종단간 신뢰성있는 연결을 수행하는 세그먼트 단위의 정보교환을 담당하는 전송 계층이 있으며 마지막으로 송수신지 응용 프로세스 사이 정보의 처리 기능을 수행하는 응용프로세스 계층이 있다(그림 2.6 참조).

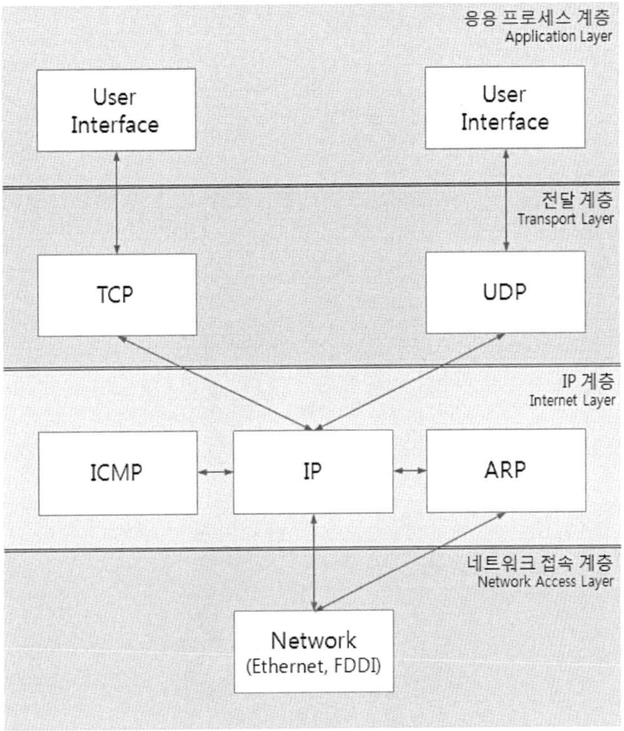

그림 2.6 TCP/IP 구조

그림 2.7은 인터넷 운영 환경으로 네트워크를 통하여 각 호스트들의 응용 프로세스들이 정보를 전송하는 개념도이다.

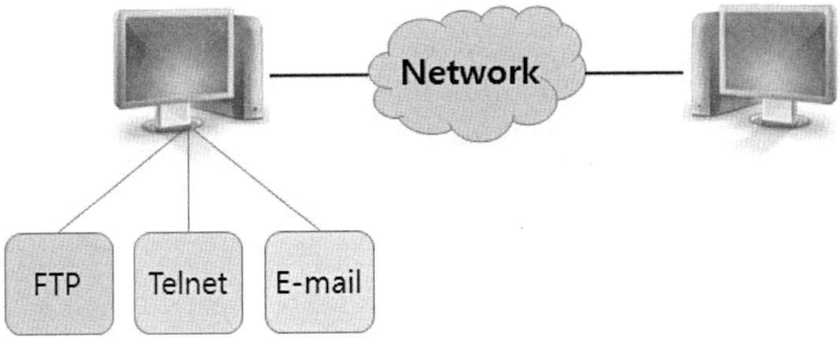

그림 2.7 인터넷 운영 환경

(1) TCP/IP 프로토콜

1) 응용 계층(Application Layer)

응용 계층은 원격의 프로세스 혹은 응용들 사이에 통신을 제공한다. HTTP, FTP, Telnet, SMTP, SNMP 기반의 응용 서비스가 수행되는 계층이다.

① HTTP

HTTP(Hyper Text Transfer Protocol)는 웹 서비스를 제공하는 응용 계층 프로토콜이다. 클라이언트가 웹 브라우저를 통해 웹 서버에 접속하여 웹페이지 정보를 이용하는 과정을 그림 2.8에서 나타내고 있다. DNS 서비스는 UDP(포트번호: 53)과 TCP(포트번호: 53)을 사용한다.

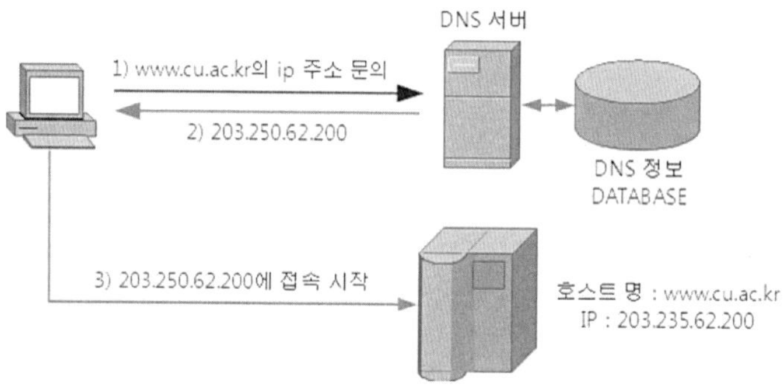

그림 2.8 HTTP 동작과정

② FTP

FTP(File Transfer Protocol)는 파일 전송에 사용되는 프로토콜로서 파일의 전송을 위해 두 개의 연결(session)이 생성된다. 하나는 원격 시스템에 제어정보 송수신을 위해 연결(21 port)된다. 그리고 연결 후 파일 전송을 위해 또 다른 연결(22 port)이 수행된다.

③ Telnet과 SMTP

텔넷(Telnet) 서비스는 네트워크를 경유하여 원격의 정보 시스템 접속하여 로컬 컴퓨터처럼 사용할 수 있는 서비스이며 SMTP(Simple Mail Transfer Protocol)는 전자우편 서비스를 제공하는 프로토콜이다.

④ SNMP

SNMP(Simple Network Management Protocol)은 네트워크의 관리 정보를 교환하는 데 사용된다. SNMP의 구성요소는 SNMP 에이전트와 관리자 그리고 MIB(Management Information Base)이다. SNMP 에이전트는 트랩(trap)과 인폼(Inform) 이벤트에 의해 경고(Alert)메시지가 생성된다. SNMPv2은 SNMP의 성능을 향상시켰고 SNMPv3에서는 메시지 무결성과 인증 그리고 암호화 기능이 추가되었다.

표 2.3 Syslog 8단계

단계	메시지	설명	단계	메시지	설명
0	emergencies	시스템 이용 불능 단계	4	warnings	경고 존재 단계
1	alerts	즉시 대응 필요한 단계	5	notification	정상/의미있는 조건 존재 단계
2	critical	위기 상태 단계	6	informational	정보 제공 단계
3	errors	에러조건 존재 단계	7	debugging	디버깅 필요 단계

덧붙여 네트워크의 모니터링 단계를 살펴보면 시스템의 커널과 시스템 응용들이 생성하는 정보를 관리하기 위해서는 Syslog 서비스를 이용한다. Syslog는 8단계를 이용하여 메시지 로깅을 수행한다(표 2.3 참조).

2) 전송 계층(Transport Layer)

① TCP

전송 계층 프로토콜은 TCP(Transmission Control Protocol)와 UDP(User Datagram Protocol)가 있다. TCP 프로토콜은 두 종단 호스트 간에 신뢰적인 연결형 서비스를 제공하여, 전송메시지의 정확한 수신지 도착 여부의 확인을 보장한다. 즉 시간 초과와 오류 재전송(error control) 그리고 데이터 흐름제어(flow control) 기능이 제공된다.
네트워크 계층인 IP 계층에서는 비연결형을 지향하므로 네트워크에 대한 에러제어와 흐름제어 기능을 수행하지 않기 때문에 TCP 전송계층에서 에러제어와 흐름제어 기능이 제공된다. 그림 2.18은 TCP 헤더 구조를 나타낸다.

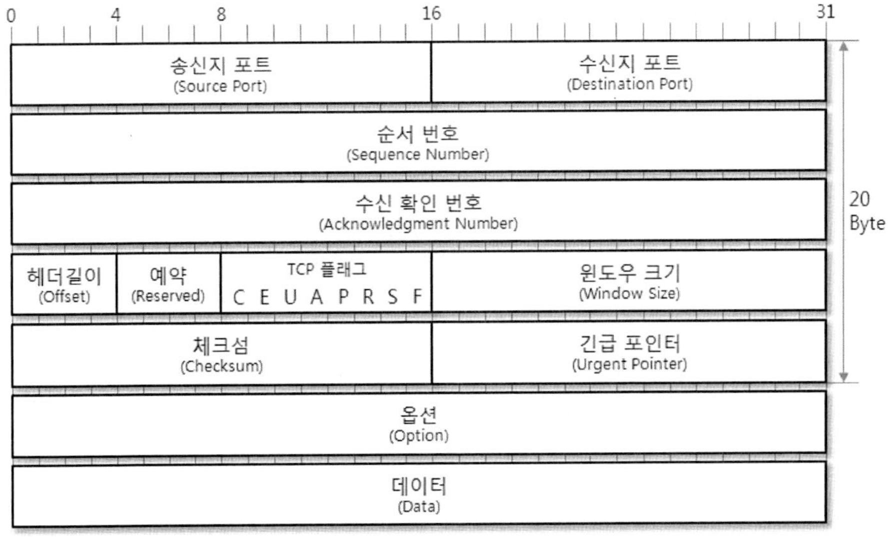

그림 2.9 TCP 헤더 구조

TCP 헤더에서 윈도 크기는 송수신측에 있는 버퍼의 크기를 말하며 1에서 최대 65,535 사이에서 이용 가능하다. 표 2.4를 통해 TCP 헤더 구조에서 플래그 비트들에 대한 기능을 이해할 수 있다.

표 2.4 TCP 플래그 비트 이해

플래그비트	설명
URG=1	헤더의 긴급 포인터(urgent pointer)의 내용을 수행
ACK=1	확인번호 필드가 유효
PSH=1	높은 처리율을 요구
RST=1	TCP 연결을 해제하고 다시 설정.
SYN=1	연결 요청과 확인 응답에서 순서번호를 동기화
FIN=1	TCP 연결을 종료

② UDP

UDP(User Datagram Protocol) 프로토콜은 비연결형 서비스(Connectionless)를 지원한다. UDP의 특징은 수신측에 패킷이 도착했는지의 확인 여부를 보장하지 않으며 흐름제어의 기능을 제공하지 않는 비신뢰적인 서비스를 제공한다. 그러므로 수신된 데이터 훼손에 따른 무결성(Integrity)을 보장받지 못하므로 암호화기술이 적용될 수 있다. 네트워크 혼잡 시에 데이터 일부가 소실된다 하더라도 확인 작업이나 재전송 서비스가 지원되지 않는 특징을 가진다. UDP 서비스는 제어용의 작은 메시지 혹은 재전송이 필요 없는 동영상 정보전송에는 적절한 서비스가 될 수 있다(그림 2.10 참조). IPv4의 멀티캐스트와 브로드캐스트 통신 서비스에는 UDP가 사용된다. UDP 헤더는 출발지/목적지 포드번호, 헤더 포함하는 데이터그램 전체 길이 그리고 헤더 포함 데이터 전체의 오류검사를 위한 체크섬으로 구성된다.

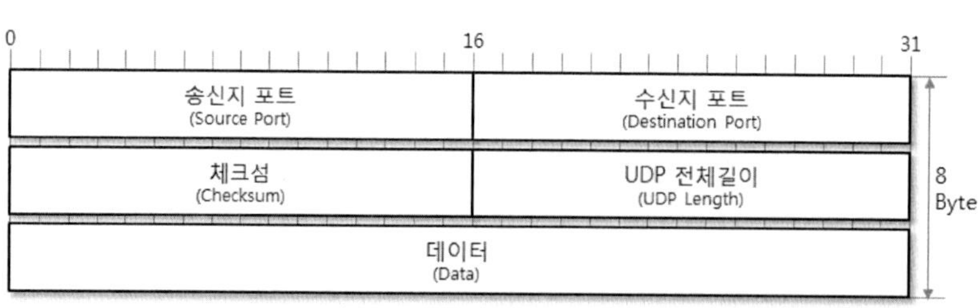

그림 2.10 UDP 헤더 구조

3) 인터넷 계층(Internet Layer)

IP(Internet Protocol)는 인터넷을 기반으로 송신지 호스트로부터 수신지 호스트까지 패킷이 안전하게 전송될 수 있도록 최적의 연결 경로설정에 관한 라우팅 기능을 수행한다.

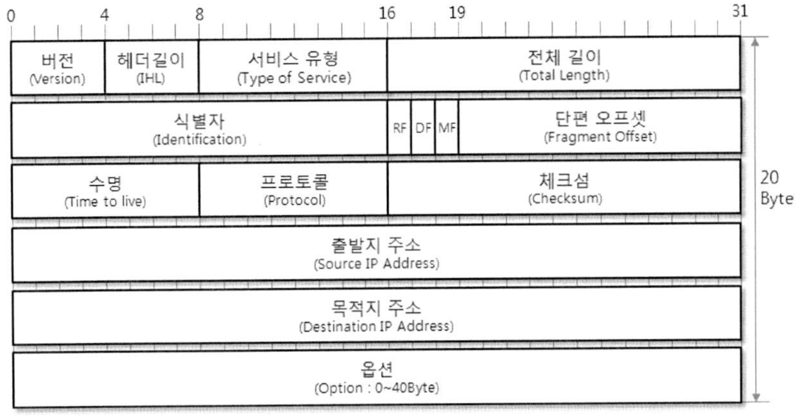

그림 2.11 IP 헤더의 구조

IP 헤더에는 오류정보와 네트워크 상황정보 그리고 경로정보의 신뢰적 전달 기능 등은 포함되어 있지 않다. 패킷을 단위로 하여 네트워크 통신경로에 대한 정보만을 제공한다. 에러제어는 수행하지 않는다. 제어가 필요한 경우는 상위 계층 TCP에서 에러제어와 흐름제어를 수행 하지만 IP의 재순서화를 위해 버퍼가 필요한데 버퍼가 가득 차 있다면 패킷은 버려지고 ICMP 메시지에 의해 패킷이 처리되지 않았음을 송신지로 알리게 된다. IP 헤더 구조는 그림 2.11을 참조하고 구체적인 IP 헤더 구조 기능은 표 2.5를 참조한다. IP 패킷은 헤더와 데이터로 구성되며 헤더 부분에 대한 이해는 다음과 같다(표 2.5 참조).

표 2.5 IP 헤더 이해

헤더 구성요소	설명
버전(VER)	IP의 버전 정보
헤더 길이(1HL)	IP 헤더의 길이
서비스 유형(TOS: Type of Service)	IP 데이터그램을 처리할 때의 우선순위
전체 길이(Total Length)	헤더를 포함한 데이터그램의 전체 길이
식별자(Identification)	단편화와 관련된 값으로 생성 시 1씩 증가
플래그(Flags)	Reserved Flag(RF): 예비 필드로 사용되지 않으며 항상 0으로 설정 Do not fragment Flag(DF): 0이면 단편화 가능을, 1이면 단편화가 불가능함 More fragment Flag(MF): 0이면 마지막 단편임을 의미하며 혹은 기본값, 1이면 단편이 더 있다는 의미
단편 오프셋(Flags Fragment Offset)	기존 데이터그램 내에서 단편의 상대적 위치
프로토콜(Protocol)	값이 1이면 ICMP, 6이면 TCP, 그리고 17이면 UDP
헤더 체크섬(Header Checksum)	오류 검사에 사용되며, 송신측에서 체크섬을 계산하여 전송
출발지 주소(Source IP Address)	송신측의 IP 주소
목적지주소(Destination IP Address)	수신측의 IP 주소

① IP 계층의 프로토콜

㉠ ICMP

ICMP(Internet Control Message Protocol)는 라우터가 다른 라우터나 호스트들에게 오류 혹은 상황 그리고 경로에 관한 정보 전달 기능을 수행한다. 즉 요청패킷, 응답패킷, 손실패킷, 지연시간 정보를 확인할 수 있다. ICMP의 예는 그림 2.12와 같이 호스트 A에서 시스템 B 장비로 메시지를 전달하려고 하는데, R2 라우터에 도달했을 때 데이터그램이 손실되었다. 이때 R2 라우터는 호스트 A에게 문제해결 메시지 타입을 추가한 ICMP 메시지를 보낸다(그림 2.12 참조). ICMP 메시지 타입에는 Echo(8), Echo Reply(0), TimeStamp(13), TimeStamp Reply(14), Destination Unreachable(3), Parameter Problem(12), Time Exceeded(11)가 있다.

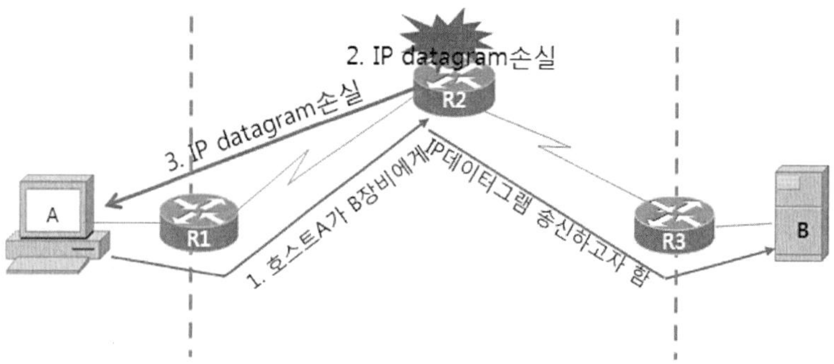

그림 2.12 ICMP 동작과정

㉡ ARP(Address Resolution Protocol)

ARP는 IP 주소에 대응되는 이더넷의 하드웨어 주소로 변환하는 기능을 수행한다. RARP(Reverse ARP)는 반대의 기능을 수행한다. 즉 하드웨어 주소를 기반으로 상위 계층의 IP 주소로 변환기능을 수행한다. 예를 들면 디스크 없이 부팅이 필요한 경우 RARP를 이용해서 자신의 인터넷 주소(IP)를 식별할 수 있다.

4) 네트워크 접속 계층(Network Access Layer)

네트워크 접속 계층에서는 두 종단 시스템의 데이터를 전송하기 위해 네트워크 매체와 인터페이스에 대한 하드웨어의 세부내용을 담당하며 상위 계층의 데이터를 받아들여 연결된 다른 네트워크로 전송하는 기능을 수행한다. 네트워크 접속 계층에서 전송되는 데이터 단위를 이더넷 프레임이라고 하며 대표적인 프로토콜의 종류에는 이더넷, FDDI, 토큰 링, X.25 등이 있다(그림 2.13과 표 2.6 참조).

Ethernet

Preamble	SFD	Destination Address	Source Address	Type	Data	FCS	
7	1	6	6	2	46 - 1500	4	(Byte)

IEEE 802.3

Preamble	SFD	Destination Address	Source Address	Length	Data	FCS	
7	1	6	6	2	46 - 1500	4	(Byte)

그림 2.13 이더넷 헤더

표 2.6 네트워크 접속 계층 헤더 이해

헤더 구성요소	설명
Preamble(동기화)	64비트 필드로써 0과 1로 구성되며, 이더넷 프레임의 시작 부분을 결정하고 동기화
프레임의 시작 표시자 (Start of Frame Delimiter)	프레임의 시작을 알리는 필드
목적지 주소(Destination Address)	목적지 시스템의 이더넷 주소
출발지 주소(Source Address)	패킷을 전송하는 호스트의 이더넷 주소
데이터 형식(Type/Length)	이더넷 프레임 상단의 데이터의 종류와 길이
Data(데이터)	상위 계층의 프로토콜에 의해 사용되는 정보가 포함되어 있는 필드
FCS(Frame Check Sequence)	에러 검출을 위해 사용되는 필드

그림 2.13은 이더넷 헤더의 구조를 나타내며, 헤더기능에 대한 설명은 표 2.6을 참조한다. 네트워크 접속 계층의 이더넷 헤더는 OSI 참조모델의 데이터링크 계층의 LLC(Logical Link Control)과 MAC(Media Access Control) 계층과 유사한 기능을 수행한다. 네트워크 접속 계층의 이더넷 매체 접근 방법(MAC)은 CSMA/CD(Carrier Sense Multiple Access with Collision Detection) 방법을 사용하는데 허브 장치에서는 충돌을 탐지하기 위해 반이중방식을 지원하지만 스위치는 전이중방식을 지원한다. 버스형의 토폴로지에서 자유 경쟁방식을 취한다. 동작 순서는 다음과 같다.

회선 상에 데이터전송을 탐지한다. 회선이 유휴할 때는 데이터전송을 시작한다. 데이터전송에서 충돌이 발생(collision detection)하면 충돌 사실을 전달받는 데이터는 임의 시간 동안 대기(time mechanism)한다. 다시 데이터를 전송하려면 데이터전송을 탐지하는 과정을 반복한다. 상세한 동작과정은 4장의 LAN 프로토콜에서 다루어진다.

상기와 같이 TCP/IP 프로토콜에 대하여 살펴보았다. 그림 2.14는 TCP/IP 프로토콜 기반의 데이터 전달 시 전체 동작과정을 보여준다.

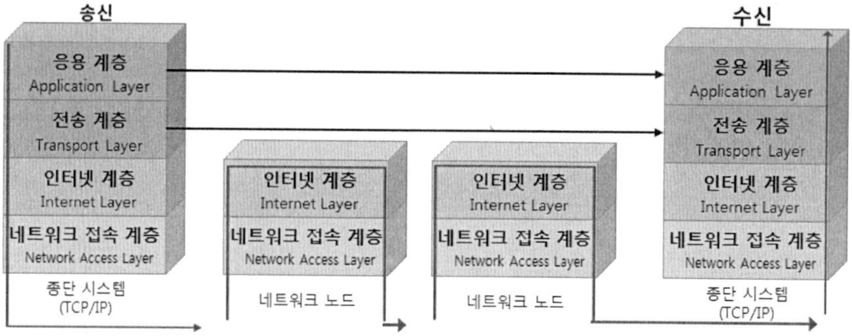

그림 2.14 TCP/IP를 이용한 전송과정

① 헤더 씌우기

정보의 근원지에서 정보의 목적지로 패킷이 전송될 때 TCP/IP 프로토콜의 각 계층에서는 헤더 씌우기(Encapsulation)와 헤더 벗기기(Decapsulation) 과정을 수행한다. 상위 계층에서 하위 계층으로 전달될 때 각 계층의 제어정보, 즉 헤더가 덧붙여져 전달된다. 제어정보는 헤더(header)라고 하며 헤더를 덧붙이는 과정을 헤더 씌우기라고 한다. 정보의 수신지에서 반대의 과정인 헤더 벗기기 과정을 수행한다(그림 2.15 참조).

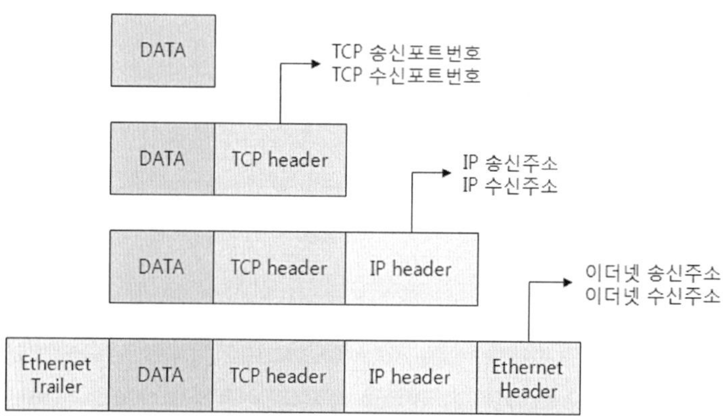

그림 2.15 헤더 씌우기

2.3 OSI 모델과 TCP/IP 비교

본 절에서는 OSI 참조모델과 TCP/IP 프로토콜의 차이를 살펴본다. TCP/IP는 OSI에 비해 간단한 계층적인 구조를 가지고 있다. OSI 참조모델의 7계층과 TCP/IP 프로토콜의 4계층은 그림 2.16과 같다. OSI 참조모델의 물리 계층과 데이터링크 계층은 TCP/IP 프로토콜의 네트워크 접속 계층에 대응되어 유사한 기능을 수행하며 OSI 참조모델의 네트워크 계층은 TCP/IP 프로토콜의 인터넷 프로토콜(IP) 계층에 대응된다. OSI 참조모델의 전송 계층은 TCP/IP 프로토콜의 전송 계층에 대응될 수 있고 OSI 참조모델의 세션 계층과 표현 계층 그리고 응용 계층은

TCP/IP 프로토콜의 응용 프로세스 계층으로 대응될 수 있다.

OSI 참조모델의 7계층은 네트워크의 복잡도에 따라 통신망을 변경할 경우 4계층의 TCP/IP 프로토콜에 비해 신속하게 변경하기는 어려움이 있다. 이는 TCP/IP 프로토콜은 하나의 계층이 OSI 참조모델의 다 계층 프로토콜을 동시에 수용하는 구조이기 때문이다(그림 2.16 참조)

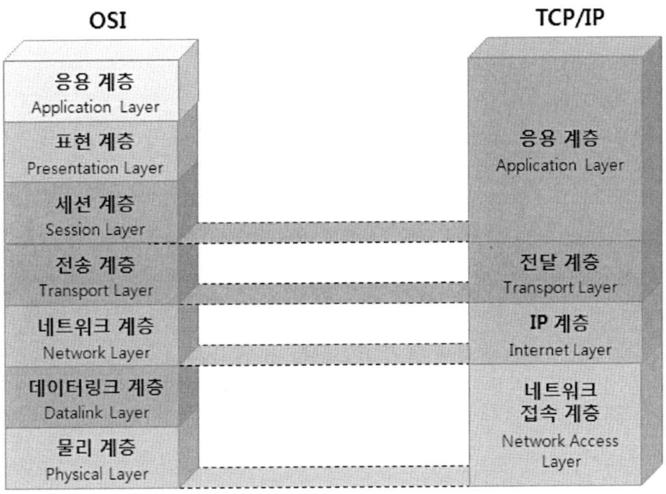

그림 2.16 OSI 모델과 TCP/IP 프로토콜의 계층 간 구분

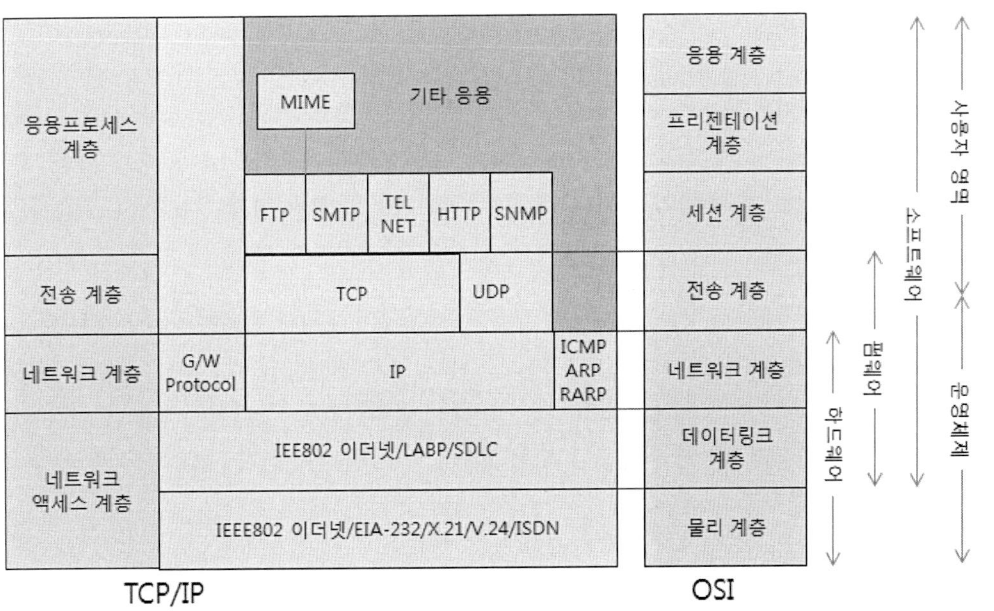

그림 2.17 TCP/IP 프로토콜과 OSI 모델 상세 비교

그림 2.17는 TCP/IP 프로토콜과 OSI 참조모델의 비교를 보여준다. OSI 참조모델은 7계층에 대해 연결형 서비스를 지향한다. TCP/IP 프로토콜의 IP 계층에서는 비연결형 서비스를 제공한다. TCP/IP 프로토콜은 오랜 시간 동안 시도와 실패(trial and error)를 거치면서 점진적으로

진화하였다. 따라서 네트워크를 운용하고 관리하는 측면에서는 TCP/IP 프로토콜 활용이 효율적인 장점이 있다.

2.4 전송 케이블

(1) 전송매체

정보 통신의 전송매체(transmission media)는 유선매체(guided media)와 무선매체(unguided media or wireless)로 분류된다. 데이터전송 시스템의 설계 시 주요한 고려사항으로 데이터전송률(data rate)과 거리(distance)가 있다. 전송매체에서 대역폭(bandwidth)과 데이터전송률(data rate)은 전송률 설계에서 주요 인수(design factors)가 된다. 대역폭이 넓을수록 그리고 데이터전송률이 높을수록 전송매체는 우수하다는 것이다.

유선매체를 이용한 정보전송에서는 전송손상이 있을 수 있다. 전송손상의 한 가지 예는 감쇠현상이 있으며 감쇠현상은 거리에 따라 증가한다. 유선매체의 거리제한에 따른 감쇠는 이중나선(twisted pair) 그리고 동축케이블(coaxial cable) 마지막으로 광섬유(optical fiber) 순위이다. 또한 간섭(interference)은 무선매체에서 특히 문제가 되며 유선매체에서는 적절한 차폐된 보호(shielding)에 의해 최소화될 수 있다.

1) 유선매체

유선매체는 전자기파(electromagnetic wave)가 고체매체를 따라 인도(guided)된다. 그 예로는 이중나선(twisted pair), 동축케이블(coaxial cable), 광섬유(optical fiber) 등이 있다. 유선매체는 신호의 특성보다 매체의 물리적 특성에 따라 감소 특성이 결정된다.

① 동축케이블

동축케이블은 아날로그 또는 디지털 전송에 사용되는 매체의 한 종류이다. 그림 2.18과 같이 안쪽에는 내부 도체를 절연체가 보호하고 있고 그리고 바깥쪽에는 금속성 차폐와 절연피복으로 이중 보호되고 있다. 내부 도체는 구리선으로, 구리선에 흐르는 전기 신호를 바깥쪽에서 보호하여 아날로그 또는 디지털 신호를 전송한다(그림 2.18 참조).

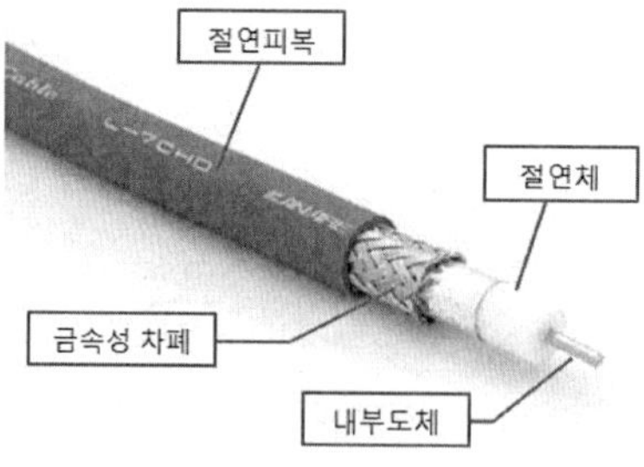

그림 2.18 동축케이블 예

② UTP 케이블

UTP(Unshielded Twisted Pair)케이블은 일반적으로 LAN용 데이터전송 케이블이라 부르며 인터넷 연결선이라 불린다. UTP 케이블의 종류는 UTP, STP, FTP가 있다. UTP 케이블은 유지보수용으로 사용되는 카테고리 5(100Mbps)가 있고, 현재 대부분의 케이블은 카테고리 5e(100Mbps)가 사용되고 있다. 더 고속으로 안정적 데이터전송에 최근 많이 사용되는 기가바이트 규격인 카테고리 6(250Mbps), 카테고리 7(500Mbps)로 구분된다. 카테고리(category)란 UTP 케이블 배선(wiring) 표준 규격이다. 그림 2.19와 같이 UTP 케이블은 4쌍의 케이블이 꼬여 있으며, 내부 와이어는 각기 다른 기능이 있으며 UTP 케이블은 노이즈와 전자기 장애에 약한 특성이 있다.

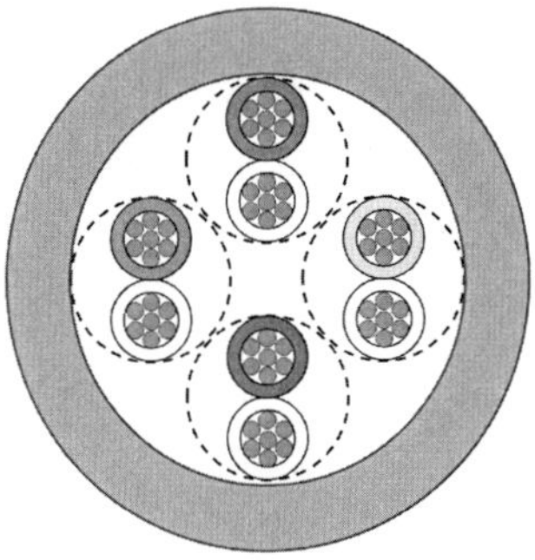

그림 2.19 UTP 케이블

③ STP 케이블

STP(Shield Twisted Pair)케이블은 외부 피복 또는 전기장 차폐재가 있어 이중의 차단되는 케이블이다. 특히 외부의 노이즈와 전기적 신호 간섭 차단에 뛰어난 특성이 있다. STP에는 카테고리 7 케이블이 적용되고 있다. 또한 STP는 높은 대역전송 속도를 지원하기 때문에 음성 또는 데이터전송에 사용되며 특히 영상 정보전송이 뛰어나다.

④ 광케이블

광케이블(Fiber optic)은 코어와 클래딩으로 구성된다. 코어는 굴절률이 높은 큰 물질로 구성된다. 광케이블의 모드는 멀티모드(MM: Multimode) 광케이블과 싱글모드(SM: Single Mode) 광케이블로 구분된다(그림 2.20 참조).

광섬유의 장점으로는 광대역 전송이 가능하고 작고 가볍기 때문에 이동성과 설치가 쉽다. 그리고 빛을 이용한 전송방법 사용으로 감쇠에 취약하지 않아 손실률이 낮으며 외부 전자장의 영향이 거의 없어 간섭에도 강하다. 마지막으로 동선매체처럼 따서(tapping) 사용할 수 없기 때문에 도청하기 어려워 높은 보안성을 가진다. 표 2.7은 매체별 케이블의 특징과 전송 성능별 카테고리 구분을 보여준다.

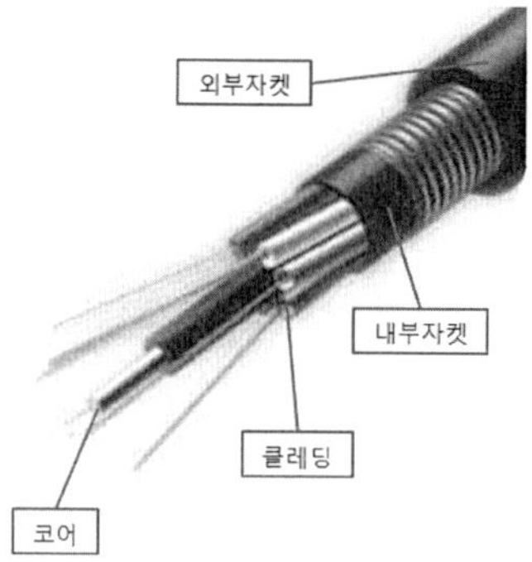

그림 2.20 광케이블

표 2.7 케이블별 특징

케이블 종류와 특성	대역폭	카테고리	최대길이	전자기 장애	매체크기	가격
동축케이블	10M–100M	3, 4, 5	500m	작다	크다	저가
STP 케이블	100M	5e	100m	작다	보통	중가
UTP 케이블	–1G	6	100m	크다	작다	저가
광케이블	–10G	7	100Km	없다	작다	고가

2) 무선매체(Unguided Media)

무선매체는 전자파 신호가 유도(unguided)되는 것이 아니고 선 없이(Wireless) 신호가 전송되는 것이다. 무선매체는 전송 안테나에 의한 생성 신호의 대역폭이 전송특성을 결정한다. 무선매체는 두 가지 형태의 방식으로 신호의 방향성에 따라 나눌 수 있다.

▶ 신호의 방향성

단방향성(directional) 신호는 높은 주파수에서 사용되고 전방향성(omnidirectional) 신호는 낮은 주파수에서 사용된다.

▶ 전송방식

전송방식은 주파수 영역에 따라 구분되는데 초단파(microwave) 대역은 240GHz로 주로 위성통신에 사용된다. 방송용 라디오(broadcast radio) 대역은 30MHz에서 1GHz까지로 공중 라디오 방송에 사용된다. 초단파인 경우는 방향성 빔 형태로 전송되며, 방송용 라디오파인 경우는 전방향성 형태로 전송된다.

2.5 케이블 만들기 실습

네트워크를 구축하기 위해서 장비와 장비를 연결할 때는 장비 간 데이터의 전송이 가능한 케이블이 필요하다. 이에 사용되는 케이블 중 주로 동축케이블(coaxial cable), 이중나선 케이블(twisted-pair cable), 광케이블이 많이 이용된다. 실습에서는 이중나선 케이블인 UTP 케이블을 활용하여 다이렉트(straight-through) 케이블과 크로스(crossover) 케이블 만들기 실습을 한다.

LAN케이블을 만드는데 필요한 장비는 UTP 케이블, 케이블링 도구, RJ-45 커넥터, 탈피기, 니퍼, 그리고 LAN 테스터기이다(그림 2.21 참조).

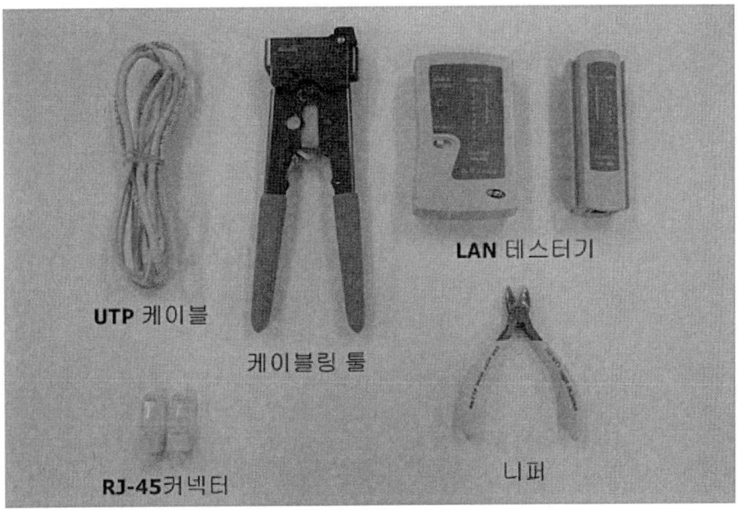

그림 2.21 케이블 만들기 준비물

실습 1 다이렉트 케이블 만들기

다이렉트 케이블은 워크스테이션과 허브 또는 워크스테이션과 스위치 연결에 사용되고, 라우터를 허브 또는 스위치와 연결할 때 그리고 서버를 허브 또는 스위치와 연결할 때 사용되는 케이블이다. OSI 모델에서 서로 다른 계층 간 장비를 연결할 때 주로 쓰인다. 케이블 만들 때 필요한 도구가 준비되었는지 확인하고 케이블을 만들어 보기로 한다.

1 그림 2.22와 같이 UTP 케이블의 양쪽 끝을 탈피기나 니퍼를 이용하여 피복을 약 5cm 정도 벗겨낸다.

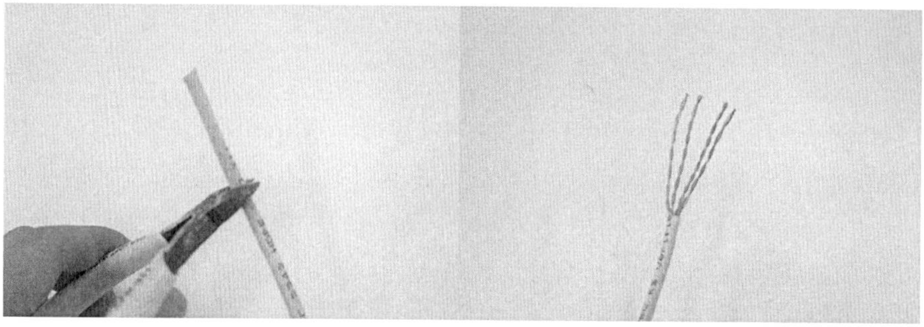

그림 2.22 피복 벗기기

2 피복을 벗겨내고 나면 내부선이 두 가닥씩 꼬여있는 4개의 선을 볼 수 있다. 이 꼬여있는 4개의 선을 하나씩 풀어주고 곧게 펴준다(그림 2.22 참조).

3 곧게 펴진 선들을 그림 2.23을 참조하여 색상별로 배열한다.

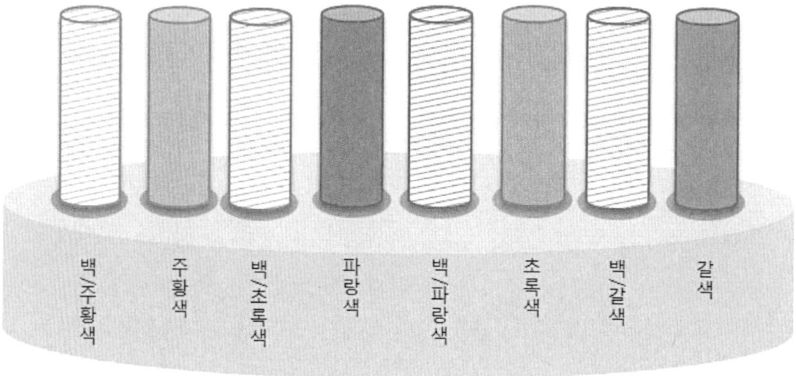

그림 2.23 다이렉트 케이블 배열

4 그림 2.23과 같이 다이렉트 케이블의 색상 배열을 정확하게 한 뒤, 배열이 흐트러지지 않게 정리하여 엄지손가락 손톱 크기 정도로 대략 15mm 이내 만큼 니퍼로 자른다. 길게 자르면 다른 신호와 간섭현상이 생길 수 있고 외부충격으로 선이 끊어질 수가 있다는 점을 주의한다(그림 2.24 참조).

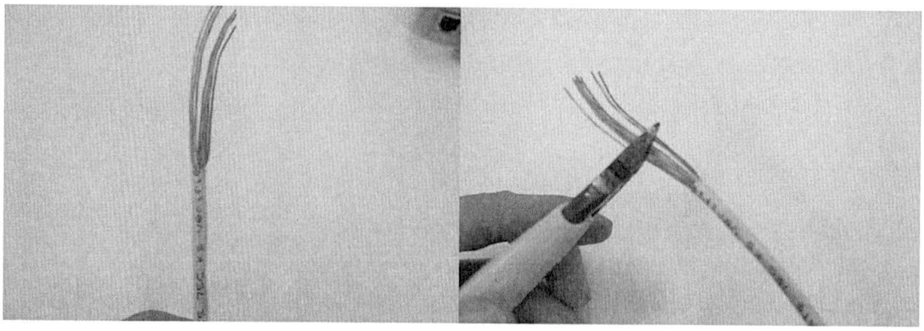

그림 2.24 정리한 배선 모아서 정리

5 RJ-45 커넥터의 각 핀 안에 선의 배열을 일치시켜, 끝까지 밀어 넣는다(그림 2.25 참조).

6 케이블링 툴에 RJ-45 커넥터를 연결한 케이블을 넣고 고정 도구로 고정한다(그림 2.25 참조).

7 선의 반대쪽도 똑같은 과정으로 만들어준다.

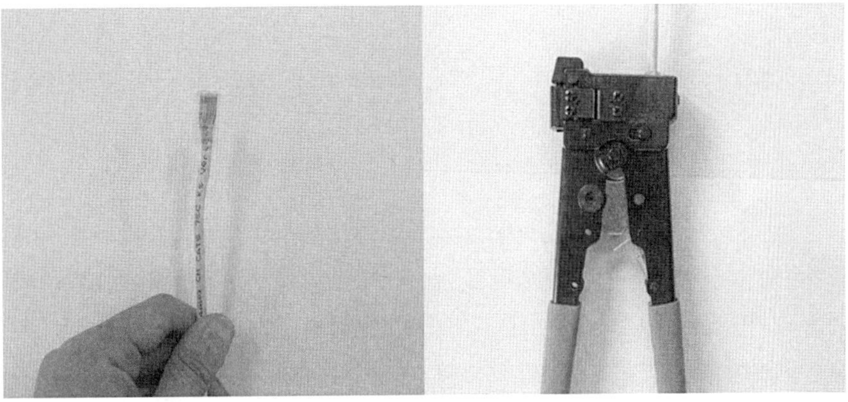

그림 2.25 RJ-45 커넥터 완성 과정

UTP 케이블 규격은 10BaseT 사양이므로 최대 전송 거리가 100m이다. 그러므로 안전한 전송을 위해서는 케이블의 길이를 100m 이내로 케이블링을 배선하는 것이 바람직하다.

실습 2 크로스 케이블 만들기

크로스 케이블은 컴퓨터와 컴퓨터, 허브와 허브 그리고 스위치와 스위치 등의 같은 OSI 모델에서 같은 계층의 장비를 일 대 일로 연결할 때 사용되며, 한쪽 끝은 다이렉트 케이블과 같은 방법으로 만들고, 반대쪽은 다이렉트 케이블과는 다른 순서로 배열해야 한다. 만드는 방법은 선의 배열만 다르고 나머지 방법은 다이렉트 케이블과 같은 방법을 적용한다.

1 UTP 케이블 양쪽 끝을 탈피기나 니퍼를 이용하여 피복을 약 5cm 정도 벗겨낸다.

2 피복을 벗겨내고 나면 내부선이 두 가닥씩 꼬여있는 4개의 선을 볼 수 있다. 이 꼬여있는 4개의 선을 하나씩 풀어주고 곧게 펴준다.

3 한쪽은 다이렉트 케이블과 같은 방식으로 만들어주고, 반대쪽 끝은 그림 2.26과 같이 다이렉트 케이블의 배열에서 백/주황색와 백/초록색의 위치를 교체하여 배열하고, 주황색과 초록색의 위치도 교체하여 배열한다(그림 2.26 참조). 즉, 다이렉트 케이블의 첫 번째와 세 번째 그리고 두 번째와 여섯 번째를 각기 교체하여 배열하면 가능하다는 의미이다.

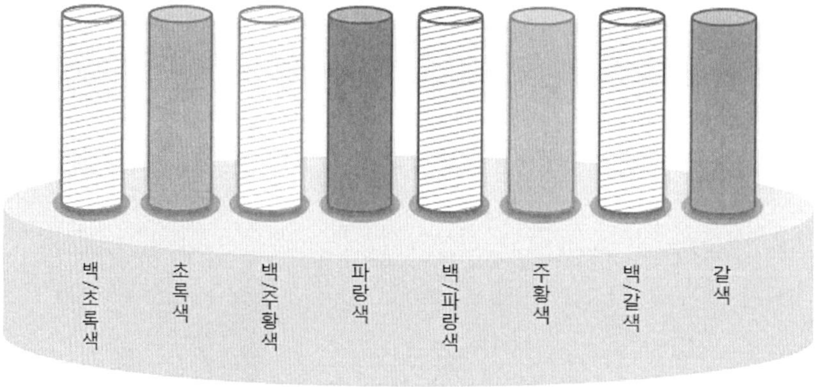

그림 2.26 크로스 케이블 배열

4 케이블의 색상을 정확하게 배열하고 케이블의 배열을 가지런하게 모은 후, 엄지손가락 손톱 크기만큼 대략 15mm 이내 크기로 니퍼로 자른다.

5 준비된 케이블을 RJ-45 커넥터 포트의 라인에 맞춰 배열한 다음 커넥터 포트의 끝까지 밀어 넣어 고정한다.

6 케이블링 툴에 RJ-45 커넥터에 연결된 케이블을 넣고 툴을 고정한다.

7 한쪽은 다이렉트 케이블 배열이고, 또 한쪽은 크로스 케이블 배열로 정확하게 배열하였는지 확인한다.

실습 3 테스트하기

테스트기를 이용하여 만들어진 RJ-45 커넥터의 동작을 확인해 본다. 실습 1과 실습 2에서 만든 케이블을 테스트하는 방법을 살펴보도록 한다.

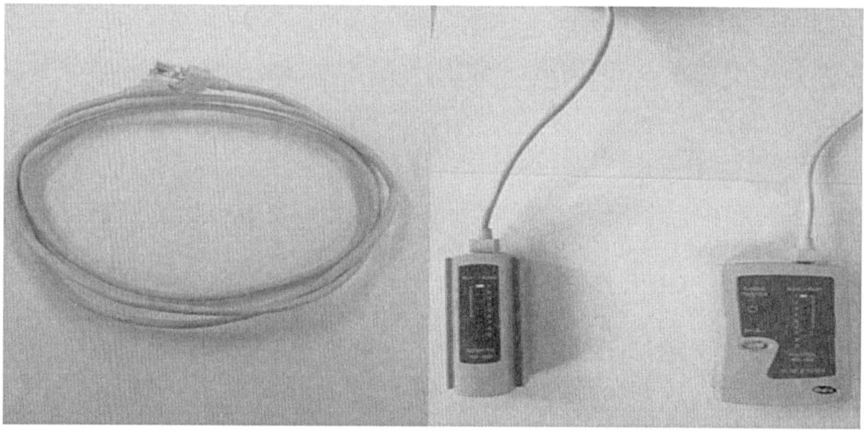

그림 2.27 완성된 케이블을 테스트하는 방법

1 준비한 LAN 테스터기의 전원을 ON 상태로 맞춘다.

2 완성된 케이블을 그림 2.27과 같이 테스터기의 양쪽 종단에 연결한다.

3 테스트기의 양쪽 종단에 케이블 커넥트를 삽입하여 고정시키면 자동으로 테스트를 시작하게 된다.

다이렉트 케이블의 경우 1번부터 8번까지 순차적으로 초록색 불이 들어오면 테스트가 정상적으로 완료된 것으로 본다. 테스터기는 다양한 종류가 있다. 기종마다 조금씩 다르지만 만약 테스터기가 없는 경우에는 컴퓨터와 컴퓨터에 각각 연결한 후 내부 네트워크 구성이 되는지 테스트해 보면 된다.

실습과제

1 통신 프로토콜이 무엇인지 설명하시오.

2 OSI 모델과 TCP/IP 프로토콜에 대하여 정리하시오.

3 TCP/IP 프로토콜과 OSI 통신 모델을 비교 설명하시오.

4 TCP/IP 프로토콜의 IP에 대하여 구체적으로 정리하시오.

5 다이렉트 케이블과 크로스 케이블을 만들고 테스트하시오.

Chapter 03

네트워크 통신 시스템

정보 통신을 위한 네트워크 구성에는 다양한 장비들이 필요하다. 본 절에서는 이러한 장비들에 대하여 구체적으로 살펴본다. 통신 네트워크를 구성하는 계층별 장비와 특징에 대해서 기술한다. 그리고 운용에 필요한 개념에 대해 기술한다.

3.1 물리 계층 장비

물리 계층은 네트워크 구성을 위한 기본적인 장비로써 하드웨어를 기반으로 실제적인 전송을 담당한다. 장비들은 물리 계층 표준에 따라 전압, 전류, 커넥터 형태, 전송거리 등이 주요 특징을 매개로 하여 실제적인 전기신호의 전송을 수행한다. OSI 통신 모델의 물리 계층에서 동작하는 장비들은 다음과 같다.

(1) 허브

허브는 멀티 포트 리피터로써 포트를 여러 개 가지고 있는 장비이다. 한 포트로 들어오는 신호를 나머지 모든 포트로 전송하는 장비이다. 허브의 구성요소는 외부 전원과 RJ 45 커넥터이다.

그림 3.1 허브

허브의 종류로는 더미 허브와 스위칭 허브가 있으며 허브의 장점으로는 저렴한 비용으로 쉽게 여러 호스트를 연결할 수 있고 MAC 주소나 IP 주소와 같은 네트워크의 구성요소인 상위 계층과는 무관하며 비트 단위의 실제적인 전기 신호전송을 담당한다(그림 3.1 참조).

(2) 리피터

리피터는 네트워크 구간의 물리적인 신호 감쇠를 극복하여 원 신호를 다시 증폭하여 원 거리까지 신호가 전송될 수 있도록 하는 역할을 수행한다. 데이터 전송 동안 신호의 세기가 약해지는 감쇄현상에서 신호를 증폭하고 재생하여 전송하는 역할을 수행한다. 리피터는 같은 종류와 같은 규격의 전송에만 사용이 가능하다. LAN 구간의 사용보다는 WAN 구간의 광전송에서 사용하는 추세이다(그림 3.2 참조). 리피터는 비트 레벨의 전기적 신호를 광신호로 전송 혹은 변환 기능하다.

그림 3.2 리피터

(3) 트랜시버

트랜시버는 전송기(transmitter)와 수신기(receiver)로 구성되며 송신과 수신을 동시에 수행할 수 있는 장치 또는 장비이다. 트랜시버는 랜카드 내에 위치하는 내장형 트랜시버와 서로 다른 커넥터 간 연결에 사용되는 외장형 트랜시버로 구분된다. 외장형 트랜시버는 BNC 커넥터, 광 커넥터, AUI 커넥터, RJ-45 커넥터가 있다. 트랜시버는 서로 다른 물리적 신호를 변환할 때 사용하는 것으로 네트워크 장비 AUI(Attachment Unit Interface)에 RJ-45 커넥터 연결을 위해 사용한다. 커넥터의 종류에 대하여 살펴본다(그림 3.3 참조).

- BNC 커넥터(Bayonet Neil_Concelman Connector)는 10Base-2 이더넷에서 컴퓨터를 동축케이블에 연결할 때 사용된다. 일반적으로 다른 동축케이블용 커넥터에 비해 설치하기 쉽고 값도 싸다.
- 광 커넥터는 광케이블 배선들을 연결하거나 장비 연결에 사용된다.
- AUI 커넥터(Attachment Unit Interface)는 동축케이블을 사용하는 10Base-5 이더넷에 컴퓨터의 네트워크 카드를 연결하기 위해 사용되는 15-pin 커넥터이다.
- RJ-45 커넥터는 이더넷 네트워크에 사용되는 표준 모듈러 커넥터이다.

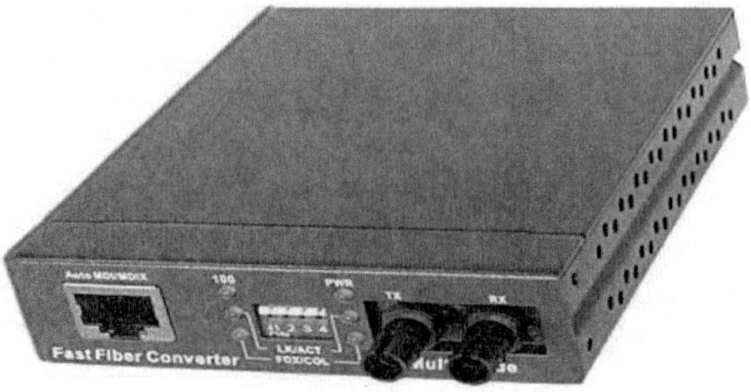

그림 3.3 트랜시버

(4) DSU와 CSU

DSU(Digital Service Unit)/CSU(Channel Service Unit)는 디지털 프레임을 광역 통신망에서 송수신 가능토록 적절한 프레임으로 변환하는 장비이다. DSU는 디지털용 회선에 사용하는 장비로서 디지털 데이터를 디지털 신호로 변환해 주는 역할을 수행한다. 디지털 데이터를 전용 선로를 통해 컴퓨터와 컴퓨터, 컴퓨터와 데이터 단말기 간의 원거리 고속 데이터 통신을 가능하게 해준다. 디지털 신호전송에서 1은 5볼트 파형 그리고 0은 0볼트를 가진 파형으로 변환하여 전송하는 것이다(그림 3.4 참조). CSU는 광역 통신망에서 T1 또는 E1급의 속도에 맞게 수용 가능한 채널 수로 나누어 분할하는 장비이다. CSU는 또한 신호 반사에 의한 상호간섭을 막는 보호 기능을 제공한다. 물리 계층의 장비는 충돌 기능과 브로드캐스트 기능을 제어할 수 없다.

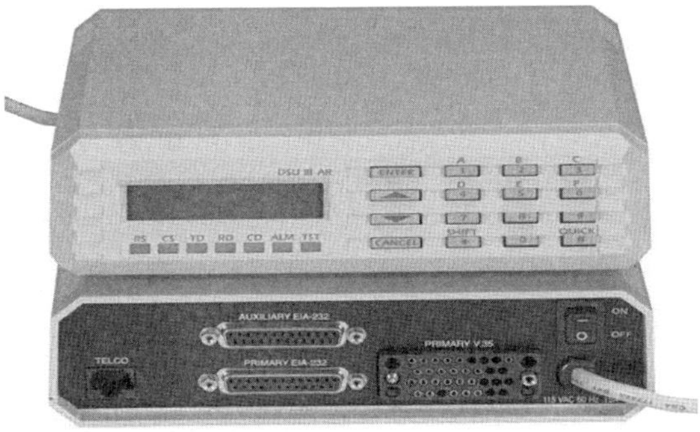

그림 3.4 DSU와 CSU

3.2 데이터링크 계층 장비

(1) 네트워크 카드

네트워크 인터페이스 카드(NIC: Network Interface Card)는 호스트들을 네트워크에 연결시켜 패킷 송수신과 관련된 기능을 수행하는 장치이다. NIC카드 자체는 물리 계층 장비이나 디바이스 드라이버(device driver) 없이는 작동할 수가 없으므로 NIC는 데이터링크 계층의 장치이다. 랜카드는 통신전용 칩과 버퍼 그리고 Boot EPROM 소켓과 Config EPROM 그 외에도 LED와 트랜시버로 구성된다. 통신전용 칩과 버퍼는 데이터를 패킷단위로 하여 고속 송수신 기능을 수행할 수 있게 한다. LED 램프는 랜카드의 송수신 상태와 에러 상태 식별을 가능하게 한다. 트랜시버는 신호의 송수신 장치로써, 전기적인 신호를 컴퓨터에서 사용가능한 신호로 변환한다. 컴퓨터와의 통신에는 NIC카드에 할당된 인터럽트(IRQ)와 I/O 주소를 이용한다. NIC 카드 프레임의 수신 여부를 결정할 수가 있으며 MAC 주소와 불일치하는 프레임은 필터링이 가능하다.

(2) 브리지

브리지는 이더넷과 토큰링 같은 2개 이상의 복수의 네트워크 세그먼트를 연결하여 특정 네트워크로부터 유입되는 트래픽에 대한 관리를 가능하게 한다. 또한 브리지는 MAC 주소 기반으로 패킷의 전송과 더불어 패킷의 분석과 패킷 폐기도 가능하다. 브리지는 소프트웨어방식으로 작동된다. 현재는 하드웨어기반 스위치의 보급으로 거의 사용되지 않는다.

(3) 스위치

스위치(switch)는 멀티포트 브리지라고도 하며 그 특징이 브리지의 기능과 유사하다. 스위치와 브리지의 차이점은 스위치가 하드웨어 기반으로 고속 스위칭을 수행한다는 성능이 우수한 기술적 측면이 있고 논리적인 가상 LAN 구축을 쉽게 하는 구조적인 측면이 있다(그림 3.5 참조).

그림 3.5 스위치

기술적인 측면에서 스위치는 프레임의 전송 중에 충돌이 일어나지 않도록 패킷의 목적지로 일 대 일 직접 스위칭되어 전송되므로 고속전송이 가능하며 충돌(collision)없는 네트워크를 구성할 수 있고 개별 호스트에 최대한의 대역폭이 보장된다. 또한 노드들의 전이중 통신을 지원하여 높은 효율성을 가진다는 것이다 스위치는 네트워크 시스템으로 프로세서와 기억장소 그리고 운영체제를 탑재하여 다양한 부가적인 기능으로 확장도 가능하다. 스위치나 브리지는 하나의 브로드캐스트 도메인에서 동작하다. 스위치는 포트별 충돌 도메인이 된다. 그러나 스위치는 물리적으로 네트워크를 분리할 수 있는 기능이 없어 브로드캐스트 트래픽을 차단할 수 없다. 그러나 논리적인 V(virtual) LAN이 구축된다면 VLAN당의 브로드캐스트 도메인으로 분리가 가능하다. 따라서 VLAN 구축은 브로드캐스트 도메인 수의 증가를 야기하며 브로드캐스트 트래픽의 분할 관리할 수 있다. 그러나 서로 다른 VLAN 사이 통신은 스위치에서는 불가능함을 기억하자.

3.3 네트워크 계층 장비

(1) 라우터

라우터는 네트워크 계층의 주요 장비이며, 주요 기능은 라우팅(routing)이다. 라우팅은 데이터를 출발지에서 목적지까지 전송하기 위해 최적의 경로를 제공하는 것이다. 라우터는 서로 다른 네트워크를 연결하여 데이터의 송수신을 가능하게 한다. 라우터는 네트워크를 분리하여 브로드캐스트 트래픽을 차단하여 불필요한 트래픽 전송을 줄여준다. 라우터는 서로 다른 VLAN 간에 통신을 가능하게 한다. 또한 네트워크 차원에서 접근통제 등의 보안 관련 기능과 IP 트래픽기반의 QoS(Quality of Service) 지원이 가능하다.

충돌 도메인(collision domain)은 복수의 네트워크 장비나 호스트가 공유 미디어에 연결되어 있어 2 대의 호스트가 동시에 데이터를 전송할 경우의 충돌 발생 범위를 의미한다. 브로드캐스트 도메인(broadcast domain)은 브로드캐스트 트래픽을 수신 받는 동일한 네트워크의 범위를 의미한다. 충돌 도메인 혹은 브로드캐스트 도메인은 효율적인 네트워크 크기를 결정하는 요인 중의 하나이다(그림 3.6 참조).

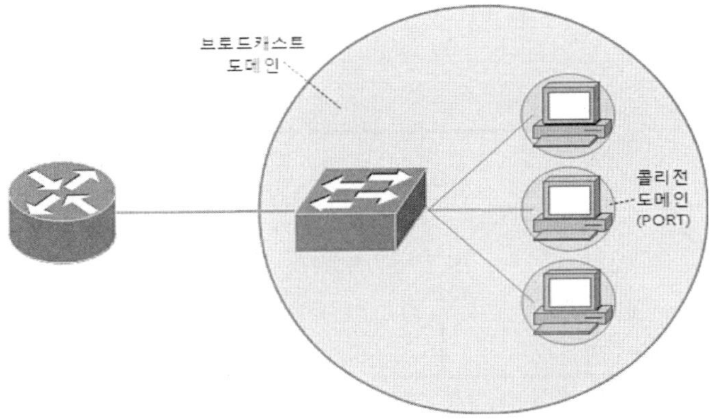

그림 3.6 충돌 도메인과 브로드캐스트 도메인

OSI 참조모델에서 충돌 도메인은 데이터링크 계층과 관련되고 브로드캐스트 도메인은 네트워크 계층과 관련된다. 스위치는 포트별 세그먼테이션으로 충돌이 없는 네트워크를 구성할 수는 있다. 스위치의 포트별 세그먼테이션 효과로 충돌 도메인 수는 증가하나 충돌 도메인 크기는 감소시킨다. 네트워크 계층 장비인 라우터는 네트워크를 세그먼테이션하기 때문에 브로드캐스트 트래픽 차단 등의 관리기능을 수행할 수 있다.

충돌 도메인의 크기가 증가한다면 충돌 도메인의 수는 감소될 것이다. 충돌 도메인의 수와 크기가 증가하더라도 브로드캐스트 도메인에는 영향을 미치지 않는다. 그러므로 브로드캐스트 도메인은 동일하다. 브로드캐스트 도메인의 크기가 증가한다면 브로드캐스트 도메인의 수는 감소될 것이다(그림 3.6 참조) 그림 3.7과 3.8을 참조하여 각기 몇 개의 브로드캐스트 도메인과 충돌 도메인을 가지고 있는지 살펴보자 그림 3.7은 네트워크 시스템인 라우터에 허브와 스위치가 연결되어 있다. 허브는 모드 포트가 하나의 충돌 도메인이며 스위치는 포트별 충돌 도메인이다. 그러므로 브로드캐스트 도메인은 두 개이며 충돌 도메인은 여덟 개이다.

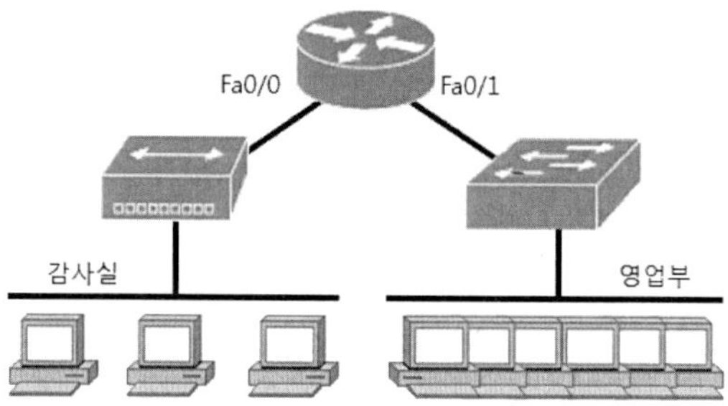

그림 3.7 충돌 도메인과 브로드캐스트 도메인 구분 예 1

그림 3.8은 네트워크의 분리 없이 스위치와 허브로만 연결된 네트워크의 예이다. 그림 3.8에서는 브로드캐스트 도메인의 수는 하나임을 이해한다.

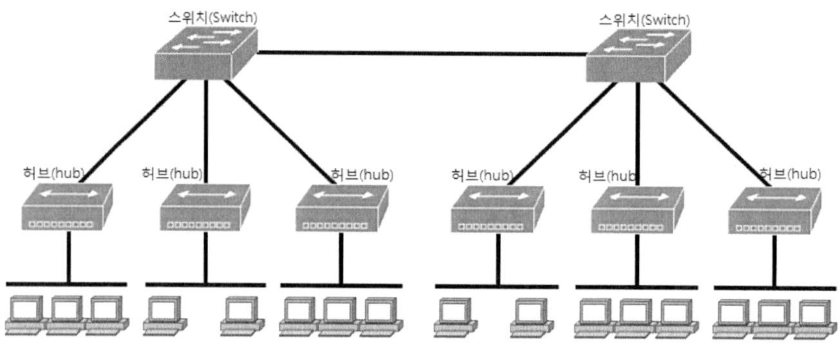

그림 3.8 충돌 도메인과 브로드캐스트 도메인 구분 예 2

(3) 기타 네트워크 장비

1) L3 스위치

L2 스위치는 상위 계층인 IP 프로토콜 등을 이해하지 못하는 한계가 있다. L3 스위치는 네트워크 계층을 지원하는 스위치 역할을 수행한다. 즉 데이터의 네트워크 주소(IP)를 보고 스위칭하는 장비라는 것이다. 이더넷 인터페이스만 지원하는 스위치에 라우팅 기능을 추가하여 IP 라우팅을 스위치처럼 고속처리 가능하고 라우터와 동일한 기능을 수행한다.

2) L4 스위치

L4 스위치는 OSI의 4계층의 전달 계층을 이해하고 처리 가능한 스위치를 의미한다. 가장 큰 특징은 서버의 부하를 분산하고 조정 가능하다는 것이다. 웹 트래픽, 텔넷 트래픽 등의 트래픽을 포트별로 식별하여 스위칭한다.

3) L7 스위치

L4 스위치에 비해 패킷을 더 상세한 기준을 적용하여 처리 가능하다. 서버단의 응용 계층에서 가능한 처리를 스위치에서 처리할 수 있다. 실제 응용의 내용까지 확인하여 특정 문자열 또

는 특정 명령을 기준으로 트래픽을 스위칭하기 때문에 QoS 기능, 보안기능을 수행할 수 있어 네트워크자원의 효율적인 사용이 가능하다.

4) 공유기

공유기는 네트워크의 기능인 NAT 기능을 이용하여 하나의 IP 주소로 여러 컴퓨터가 인터넷을 사용할 수 있도록 하는 기능을 제공한다.

그림 3.9 공유기

일반적인 IP 공유기는 프로세서, 메모리를 내장하고 있어 스위치의 기능까지 제공한다. 하나의 IP 주소기반으로 DHCP를 이용하여 홈네트워크에서 공유기의 사용이 증가되고 있다(그림 3.9 참조).

(4) 3계층 모델

계층적 구조는 네트워크를 설계하는데 도움이 되며 네트워크를 이해하고 구축하는데 효과적인 영향을 미친다. 또한 복잡한 네트워크의 구조를 단순화시키고 비용절감 측면에도 도움이 된다. 그림 3.10과 같이 3계층 모델을 참조하여 접근하면 다음과 같은 세 개의 계층으로 분류된다.

- 코어 레이어(core layer)
- 분배 레이어(distribution layer)
- 액세스 레이어(access layer)

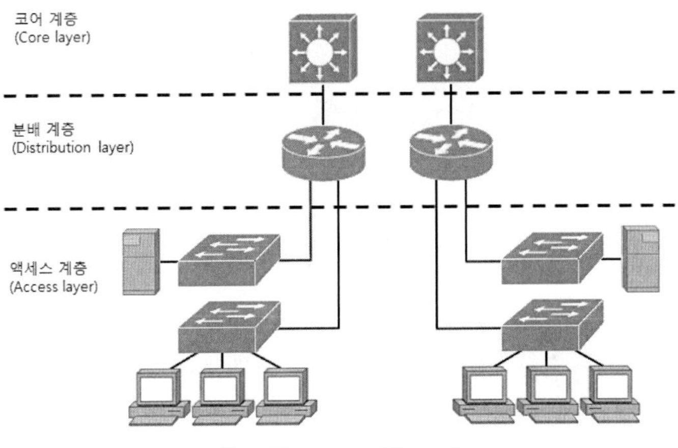

그림 3.10 3계층 모델

각 레이어는 특정한 역할과 기능을 수행하는 논리적 계층이다. 코어 레이어는 네트워크의 백본 망과 같은 의미이며 계층의 상위에 위치하고 다른 데이터들을 신속하고 정확하게 처리한다. 코어 레이어의 문제발생은 모든 하위 계층의 사용자에게 영향을 미친다. 분배 레이어는 코어 레이어와 액세스 레이어의 통신과 대화 그리고 소통의 기능인 라우팅 기능을 담당한다. 액세스 레이어는 인터넷 자원에 대해 사용자가 직접 접근하는 계층으로 사용자가 원하는 기능을 수행할 수 있도록 접근 통제 정책과 상위 계층인 분배 레이어와의 연결을 지원해야 한다.

3.4 네트워크 구축 실습

실습 1 라우터 시뮬레이터(패킷 트레이서) 설치하기

네트워크 실습 1에서는 시스코사의 가상 네트워킹 시뮬레이터인 패킷 트레이서(packet tracer)를 다운받아 설치하여 네트워크 모델링을 실습한다. 패킷 트레이서는 네트워크 실습을 위해 다양한 가상 장비를 설정함으로써 네트워크 장비에 대한 전반적인 공부에 도움을 주는 프로그램이다. 패킷 트레이서는 시스코 공식홈페이지에서 다운로드받을 수 있다.

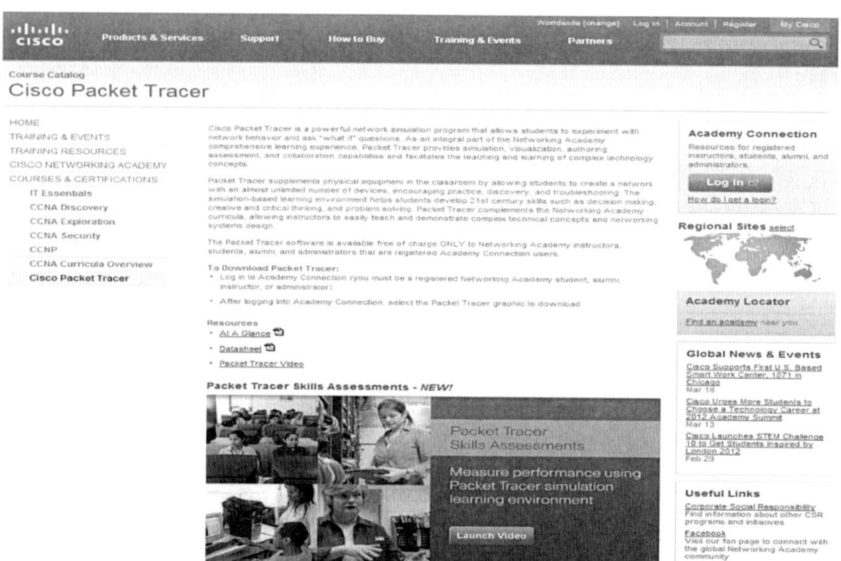

그림 3.11 시스코 공식 홈페이지의 패킷 트레이서 다운로드

패킷 트레이서는 시스코사에서 무료로 배포하고 있으며 학생 인증을 통하여 ID를 부여받아 로그인하면 다운로드받을 수 있다. 패킷 트레이서는 시스코 시스템즈가 제작하여 인증을 거쳐 교육용으로 무료 배포되는 시뮬레이터로서 인터넷을 통해 구할 수 있다. 실제 스위치나 라우터 장비 없이 네트워크 실습이 가능한 유용한 프로그램 도구라 할 수 있다. 다운로드한 패킷 트레이서의 설치를 마쳤으면 네트워크를 모델링해 보자.

1 패킷 트레이서를 다운받고 설치파일을 실행시킨다.

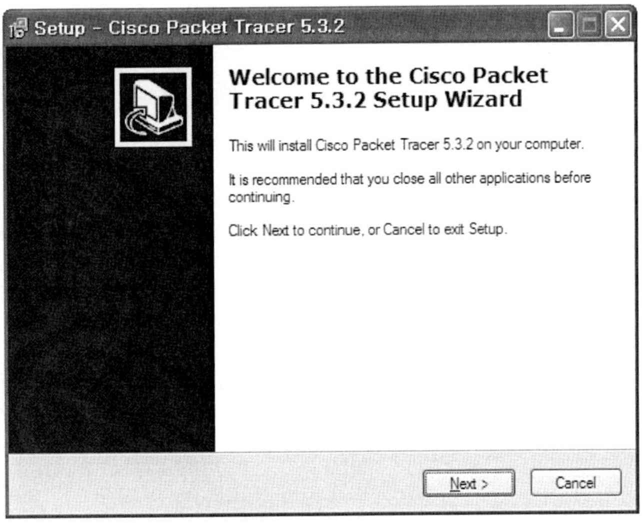

그림 3.12 설치 첫 화면

2 설치가 시작되면 기본 설정을 확인 후 next를 클릭하여 설치를 계속한다.

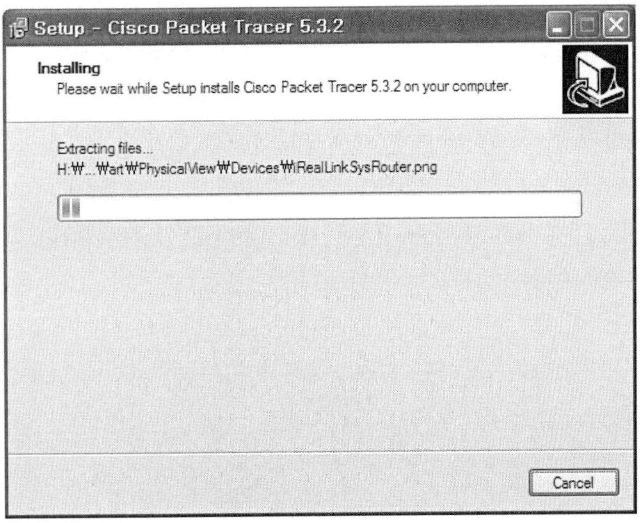

그림 3.13 설치화면

3 설치가 완료되면 패킷 트레이서를 실행한다.

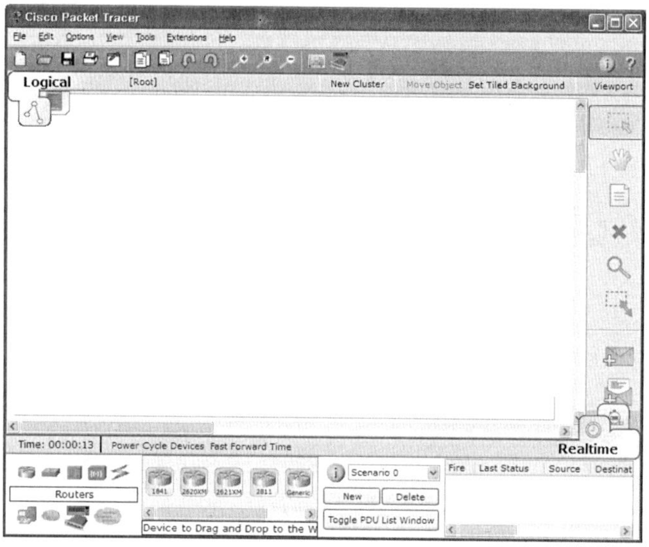

그림 3.14 패킷트레이서 실행화면

실습 2 네트워크 모델링하기

OSI 참조모델에서 네트워크 계층의 대표 장비인 라우터 사용법에 대해 실습할 것이다. 실습 2에서는 패킷 트레이서 시뮬레이터를 이용하여 가상으로 네트워크를 모델링하고 구축해 본다.

네트워크를 설계하기 전에 장비에 대한 기본적인 개념을 이해하여야 한다(3.3절 참조). 라우터는 서로 다른 네트워크를 연결하고 중개해 주는 장비이다. 예를 들어 서로 다른 네트워크 대역에 있는 각 호스트 간에 서로 통신하고 싶을 때 라우터로 연결되어야만 각 호스트들이 서로 통신할 수 있다. 이에 대하여 실습으로 이해한다.

1 우선 패킷 트레이서를 실행하고 왼쪽 하단에 있는 라우터 아이콘을 클릭하고 오른쪽의 목록 중에서 2620XM 라우터를 드래그해서 편집화면에 두 대를 배치한다.

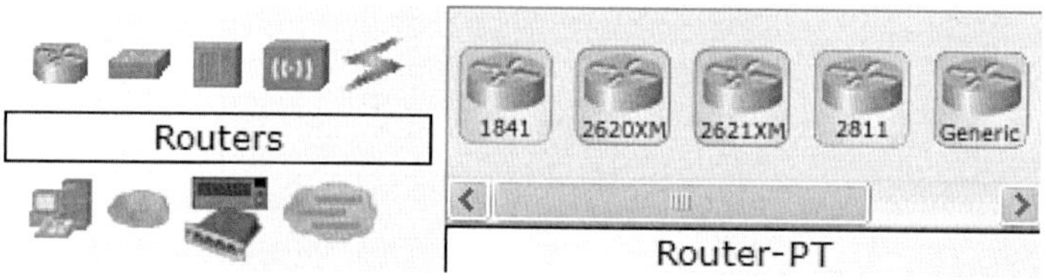

그림 3.15 시뮬레이터 라우터 종류

2 그리고 왼쪽 하단에 있는 직육면체 모양의 스위치 아이콘을 클릭하고 위의 방법과 같이 2950T라고 적힌 스위치 두 대를 각기 드래그하여 배치한다.

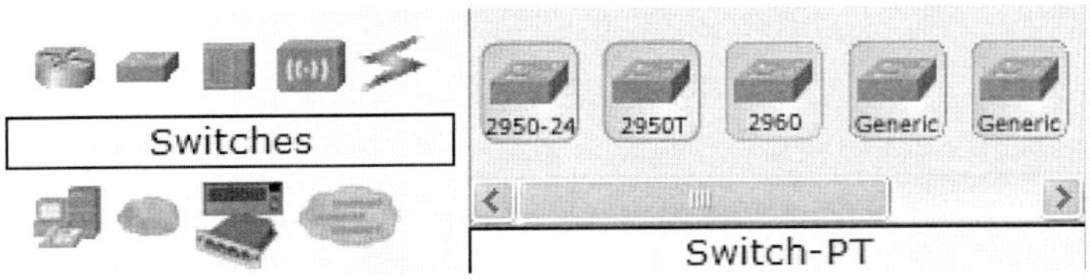

그림 3.16 시뮬레이터 스위치 종류

3 같은 방법으로 좌측 하단에 있는 컴퓨터 모양의 End Devices 아이콘을 클릭하고 컴퓨터 4대를 화면에 드래그한다.
그림 3.17과 같이 네트워크 장비들이 화면에 배치되어 있을 것이다. 이러한 과정을 통해 네트워크 구축이 가능하다.

그림 3.17 네트워크 구축하기

4 편집화면에 배치된 장비들을 케이블을 이용하여 연결한다.
먼저 왼쪽 스위치(switch0)를 PC들과 연결한다. 케이블은 다이렉트 케이블을 사용한다. 화면 왼쪽 상단에 번개 모양의 연결 아이콘을 누르면 여러 가지 케이블 목록이 나타난다. 다이렉트 케이블(Copper Straight-Through)을 클릭해서 왼쪽 스위치(switch0)와 PC0을 연결한다. 연결할 때 스위치를 클릭해 보면 20개가 넘는 내부 네트워크 인터페이스 FastEthernet 포트들이 있다. 그 중 가장 상위에 있는 Fa0/1 포트와 Fa0/2 포트를 사용해 각각의 PC0과 PC1을 연결한다. 여기서 스위치는 여러 대의 PC들를 하나의 네트워크로 통합하는 역할을 한다. 다른 스위치(switch1)도 PC2와 PC3과 연결 작업을 수행한다(그림 3.18 참조).

그림 3.18 PC와 스위치 간 케이블 연결

그림 3.18처럼 각각의 장비에 연결된 케이블 끝 부분의 연결부분(lamp) 색상이 주황색에서 초록색으로 변경되면 정상적으로 연결이 되었다는 의미이다. 주황색은 일정 시간이 지나면 정상적 연결을 의미하는 초록색으로 변경됨을 확인할 수 있다.

5 계속해서 스위치와 라우터, 라우터와 라우터를 연결한다. 다이렉트 케이블을 이용하여 스위치와 라우터를 연결하고, 라우터와 라우터를 연결할 때에는 시리얼(serial) 케이블을 이용하여 연결한다.

시리얼(serial) 케이블을 사용하기 위해서는 그림 3.19와 같이 라우터를 클릭하여 라우터의 시리얼 인터페이스를 추가하는 설정한다. 그림 3.19에서 1번처럼 라우터의 스위치 전원을 끄고(off) 왼쪽 메뉴에서 WIC-2T를 클릭하여 3번과 같이 주변 장치를 화살표 위치에 드래그하여 놓으면 시리얼 인터페이스가 추가된 화면을 확인할 수 있다. 이 후 다시 라우터의 전원을 켜면(on) 시리얼(serial) 포트를 사용할 수 있게 되어 시리얼(serial) 케이블을 연결할 수 있게 된다(그림 3.19 참조).

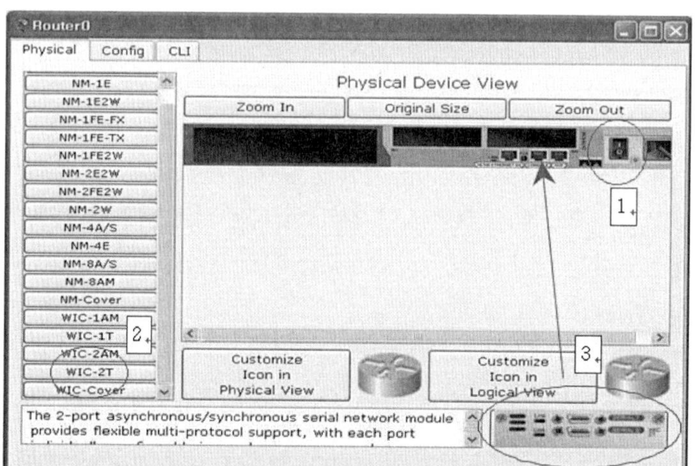

그림 3.19 라우터 구조 2

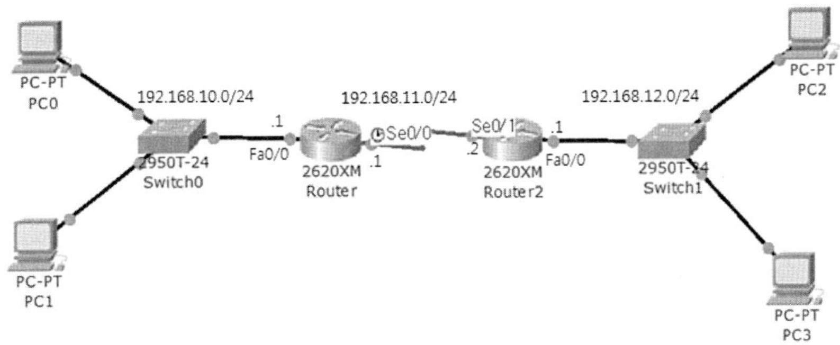

그림 3.20 네트워크 구축 실습 모델

그림 3.20은 위와 같은 방법으로 기본 실습을 위해 구축한 모델이다.

6 왼쪽 라우터(router)부터 IP 주소를 설정해 본다(그림 3.20 참조).
일단 라우터 옆에 붙어있는 빨간색 점들 위에 마우스 포인터를 올리면 인터페이스 목록이 나타난다. 각각의 인터페이스 이름이 확인되었다면 라우터를 클릭한 후 CLI 모드로 들어가서 구성 모드에서 IP를 설정한다.
왼쪽 라우터(router)에 스위치와 연결된 인터페이스는 Fa0/0 포트이다. 이제 라우터를 클릭한 후 CLI 모드로 들어가서 Fa0/0 인터페이스에 IP 주소 192.168.10.1를 설정한다(그림 3.21 참조).

```
Router(config)#int fa0/0
Router(config-if)#ip address 192.168.10.1 255.255.255.0
Router(config-if)#no sh

%LINK-5-CHANGED: Interface FastEthernet0/0, changed state to up

%LINEPROTO-5-UPDOWN: Line protocol on Interface FastEthernet0/0, changed state t
o up
```

그림 3.21 라우터 인터페이스에 IP 부여하기

라우터(router)의 Fa0/0 포트 램프가 초록색으로 변경됨을 확인할 수 있다. 이는 스위치와 라우터가 서로 정상적으로 연결이 되었음을 의미한다. 설정을 완성했을 경우에는 no shutdown 명령어를 반드시 수행해야 한다. shutdown을 하지 않고 설정한 값을 인터페이스에 적용하겠다는 의미이다. 실습에서는 se는 serial을 Fa는 fastethernet을 의미한다.

7 마찬가지로 왼쪽 라우터(router) Se0/0 포트와 오른쪽 라우터(router2)의 Se0/1 포트를 시리얼 라인으로 연결하고 각각 IP 주소를 설정한다.
- 왼쪽 라우터(router)의 Se 0/0 포트의 IP 주소: 192.168.11.1/24
- 오른쪽 라우터(router2)의 Se 0/1 포트의 IP 주소: 192.168.11.2/24
- 오른쪽 라우터(router2)의 Fa 0/0 포트의 IP 주소: 192.168.12.1/24

왼쪽 라우터(router)에서 IP 설정은 다음과 같다.

```
Router(config)#int se0/0
Router(config-if)#ip addr 192.168.11.1 255.255.255.0
Router(config-if)#clo rate 64000
Router(config-if)#no sh
```

각 인터페이스에 그림 3.21을 참조하여 IP 주소와 서브넷 마스크를 설정 완료하면 모두 초록색으로 변경된다. 그리고 왼쪽 라우터(router)의 Se 0/0 포트에 커서를 올리면 시계 표시가 보여짐을 확인할 수 있다(그림 3.20 참조). 라우터의 기본동작은 DTE(Date Terminal Equipment) 역할이며 데이터 단말 장치를 의미한다. 시리얼 라인으로 두 대의 라우터가 연결될 때 하나의 라우터가 동기화 신호를 전송하는 DCE(Data Communication Equipment) 역할을 수행해야하며 모뎀 또는 NIC 카드를 예로 들 수 있다. 본 예제에서는 왼쪽 라우터(router) 시리얼 인터페이스에 동기화를 설정하기로 하고 시리얼 인터페이스(Se0/0)에는 클럭 레이트(clock rate)를 부여한다. 시리얼 인터페이스에 접속한 후 Clock Rate 64,000을 입력하면 된다. 모뎀의 통신 환경과 유사한 클럭 레이트(clock rate) 대역폭(BandWidth)을 선택하여 설정을 한다. 실습에서는 임의로 64,000을 부여하였다. 현재의 라우터가 DTE 역할인지 DCE 역할인지는 show interface 명령어를 통해 확인 가능하다.

8 그림 3.22는 네트워크 구축이 되었음을 확인하는 show ip route 명령어를 수행한 결과이다.

인터페이스에 정상적으로 IP 주소가 설정되었는지 확인이 필요하다. 왼쪽 라우터(router)의 인터페이스 확인을 위해 프리빌리지드 모드(Privileged mode)에서 show ip route 명령어를 입력하면 확인 가능하다. show ip route 명령어는 현재 라우터에 설정된 인터페이스별 IP 주소를 확인할 수 있다. 라우터에서 생성된 라우팅 테이블을 보여주는 가장 많이 사용되는 명령어이다. 그 외에도 show running 명령어를 사용할 수 있는데 이 명령어는 설정된 모든 명령들을 확인할 수 있다.

```
Router#show ip route
Codes: C - connected, S - static, I - IGRP, R - RIP, M - mobile, B - BGP
       D - EIGRP, EX - EIGRP external, O - OSPF, IA - OSPF inter area
       N1 - OSPF NSSA external type 1, N2 - OSPF NSSA external type 2
       E1 - OSPF external type 1, E2 - OSPF external type 2, E - EGP
       i - IS-IS, L1 - IS-IS level-1, L2 - IS-IS level-2, ia - IS-IS inter area
       * - candidate default, U - per-user static route, o - ODR
       P - periodic downloaded static route

Gateway of last resort is not set

C    192.168.10.0/24 is directly connected, FastEthernet0/0
C    192.168.11.0/24 is directly connected, Serial2/0
Router#
```

그림 3.22 show ip route 명령어 수행 결과

9 마지막으로 라우터와 라우터의 연결을 확인하기 위해 왼쪽 라우터(router)의 Se0/0인터페이스에서 오른쪽 라우터(Router2)의 Se0/1 인터페이스로 ping 확인을 수행한다. 그림 3.23은 네트워크가 정상적으로 구축 연결이 되었음을 확인할 수 있다.

```
Router>ping 192.168.11.2

Type escape sequence to abort.
Sending 5, 100-byte ICMP Echos to 192.168.11.2, timeout is 2 seconds:
!!!!!
Success rate is 100 percent (5/5), round-trip min/avg/max = 17/25/31 ms
```

그림 3.23 인접 라우터(192.168.11.2) Ping 테스트

실습을 통하여 각각의 라우터에 대한 기본적인 설정을 할 수 있을 것이다. 기본적인 네트워크 구축과 설정에 대한 사용법이므로 반복을 통하여 숙달되도록 한다.

실습 3 라우터 사용법 익히기

1 라우터의 이름 설정하기

라우터에 이름을 부여하는 이유는 네트워크상에 많은 라우터가 존재하므로 각각의 라우터에 고유의 이름을 부여하여 라우터의 식별을 쉽게 하고자 하는데 목적이 있다. 방법은 다음과 같다. 우선 구성 모드로 들어간 뒤 hostname 뒤에 설정하고자 하는 라우터의 이름을 입력하면 된다. 라우터의 이름을 R1으로 설정되는 과정을 그림 3.24을 통해서 알 수 있다.

```
Router(config)#hostname R1
R1(config)#
```

그림 3.24 라우터 이름 부여하기

2 라우터에 암호를 설정하기

라우터에 암호를 설정하는 이유는 외부로부터의 불법적인 접근에 대한 라우터의 조작 또는 변조를 방지하기 위한 보안 차원에서 설정을 하는 것이다. 처음 라우터에 접속하고 유저 모드에서 프리빌리지드 모드로 들어가면 라우터의 변경이 가능해지기 때문에 암호를 설정하여 인증을 거치도록 하는 것이다. 암호 설정에는 두 가지 방법이 있다: password 암호 설정방법, secret 암호 설정방법. secret 암호 설정방법은 보안성이 우수하며 두 가지 암호가 동시에 설정이 되어 있을 경우에는 라우터 인증 시 secret 암호를 요구한다. password 암호 설정방법은 구성 모드에서 "enable password 설정할 패스워드" 형식으로 설정하면 된다. 마찬가지로 secret 암호 설정방법도 동일한 방법으로 구성 모드에서 "enable secret 설정할 패스워드" 형식으로 설정하면 된다(그림 3.25, 3.26 참조). 라우터의 프리빌리지드 모드의 표준 암호화는 secret 암호화이다.

그림 3.26과 같이 프리빌리지드 모드로 접근할 때 패스워드를 넣어주면 인증을 수행하여 구성 모드에서 라우터 설정이 가능하다. 암호 입력 상황에서는 타이핑을 해도 커서의 변화는 없으므로 틀리지 않게 정확하게 입력한다.

```
R1(config)#enable secret cisco
R1(config)#
```

그림 3.25 secret 암호 설정

```
R1>enable
Password:
```

그림 3.26 암호 입력화면

3 이제 설정된 라우터 구성 정보들을 확인하는 명령어들에 대해 알아본다. 먼저 프리빌리지드 모드에서 show running-config를 입력하여 현재 실행 중인 라우터에 대한 설정정보를 알아본다. 그림 3.27과 같이 라우터의 이름, 각각의 인터페이스의 IP 주소, 설정된 암호 등에 대하여 라우터의 여러 가지 기본 정보를 확인할 수 있다. 현재 라우터의 설정된 상태를 확인하는 많이 사용되는 중요한 명령어이다.

```
!
interface FastEthernet0/0
 ip address 192.168.10.1 255.255.255.0
 duplex auto
 speed auto
!
interface Serial0/0
 ip address 192.168.11.1 255.255.255.0
 clock rate 64000
!
interface Serial0/1
 no ip address
 shutdown
!
```

그림 3.27 show running-config 명령어 수행 결과

라우터 사용에서 설정한 기능을 해제하고 싶다면 해당 명령어를 앞에 no의 명령을 사용하면 된다. 예를 "no enable secret 설정한 패스워드" 또는 "no enable password 설정 패스워드" 그리고 "no hostname"으로 기본(default) 상태의 라우터 이름으로 돌려놓을 수 있다. 라우터 설정 시 기능을 해제하고 싶은 명령어 앞에 no를 사용하여 라우터 설정의 초기화도 가능하다.

라우터에서는 모드별 수행하는 명령어들이 다르다. 프리빌리지드 모드의 명령어를 구성 모드에서는 수행할 수 없다는 것이다. 가능한 방법은 다음과 같다. 예를 들어 구성 모드

에서 show ip route 명령어를 수행하고 싶다면 do show ip route라고 명령어를 수행하면 된다. do라는 명령어로 프리빌리지드 모드에서 사용하는 명령어를 구성 모드에서 실행 가능하다.

실습 4 라우터 접속 실습하기

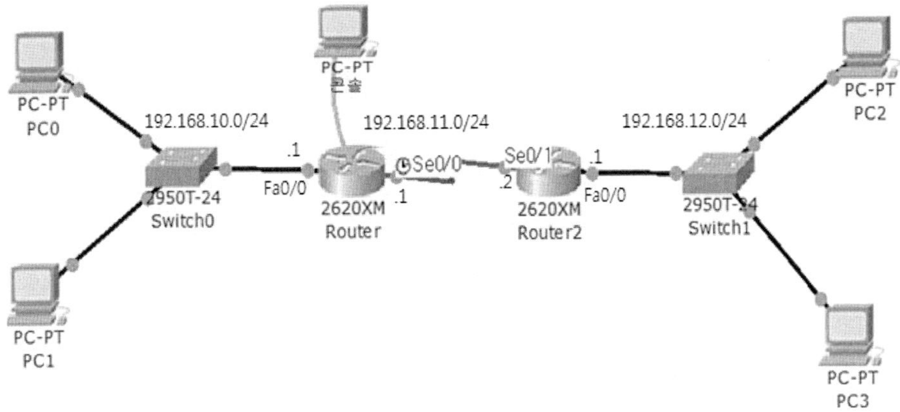

그림 3.28 콘솔을 이용한 라우터 접속 실습모델

원격의 사용자가 라우터 설정을 위하여 라우터로 접근해야 할 때가 있다. 실습에서는 라우터 접속 방법에 대하여 살펴본다. 라우터로 접속하기 위해서는 세 가지 유형이 있는데 첫 번째로 콘솔(console) 포트, 두 번째로 Aux 포트, 세 번째로 VTY가 있다. 라우터로 접속할 수 있는 가장 첫 번째 방법은 콘솔 포트로 접근하는 방법이다. 콘솔 포트는 라우터가 일반 PC처럼 모니터가 없기 때문에 라우터에 접근하기 위해서 PC와 라우터 사이 콘솔(RS-232C)로 연결하고 PC의 기본 기능인 하이퍼터미널 기능을 이용하여 라우터로 접근 가능하다. 라우터로 접근하여 라우터의 설정을 변경하거나 IOS 복구 시에 사용된다. 콘솔 연결을 패킷 트레이서로 실습하여 본다.

1 콘솔을 이용하여 라우터 접속방법 실습하기

콘솔을 통해 라우터(router)로 접속할 때의 패스워드는 암호는 cisco로 설정한다. 중요한 부분은 암호 설정 후 login 명령을 입력해야 한다는 것이다. 이는 라우터로 접속할 때 패스워드를 요구하도록 하는 명령이다. 만약 login 명령어를 입력하지 않았다면 라우터에 접속하여도 password 입력을 요구하지 않는다. 누구라도 접근 가능하다는 의미여서 접근보안을 위해서 password 명령을 사용해야 한다(그림 3.29 참조).

```
Router(config)#line console 0
Router(config-line)#password cisco
Router(config-line)#login
Router(config-line)#
```

그림 3.29 콘솔 접속 시 패스워드 설정

2 세션 타임아웃 설정하기

세션 타임아웃(session timeout)은 일정 시간 동안 라우터의 조작이 없을 경우에 라우터와의 연결을 끊는 시간을 의미하며 로깅 아웃(logging out)에 대한 설정이다. 세션 타임아웃은 그림 3.30과 같이 설정을 한다. exec-timeout 3 0에서 숫자 3은 분(minutes)을, 0은 초(second)를 의미한다. 즉 exec-timeout 3 0이라는 명령어는 3분 동안 라우터의 조작이 없을 경우 라우터에 암호가 설정되어 있다면 설정된 암호를 다시 요구하여 라우터에 접근을 허락한다는 의미이다.

```
Router(config)#line console 0
Router(config-line)#exec-timeout 3 0
Router(config-line)#logging synchronous
Router(config-line)#
```

그림 3.30 세션 타임아웃 설정

logging synchronous는 메시지 동기화시키는 명령어이다. 즉 콘솔 메시지가 사용자가 입력한 명령어를 덮어쓰지 않게 명령어와 메시지를 구분하는 기능이다. 세션 타임아웃이나 logging synchronous 명령어는 콘솔을 이용할 경우 사용된다. exec-timeout 0 0은 세션 타임아웃 시간을 설정하지 않으므로 접속을 계속 끊김 없이 지속적으로 유지한다는 의미이다. 그림 3.31은 콘솔에서 라우터로 접근하는 과정을 보여준다.

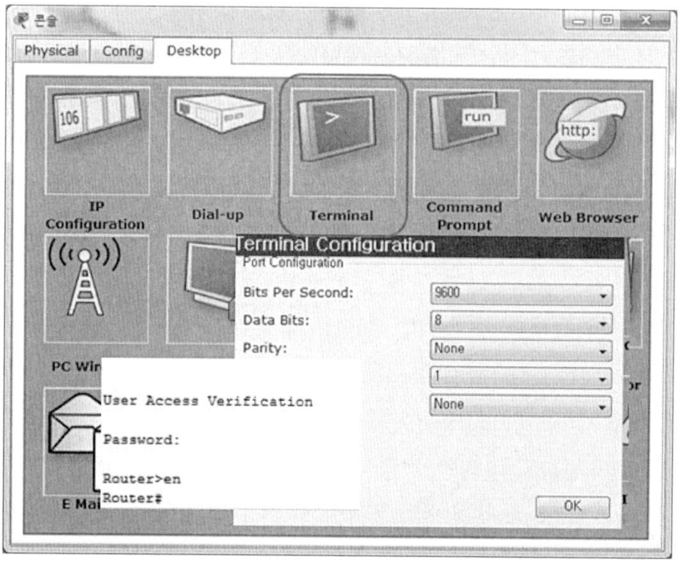

그림 3.31 콘솔에서 라우터(router) 접속과정

그림 3.29에서 콘솔 모니터를 클릭하면 그림 3.31과 같이 다양한 접근을 위한 화면구성이 나타난다. 여기서 Terminal 메뉴를 클릭하여 기본 터미널 구성 통신환경에서 OK를 누르면 콘솔과 연결된 라우터로 접속된다. 패스워드 인증을 마치면 라우터로 접근이 가능하다.

3 VTY 이용하여 라우터 접속방법 실습하기

VTY는 원격에서 라우터에 접근을 허용하는 가상 터미널 라인으로 대표적으로 Telnet과 SSH가 있다. 라우터는 기본적인 VTY 동시 접속 포트를 허용하는데 VTY 0 4는 0번부터 4번까지의 모든 포트를 의미한다. 원격 PC에서 라우터로 접속할 때 역시 패스워드 인증을 거쳐 접속할 수 있다. 그림 3.32와 그림 3.33과 같은 패스워드 인증을 수행하여 원격지에서의 접근을 허락한다. VTY 패스워드는 password로 설정한다.

Telnet은 원격 접속이므로 실제 실습 모델은 라우팅 알고리즘을 설정하여 완전한 네트워크로 구축되어야 원격 어디에서든지 접근 가능하다. 이러한 상황은 보안에 많은 문제가 발생함으로 접근자의 IP를 등록하여 등록한 사용자만이 원격접근을 허용하게 한다. Telnet 접근보다는 SSH(256bit)를 사용해야 한다. 실습에서는 원격접근의 의미를 알아보기 위해 실습한다.

```
Router(config)#line vty 0 4
Router(config-line)#password password
Router(config-line)#login
Router(config-line)#
```

그림 3.32 VTY 패스워드 설정

그림 3.33은 PC1에서 라우터(router)로 Telnet을 이용한 접근과정을 나타낸다. PC1에서 Command Prompt를 클릭하여 telnet 192.168.10.1로 접근하면 라우터의 Fa0/0로 접속한다. 패스워드 접속 인증을 거쳐 라우터(router)에 접근 후, 프리빌리지드 모드(enable 모드)로 접속할 때도 패스워드(secret mode)를 인증을 받아야 한다. 두 번에 걸쳐 패스워드 인증을 수행한 후에 해당 라우터에 접근이 가능하다. 그 과정은 그림 3.30을 통해서 확인 가능하다.

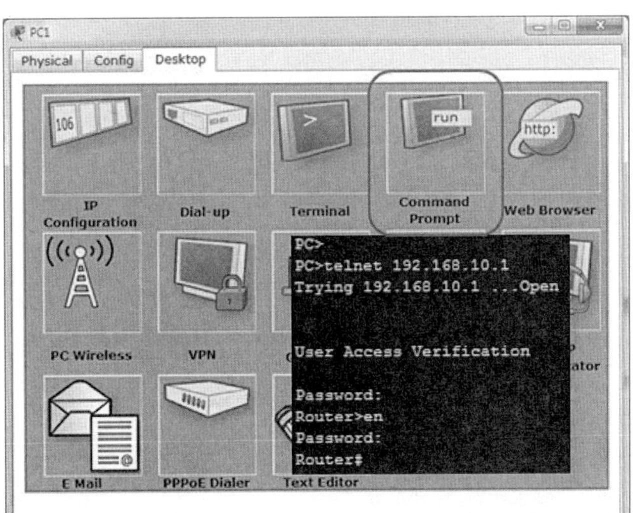

그림 3.33 PC1에서 라우터(router)로 Telnet 접근

4 프리빌리지드 모드에서 show running-config 명령어를 수행한 결과이다. "sh ru"의 줄임 명령으로 사용할 수도 있으며 라우터에 현재 설정된 내용을 확인할 수 있다.

```
line con 0
 password cisco
 login
line vty 0 4
 password password
 login
```

그림 3.34 console 패스워드와 VTY 패스워드 확인

5 그림 3.34을 보면 콘솔 접근과 Telnet 접근의 패스워드가 모두 평문으로 식별 가능하다. 이는 라우터에 접근을 성공한 모든 사람들이 쉽게 확인할 수 있는 내용이므로 보안에 취약하다. 확인 가능한 이러한 평문을 암호화를 하는 명령어는 service password-encryption이다. 구성 모드에서 Router(config)#service password-encryption 명령어를 입력한 후 show running-config 명령어로 확인하면 그림3.35와 같이 암호화되어 있는 것을 확인할 수 있다. 중요한 명령어이므로 기억하도록 하자.

```
line con 0
 password 7 0822455D0A16
 login
line vty 0 4
 password 7 08314D5D1A0E0A0516
 login
```

그림 3.35 암호화 상태 확인

실습 5 기타 라우터 명령어 실습하기

실습 1에서 실습 4까지는 라우터의 사용 방법에 대하여 실습하였다. 라우터의 접근에 대한 방법은 실무에서도 자주 활용되고 있는 방법이며 기본에 해당하는 라우터 사용법이므로 익혀두길 바란다.

실습 5에서는 그 외 의미있게 사용되는 라우터접속 명령어들을 정리하였다(표 3.1 참조). 실습을 통해 익힌 내용을 개인적으로 반복하여 실습하길 바란다. 표 3.1에서 특히 ip domain lookup 명령어, username cisco password cisco 명령어, 그리고 login local 명령어들은 자주 사용되고 주요한 명령어이므로 집중하여 익히도록 한다. 사용 형식과 그 개념을 반드시 학습하도록 한다.

표 3.1 라우터 명령어 사용방법

라우터 명령어 사용방법	설명
no ip domain lookup	라우터 사용할 때, 키보드 입력 시 잘못하여 오류가 발생할 때 도메인 이름으로 오인하여 계속 도메인을 찾는 작업을 생략한다는 의미
banner motd # 문구 지정 #	라우터 접속할 때 경고 문구를 설정하는 방법
username cisco password cisco	콘솔 혹은 원격에서 라우터로 접근할 때 접근허용 계정과 패스워드를 지정 방법
password	콘솔 혹은 원격에서 라우터로 접근할 때 계정과 관계없이 패스워드만으로 접근가능한 설정방법
login local	콘솔 혹은 원격에서 라우터로 접근할 때 접근허용 계정과 패스워드를 이용하여 인증받은 후 로그인 허용 의미
no login local	콘솔 혹은 원격에서 라우터로 접근할 때 접근허용 계정과 패스워드를 이용한 인증 절차를 삭제하는 의미
no login	콘솔 혹은 원격에서 라우터로 접근할 때 패스워드 인증 없이 로그인 허용
description ***Welcome***	인터페이스 접근할 때 식별을 위한 문구 지정 가능
line aux 0 login password cisco	보조 포트를 통해 라우터로 접근할 때 사용 방법이다. 설정한 패스워드를 통해 로그인 가능

실습과제

1 OSI 모델의 각 계층 장비에 대하여 정리하시오.

2 라우터에 암호설정방법에 대하여 정리하고 설명하시오.

3 콘솔과 텔넷을 이용한 라우터 접근 방법을 정리하고 설명하시오.

4 아래 명령어들에 대하여 설명하시오.

- no ip domain lookup
- username cisco password cisco
- login local

Chapter

04 LAN 기술

4장에서는 두 가지 관점에서 기술된다. 첫째는 근거리 통신망(LAN: Local Area Network)과 관련된 프로토콜에 대하여 기술하고 두 번째는 스위치의 기본적인 개념에 대하여 기술한다. 스위치 기술은 9장에서 더 상세하게 다루겠지만 본 절에서는 개념 정도의 수준에서 다루기로 한다.

통신망의 기술은 크게 근거리 통신망(LAN) 기술과 원거리 통신망(Wide Area Network) 기술로 구분되는데 근거리 통신망은 작은(local) 영역을 연결하는 것으로 단일 사무실 또는 건물 그리고 병원 등의 연결을 의미한다. 원거리 통신망은 LAN과 같은 네트워크의 네트워크를 연결하여 거대한 네트워크를 구성하는데 우리의 일상생활에서 중요한 요소가 되어있는 인터넷 같은 네트워크이다. 또한 근거리 통신망을 고속화시키고 확장 가능토록 지원하는 프로토콜이 적용되어 LAN보다는 규모가 크고 인터넷보다는 규모가 작은 의미에서 하나의 큰 지역 또는 도시 하나를 네트워크 규모로 연결하는 MAN(Metropolitan Area Network)이 있다. LAN을 구성할 때는 네트워크 형태(topology), 전송매체, 매체접근제어(MAC: Medium Access Control) 그리고 프로토콜과 전송 속도 기준을 적용하여 구성하고 분류한다.

인트라넷(Intranet)은 무엇인가? 인트라넷은 인터넷 기술을 기반으로 회사업무를 처리하는 관계자들이 인증을 통해 접근하여 사용하는 회사(company) 내부 통신시스템 체계의 네트워크(network)이다. 그리고 엑스트라넷(Extranet)은 인터넷 기술을 활용한 인트라넷의 확장 개념으로 고객 및 협력업체와의 관계 증진을 위해 이들에게 인트라넷에 일부 접근을 허용토록 만든 확장 통신구조이다. 인트라넷은 회사 내 네트워크이라면 엑스트라넷은 회사 간 네트워크(network)으로 볼 수 있다.

4.1 LAN의 형태

LAN의 형태는 이더넷, 토큰링, FDDI와 고속 이더넷, 기가비트 이더넷 등으로 나눌 수 있다. LAN을 구성하는 토폴로지에 대하여 살펴보자.

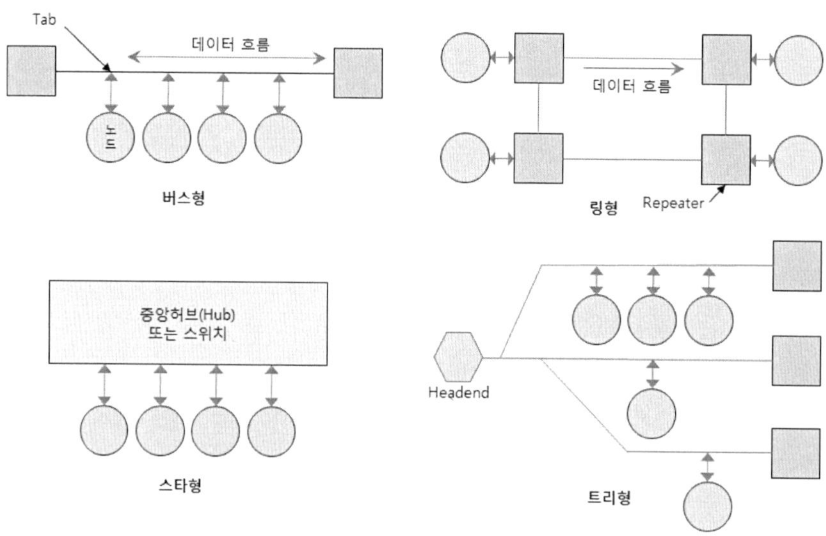

그림 4.1 LAN의 토폴로지 종류

(1) 버스형(Bus)

모든 노드들이 하나의 공유 케이블에 걸려있는 구조이며 그 끝에는 탭(tap)을 두고 있다. 패킷은 양방향으로, 방송(broadcast)하는 방식으로 전달된다. 버스형의 장점은 네트워크 구축 및 확장이 쉽다는 점과 한 노드의 고장이 전체 시스템에 영향을 미치지 않는다는 것이다.

(2) 링(Ring)형

링형은 점대점으로 연결된 원형의 형태로 구성되며 각기 노드는 리피터를 통해 연결된다. 리피터(repeater)는 데이터를 수신하고 한 비트씩(bit by bit) 재생(regenerate)하여 재전송(retransmit)된다.

(3) 성(Star)형

성형은 중앙에 제어노드가 있고 모든 노드가 중앙의 제어노드와 직접적으로 점대점으로 연결된 형태이다. 모두 전송 트래픽이 중앙 제어노드를 통하여 전송되므로 중앙 제어노드에 과다한 부하는 전체 시스템에 영향을 미쳐 신뢰도가 중앙노드에 의존하는 단점이 있다.

(4) 트리형(Tree)

버스형의 확장된 형태로써 CATV 망 등에서 이용되고 있다. 헤드엔드라는 원점에서 한 개 이상의 가닥을 이용하여 이들 하나가 다시 갈라지는 형태이다.

4.2 LAN 프로토콜

LAN 프로토콜은 국제표준화기구(ISO)에서 개방형 시스템 상호접속(OSI: Open System Interconnect.on) 참조모델에서, 그림 4.2와 4.3과 같이 물리 계층과 데이터링크 계층에 관련 표준화된 IEEE(Institute for Electrical and Electronics Engineers) 802 프로토콜이 있다.

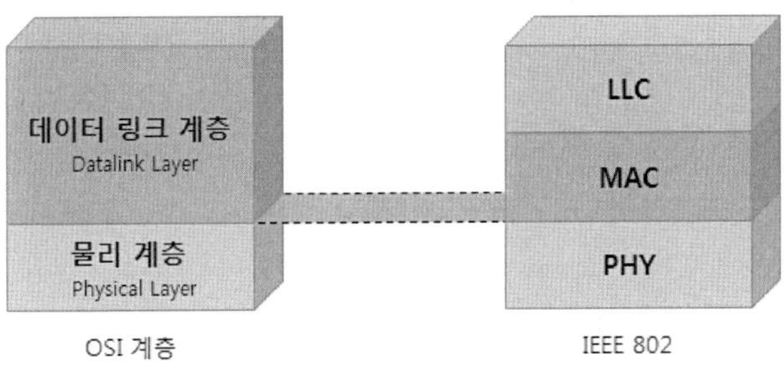

그림 4.2 OSI 참조모델과 IEEE 802 프로토콜

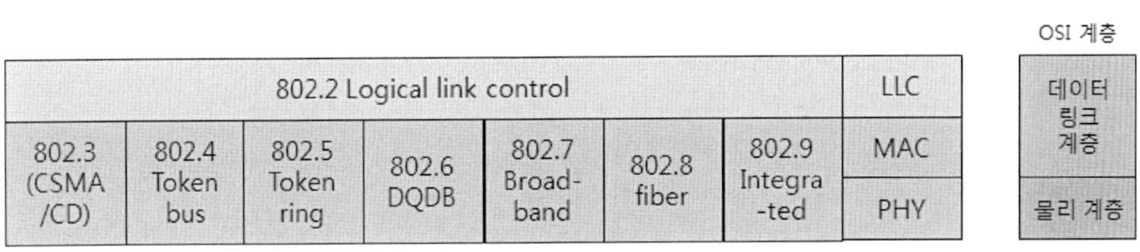

그림 4.3 IEEE 802 프로토콜

LAN 802 프로토콜을 담고 있는 IEEE 802 시리즈가 1985년에 발표되었다. 물리 계층은 데이터링크 계층의 프레임을 신호 변환하여 전송하는 역할을 수행한다. 데이터링크 계층은 프레임을 형성하고 전송하며 이더넷 프레임이 LAN상의 목적지에 전송될 수 있도록 한다(그림 4.2와 4.3 참조).

MAC(Media Access Control) 프로토콜은 공유매체에서 모든 노드에 패킷전송의 기회를 부여하기 위해 접속에 대한 통제 기능을 수행한다. LLC(Logical Link Control)는 노드 간의 패킷 전송을 위해 상위 계층(IP)에 인터페이스 정보를 제공한다. 그림 4.4는 IEEE 802.3의 MAC 프레임과 이더넷 주소의 구조를 보여준다.

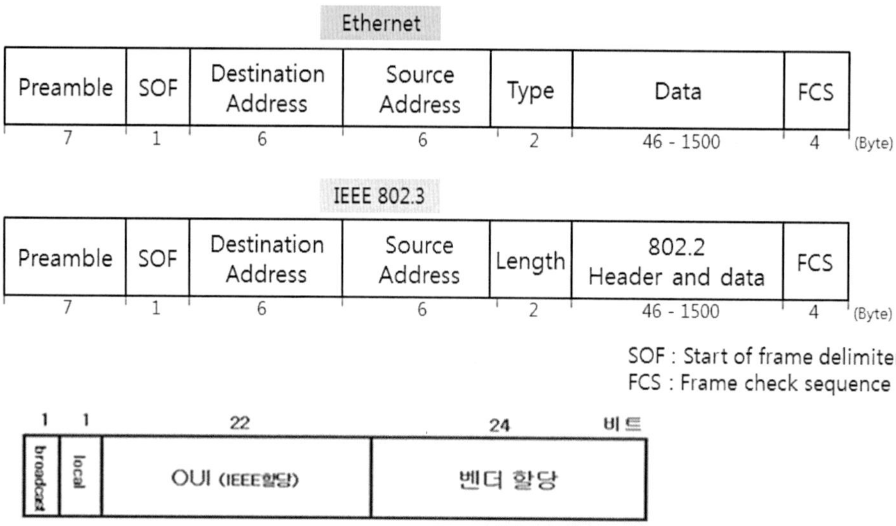

그림 4.4 이더넷과 IEEE802.3 프레임과 이더넷 주소

표준 프레임의 구조에 따른 이해는 표 4.1을 참조하자. 그림 4.4와 같이 이더넷 주소는 48비트로 구성된다. 이더넷 주소는 같은 네트워크에서 유일한 네트워크의 자원을 식별하기 위해 사용한다. 앞부분 22비트는 OUI(Organizational Unique Identifier)로서 IEEE에서 할당을 관장한다. 나머지 24비트는 벤더에 의해 할당되어 이더넷 카드의 유일한 값을 가지며 16진수로 표기된다.

표 4.1 프레임 헤더 구조 이해

헤더	기능
프래앰블	프레임 시작을 알림
SOF: Start Of Frame	프레임의 동기화 시작을 알림(IEEE 802.3)
목적지 주소	호스트(목적지)의 이더넷 주소
출발지 주소	호스트(출발지)의 이더넷 주소
타입	상위 계층의 프로토콜 식별
크기	헤더와 데이터의 크기
데이터	헤더와 데이터 헤더/상위 프로토콜의 정보
FCS	프레임전송 중 에러 검출 용도 사용

그림 4.5a는 이더넷 프레임의 전달과정을 보여준다.

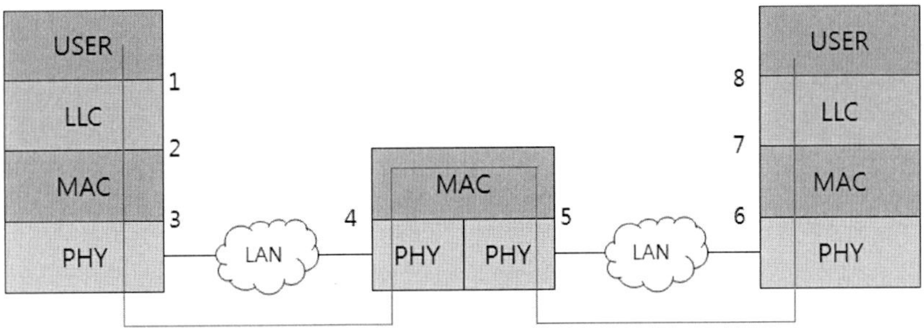

그림 4.5a LAN의 프레임 전달과정

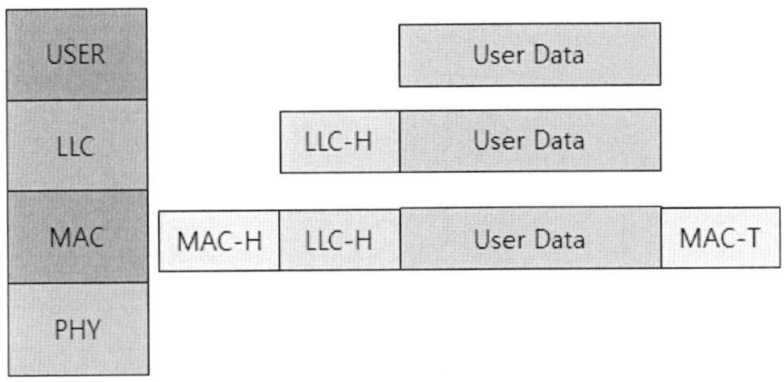

그림 4.5b 이더넷 프레임 인캡슐레이션 과정

그림 4.5a와 그림 4.5b는 이더넷 프레임이 헤더 씌우기(encapsulation)과정을 기반으로 출발지 주소에서 목적지 주소까지 전달되는 과정을 보여준다(그림 4.5 참조).

(1) CSMA/CD

LAN의 이더넷 기술에서는 CSMA/CD(Carrier Sense Multiple Access with Collision Detection)의 자유경쟁 메커니즘을 사용한다. CSMA/CD 기술은 버스형 토폴로지에서 적용가능하다. 즉 공유매체를 기반으로 다중의 호스트들이 연결되어 데이터를 전달하는 것이다. 만약 전송 장치로써 더미 허브를 사용한다면 그림 4.6과 같이 반이중방식으로 동작하여 충돌이 발생된다. 네트워크의 규모 확장과 다중의 호스트가 동시에 전송을 원한다면 충돌이 지속적 발생 가능하고 재전송 때까지 지연시간이 늘어나기 때문에 네트워크 성능에 좋지 않는 영향을 미칠 수 있다 스위치 장비를 사용한다면 포트별 세그먼테이션되어 전이중방식으로 동작하기 때문에 하드웨어 기반의 고속전송이 가능하다. 현재는 허브는 거의 사용되지 않고 가격이 인하된 스위치의 보급으로 대부분 LAN 구축에는 스위치를 사용하고 있는 추세라 네트워크 성능의 안정적 제공이 가능하다. CSMA/CD 메커니즘의 일반적인 동작 순서는 그림 4.6에서 설명되었고 동작 과정에 대한 단계별 이해를 다음과 같다.

① 전송 전에 전송매체의 사용 여부를 확인("carrier sense")한다. 즉 버스에 흐르는 전기적 신호 레벨의 강도를 관찰한다.

② 전송매체가 사용 중이 아니면 전송 개시한다.

③ 전송매체가 사용 중인 경우, 채널 사용이 종료될 때까지 감지를 계속하고, 현 전송 종료 후 즉시 전송을 개시한다.

④ 송신 중 두 개 이상의 노드가 전송을 시도하여 충돌(collision)이 발생하는가를 감시한다.

⑤ 충돌이 검출되는 순간(collision detection), 즉시 전송을 중지하고 잼(jam) 시그널이라 부르는 비트 시퀀스(32비트)를 브로드캐스트 전송하여 충돌이 발생하였음을 통보한다. 충돌이 발생하면 채널상의 전기적 신호 레벨이 상승하게 되어 감지가 가능하다. 잼 시그널 시퀀스를 보내는 이유는 충돌 발생 후의 전송매체의 낭비를 방지하기 위해서이다.

⑥ 잼 시퀀스 전송 후 임의의 시간을 기다린 후 다시 처음부터 전송을 시도한다.

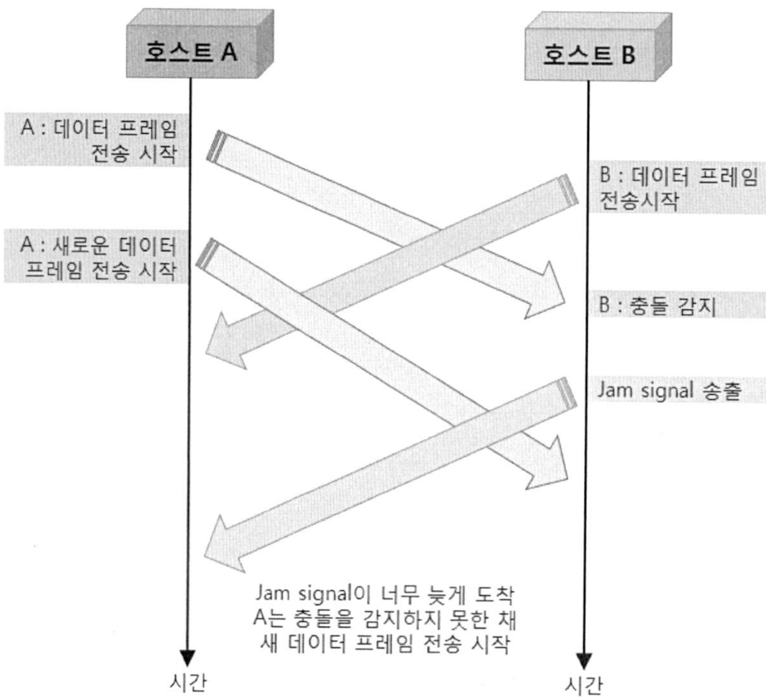

그림 4.6 CSMA/CD 동작과정

이더넷(Ethernet) 프로토콜의 CSMA/CD 메커니즘은 충돌과 이를 감지하는 메커니즘으로 여기서 충돌을 감지한 후 임의의 시간을 기다린 후 다시 전송을 재개할 때 Binary Exponential Backoff(BEB)를 사용한다. BEB는 CDMA/CD 충돌 후 재전송을 위해 기다리는 시간은 바로 전의 시도에 비해 두 배의 시간을 가진다. 그러므로 재전송 확률이 충돌 발생 때마다 1/2씩 감소되는 것으로 이더넷은 CSMA/CD + BEB 메커니즘으로 동작하는 것이다.

앞에서 살펴본 것처럼 스위치 장비를 사용할 경우에는 충돌의 가능성은 없음을 기억하자. 그러나 이더넷은 LAN의 대표기술이므로 동작과정 또한 기억해야 한다. LAN을 구성하는 다양한 형태의 예를 그림 4.7에서 나타낸다. 허브와 브리지 그리고 스위치가 연결되는 LAN의 형태이다.

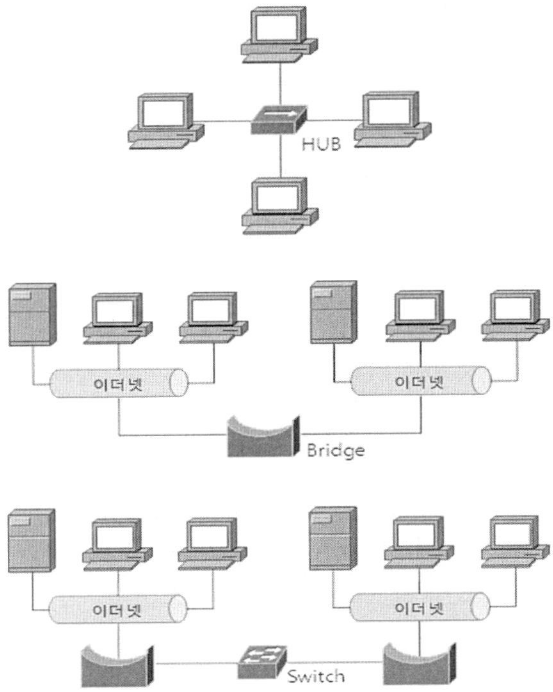

그림 4.7 허브, 브리지, 스위치로 구성된 LAN의 다양한 형태

그림 4.8의 LAN들은 네트워크 계층의 장비인 라우터로 연결된 형태를 보여준다. 서로 다른 네트워크 연결에는 라우터로 연결 가능하다. 그림 4.8와 같이 라우터로 연결된 네트워크는 MAN 혹은 WAN으로 불린다. 그림 4.7과 그림 4.8의 네트워크의 형태에서 충돌 도메인과 브로드캐스트 도메인으로 구분하여 충돌 도메인의 수와 브로드캐스트 도메인의 수를 카운트해 본다.

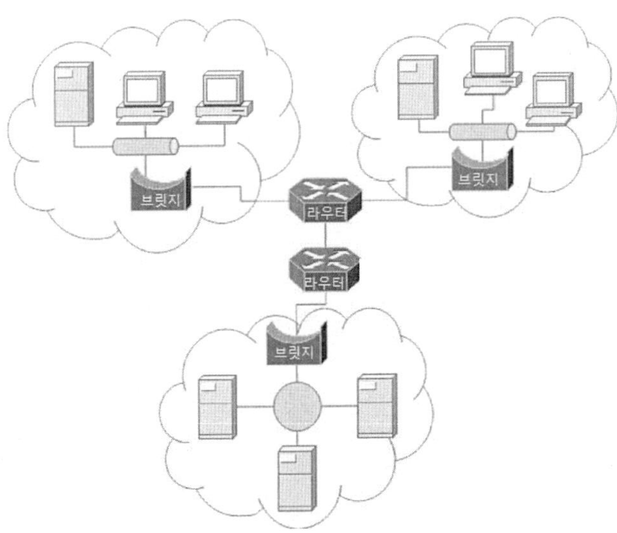

그림 4.8 WAN 형태

(2) 고속 이더넷

고속 이더넷은 일반적으로 패스트 이더넷(100Mbps)과 기가비트 이더넷(1000Mbps)을 말한다. 기가비트 이더넷(1Gbps)은 이더넷과 같은 CSMA/CD 메커니즘을 채택하고 IEEE 802.3 표준을 따르고 있다. 기가비트 이더넷은 초당 1기가비트의 데이터를 전송할 수 있는 고속의 전송률을 제공하며 기본적으로 광케이블의 전송 규격으로 사용되고 있다. 기가비트 이더넷은 이더넷기술을 대부분 수용하고 있어 확장성과 유연성이 뛰어나다.

(3) FDDI

FDDI(Fiber Distributed Digital Interfaces Networks)는 미국의 ANSI 표준 고속 LAN 기술로써 광섬유 기반에 토큰링 메커니즘을 적용하여 100Mbps의 고속 데이터전송이 가능하다. FDDI는 이중 링 구조의 네트워크로써 링관리 프로토콜 SMT(Station Mangement)에 의해 하나의 링은 주 전송에 사용되고 또 다른 하나는 백업용으로서 장애 발생 시 복구용으로 사용되고 있어 신뢰적인 네트워크로 볼 수 있다(그림 4.9 참조).

FDDI 이중링 구조로서 링형 토폴로지에서 토큰 패싱 메커니즘을 사용한다. 토큰이란 링을 따라 순환하는 데이터전송 상태를 나타내는 비트패턴이다.

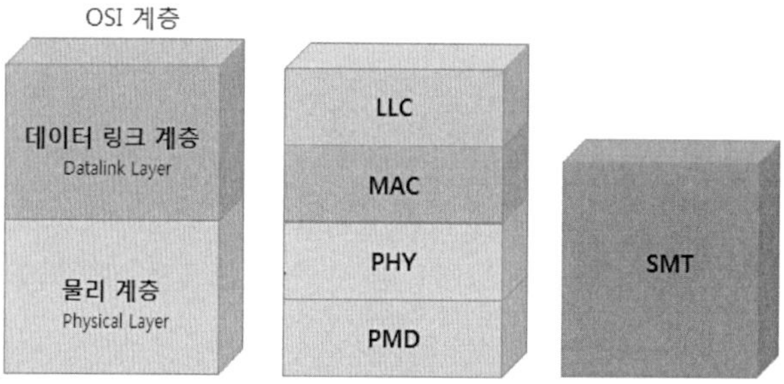

그림 4.9 FDDI(802.5) 표준안

FDDI의 동작과정은 다음과 같다:

① 프리토큰(free token)이 송신 노드 A에 도착한다.

② 프리토큰을 전송 중 토큰(busy token)으로 변경하고 프레임을 목적지로 전송한다.

③ 프레임이 C 목적지에 도착하여 전송 완료 후 즉시 프리토큰을 방출한다.

④ C는 프레임을 수신 후 복사 한 후 확인(ACK) 정보를 제공한다.

⑤ 노드 B는 지나가는 프리 토큰을 잡고, 송신 데이터 있으면 송신한다.

⑥ A는 자신이 전송한 프레임을 수신하고 제거한다.

FDDI의 MAC 프로토콜은 패킷 전송 직후에 새로운 토큰을 방출하는 ETR(Early Token Release)방식으로 운용된다. 그리고 일정 시간이 지나면 토큰을 방출하는 한시성 토큰방식(timed token mechanism)을 적용한다. 버스형의 구조에서도 토큰이 운용될 수 있는데 이는 물리적으로는 버스형의 구조이나 논리적으로 링을 구성하여 토큰을 운용하는 형태이다.

(4) DQDB(Distributed Queue Dual Bus)

DQDB는 비교적 넓은 지역을 연결하는 MAN(Metropolitan Area Networks)으로 IEEE 802.6 표준 통신망이다. DQDB는 이중 버스 구조를 취하며 버스형과는 다른 형태이며 각 버스는 서로 반대방향에서 인접 호스트 간 점대점 연결되어 효율적인 패킷교환 서비스를 제공한다.

4.3 LAN 구축 실습

근거리 통신망(Local Area Network) 구축과 실습에서는 UTP 케이블을 이용하여 인접한 거리에 있는 컴퓨터를 연결하는 근거리 통신망(LAN)을 구축한다. 전체구조는 스위치 구간 연결과 스위치에서 PC까지의 네트워크를 연결하고 환경설정을 한 후 테스트 한다. 종단의 PC가 서로 네트워크로 구성되었는지 검증하는 것이다.

앞서 2장에서 살펴보았듯이 라우터와 스위치를 연결할 때나 스위치에서 PC 같은 다른 계층 장비와의 연결에는 다이렉트 케이블을 사용한다. 스위치와 스위치, 허브와 허브, PC와 PC처럼 같은 장비끼리의 연결에는 크로스 케이블을 사용한다. 먼저 근거리 통신망(LAN)에 대해 간단하게 살펴본다. LAN이란 근거리 통신망(Local Area Network)을 말하며 사무실, 강의실, PC방 등 인접한 근거리 지역에 구성된 PC와 장비들을 연결하는 네트워크이다. LAN을 구성할 때에 초기 구축 투자비용이 소요되지만 유지보수비용은 저렴한 편이다. 보통 LAN의 관리는 그 영역(Area) 내의 관리자가 담당을 하고, 구축 시 필요 장비는 라우터, 스위치, 허브 등이 있다.

실습 1 LAN 망 구축(1)

LAN 망 구축에서는 패킷 트레이서 시뮬레이터 프로그램 이용하여 3장에서 학습한 방법으로 스위치 2대, PC 2대를 중심으로 크로스/다이렉트 케이블을 이용하여 간단한 LAN을 구축하고 연결한다.

1 패킷 트레이서를 실행하고 그림 4.10과 같이 장비를 배치하여 보자.

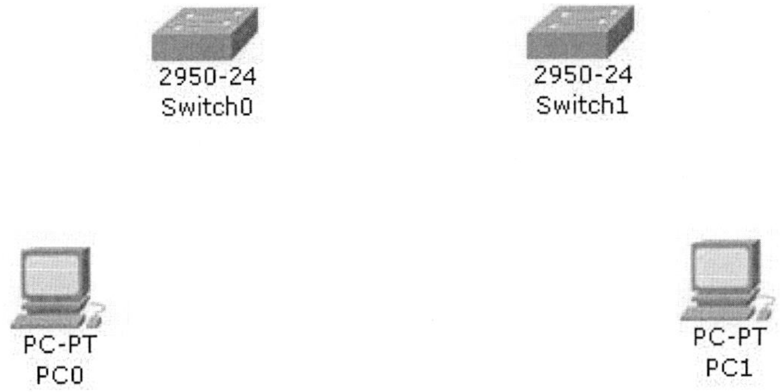

그림 4.10 LAN 구축 1

네트워크 시뮬레이터 사용법에 대하여는 3장을 참조하여 스위치 2대와 PC 2대를 네트워크 구성화면으로 드래그하여 배치한다.

2 케이블을 이용하여 장비 연결하기

시뮬레이터의 연결(connections) 도구에서 스위치와 스위치 그리고 스위치와 PC를 연결할 케이블을 드래그하여 장비들을 연결한다. 스위치와 스위치 사이에는 같은 계층의 장비이므로 크로스 케이블을 선택한다. 스위치를 클릭하면 포트의 목록이 나타난다. 어떤 포트와도 연결은 가능하나 네트워크 구축 사전 설계에 따라 포트를 연결하는 것이 네트워크 수정과 변경 나아가 유지보수 관리가 쉽다.

PC0과 PC1은 Switch0과 Switch1로 다이렉트 케이블로 연결하고 Switch0과 Switch1 사이는 크로스 케이블로 연결한다. 연결을 수행하고 각 케이블의 램프가 초록색으로 변경되면 그림 4.11과 같이 소규모의 LAN이 구축되었음을 확인할 수 있다.

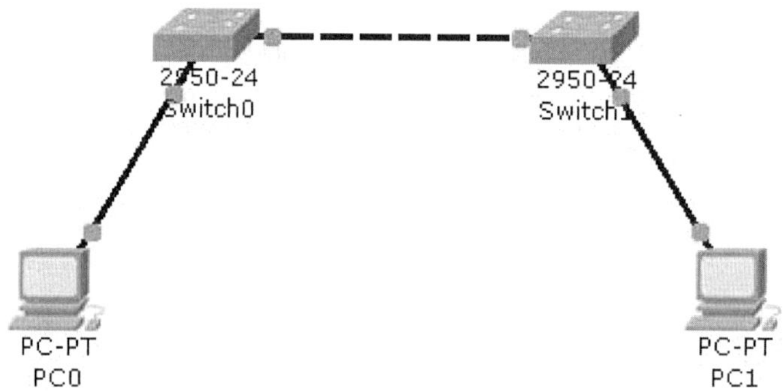

그림 4.11 케이블 연결 상태

이제 종단 PC 간 통신을 가능하게 하려면 환경설정, 즉 인터페이스 설정작업을 해야 한다. 즉 설계 시에 선정한 주소를 종단 PC에 IP 주소로 부여해 주어야 한다.

3 종단 PC0과 PC1에 IP 주소 설정하기

PC0을 클릭하면 팝업 창이 나타난다. 창의 상단 메뉴에서 Desktop을 클릭한다. 메뉴 중에서 IP Configuration 항목을 클릭하면 그림 4.12와 같은 화면이 나타난다. 여기에 IP 주소와 서브넷 마스크(subnet mask) 주소를 추가한다. 이 때 LAN 통신 즉 내부 통신이 가능해지려면 같은 네트워크 대역의 IP 주소를 사용하여야 한다. 본 실습에서는 그림 4.12와 같이192.168.1.0/24를 사용함을 볼 수 있다. 설정될 주소는 다음과 같다.

- PC0: IP 192.168.1.1 Subnet Mask 255.255.255.0
- PC1: IP 192.168.1.2 Subnet Mask 255.255.255.0

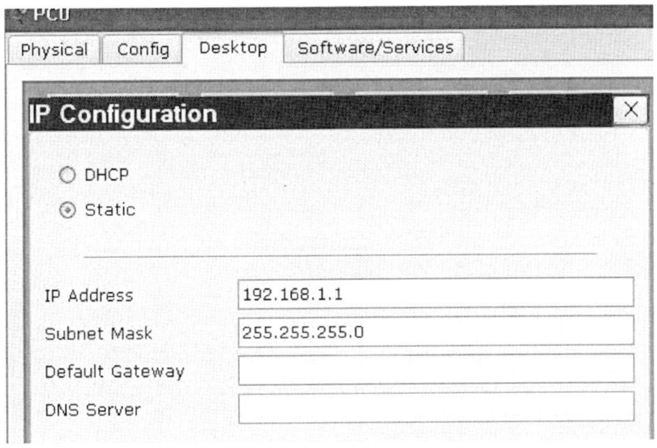

그림 4.12 PC 0에 IP 부여과정

PC0에 IP 주소와 Subnet Mask 주소를 부여하였다면, 위의 주소를 참조하여 같은 방식으로 PC1에도 IP를 부여한다. 그림 4.12에서 게이트웨이 주소는 설정하지 않는다. 게이트웨이 주소는 라우터를 이용한 네트워크를 연결할 때 사용한다.

4 네트워크 연결 확인하기

네트워크 구축과 인터페이스 설정이 정상적으로 설정되었다면 연결에 대한 확인 작업을 수행해야 한다. 확인 작업은 Ping 유틸리티를 사용하여 종단 간 PC들의 연결을 확인할 것이다. PC0을 클릭하여 Desktop 메뉴에서 Command Prompt를 클릭하여 창이 팝업되면 Ping [확인대상: PC의 IP 주소] 명령을 사용하여 PC1에게 Ping 테스트를 수행한다. 종단간 PC 사이 네트워크이 성공적으로 구축되었다면 그림 4.13과 같이 Ping 테스트가 수행됨을 확인할 수 있다. 시뮬레이터로 소규모의 아주 작은 LAN을 설계하고 구축하여 인터페이스 설정과 테스트까지 수행하여 보았다.

```
PC>ping 192.168.1.2

Pinging 192.168.1.2 with 32 bytes of data:

Reply from 192.168.1.2: bytes=32 time=187ms TTL=128
Reply from 192.168.1.2: bytes=32 time=78ms TTL=128
Reply from 192.168.1.2: bytes=32 time=94ms TTL=128
Reply from 192.168.1.2: bytes=32 time=94ms TTL=128

Ping statistics for 192.168.1.2:
    Packets: Sent = 4, Received = 4, Lost = 0 (0% loss),
Approximate round trip times in milli-seconds:
    Minimum = 78ms, Maximum = 187ms, Average = 113ms
```

그림 4.13 PC0에서 PC1로 Ping 테스트

실습 2 LAN 망 구축(2)

실습 2에서는 스위치 3대, PC 6대, 크로스/다이렉트 케이블을 이용하여 중 규모의 LAN 구축에 대하여 실습한다.

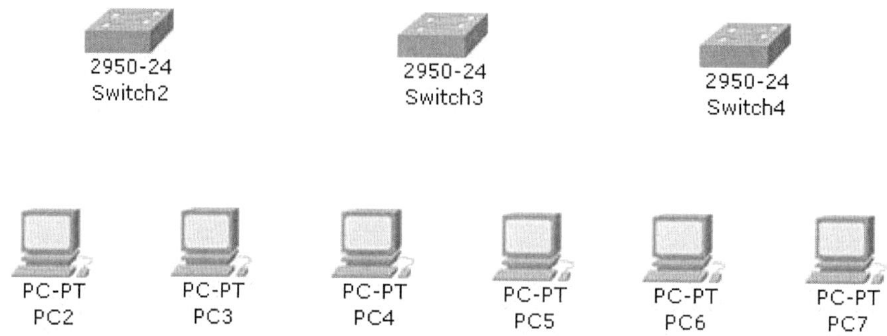

그림 4.14 LAN 구축 2

1 스위치와 PC를 그림 4.14와 같이 설계하고 배치한다. 스위치 하나당 PC 2대가 연결되도록 배치한다.

2 스위치와 PC 케이블 연결하기

상기 실습 1과 같이 다이렉트 케이블과 크로스 케이블을 사용하여 연결한다. PC와 스위치 연결은 네트워크 설계 시 선정된 해당 인터페이스와 연결한다. 스위치와 PC의 대수만 많아졌을 뿐 구축되는 과정은 실습 1과 같다. LAN에서는 아직은 라우터 연결은 하지 않기 때문에 어려운 부분은 없을 것이다. 확장 LAN에서는 라우터를 사용할 수 있다. 라우터는 네트워크 계층 장비로써 라우팅 프로토콜 설정이 필요하다.

네트워크 장비와 케이블을 연결하였다면 그림 4.15와 같은 LAN을 확인할 수 있을 것이다.

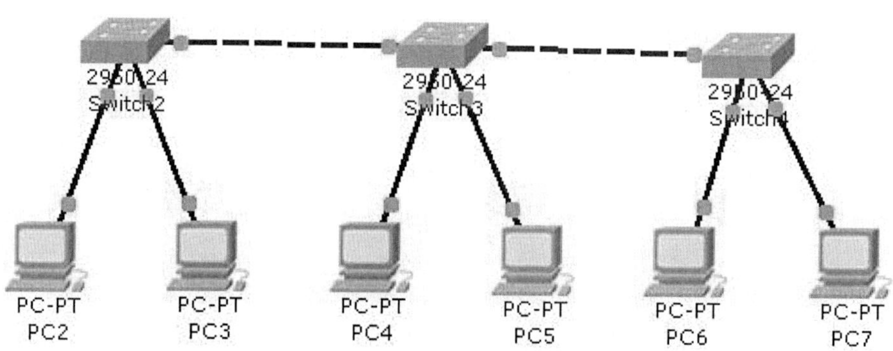

그림 4.15 LAN 케이블 연결

3 각 PC2과 PC3에 실습 1을 활용하여 IP 주소를 부여한다. IP 주소에는 192.168.10.0/24 네트워크 대역을 설정하도록 한다. 부여될 IP 주소는 다음과 같다.

PC2 – IP 주소 192.168.10.11 Subnet Mask 255.255.255.0

PC3 – IP 주소 192.168.10.12 Subnet Mask 255.255.255.0

PC4 – IP 주소 192.168.10.21 Subnet Mask 255.255.255.0

PC5 – IP 주소 192.168.10.22 Subnet Mask 255.255.255.0

PC6 – IP 주소 192.168.10.31 Subnet Mask 255.255.255.0

PC7 – IP 주소 192.168.10.32 Subnet Mask 255.255.255.0

IP 주소는 네트워크에서 식별 가능한 주소를 부여하는 것으로 IP 주소 체계는 6장에서 학습하게 될 것이다.

4 구축된 네트워크의 Ping 테스트 수행하기

종단 간에 위치하고 있는 PC2에서 PC7에게 Ping 테스트를 수행하여 그림 4.16과 4.17 처럼 통신이 된다면 LAN이 성공적으로 구축되고 설정된 것으로 본다.

```
PC>ping 192.168.10.32

Pinging 192.168.10.32 with 32 bytes of data:

Reply from 192.168.10.32: bytes=32 time=234ms TTL=128
Reply from 192.168.10.32: bytes=32 time=96ms TTL=128
Reply from 192.168.10.32: bytes=32 time=109ms TTL=128
Reply from 192.168.10.32: bytes=32 time=109ms TTL=128

Ping statistics for 192.168.10.32:
    Packets: Sent = 4, Received = 4, Lost = 0 (0% loss),
Approximate round trip times in milli-seconds:
    Minimum = 96ms, Maximum = 234ms, Average = 137ms

PC>
```

그림 4.16 PC2에서 PC7로의 Ping 테스트

```
PC>ping 192.168.10.12

Pinging 192.168.10.12 with 32 bytes of data:

Reply from 192.168.10.12: bytes=32 time=141ms TTL=128
Reply from 192.168.10.12: bytes=32 time=94ms TTL=128
Reply from 192.168.10.12: bytes=32 time=93ms TTL=128
Reply from 192.168.10.12: bytes=32 time=80ms TTL=128

Ping statistics for 192.168.10.12:
    Packets: Sent = 4, Received = 4, Lost = 0 (0% loss),
Approximate round trip times in milli-seconds:
    Minimum = 80ms, Maximum = 141ms, Average = 102ms

PC>
```

그림 4.17 PC5에서 PC3으로 Ping 테스트

실습과제

1 LAN의 정의와 LAN 프로토콜인 CSMA/CD 메커니즘에 대하여 설명하시오.

2 OSI 참조모델에서 데이터링크 계층의 장비인 스위치와 허브를 설명하시오.

3 그림 4.7과 그림 4.8에서 충돌 도메인과 브로드캐스트 도메인을 구분해 보시오.

4 IP 주소 192.168.10.0/24 네트워크를 적용하여 스위치 4대, 각 스위치당 PC 2대로 구성된 LAN을 구축하시오. 스위치도 연결하여 각 PC에서 통신이 수행하는지 검증하시오.

Chapter

05 WAN 기술

WAN(Wide Area Network)은 광범위한 지역에 걸쳐 네트워크를 구성하는 컴퓨터 통신망을 지칭한다. 전국에 지사를 둔 대기업 또는 공공기관 등에서 구축한 통신망은 모두 광역통신망이라 할 수 있다. 소규모 랜(LAN)은 불과 10대 혹은 20대의 컴퓨터들을 연결하지만, 광역통신망에서는 수백에서 수천 대의 컴퓨터들을 각종 컴퓨터 장비들과 연결하고 또한 초고속처리가 가능하여야 한다. 광역통신망은 네트워크와 네트워크 사이 고속 전송이 가능한 통신망으로 연결하는 형태를 취하고 있으며, 네트워크 부하에 따른 부담을 감소시키는 장치를 설치하고 있다. 대부분의 광역통신망은 두 개 이상의 송수신 회선과 송수신 회선으로부터 연결되는 교환 장치 역할의 라우터로 구성되어 있다. 광역통신망의 설계에는 네트워크 상호 연결이 어떤 토폴로지 형태로 구성할 것인가를 결정하는 것이 중요하다. 토폴로지 형태에 따라서 비용과 장비 그리고 기술들이 달리 적용되기 때문이다. 그 외 WAN 구성요소들은 입출력 단말 장치, 다중화기 또는 집중화기, 신호변환장치 그리고 전송미디어 등으로 구성된다.

본 절에서는 WAN 기술에 대하여 기술한다. 먼저 WAN 프로토콜인 PPP(Point to Point Protocol), 프레임 릴레이(Frame Relay) 등에 대하여 기술하고 설정방법을 살펴본다. HDLC(High Level Data Link Control)는 5.3의 실습과 함께 학습된다.

5.1 PPP

PPP 프로토콜은 동기식 전송과 비동기식 전송을 모두 지원하고 이질적인 벤더 장비들 사이에서 점대점 연결이 가능하다. PPP 프로토콜은 OSI 참조모델의 물리 계층과 데이터링크 계층에 해당되며 LCP(Link Control Protocol)는 PPP 하위 프로토콜로써 인증에 대한 연결 제어기능을 지원한다. 예를 들면 LCP 접속과 설정 유지 그리고 접속에 대한 해제 같은 기능을 의미한다. NCP(Network Control Protocol)는 서로 다른 네트워크 계층 프로토콜의 설정이 가능하고 이러한 네트워크 연결에 대한 제어를 지원한다(그림 5.1 참조). HDLC(High-Level Data Link Control Protocl)는 직렬 연결을 위해 프레임을 캡슐화하는 방법이다.

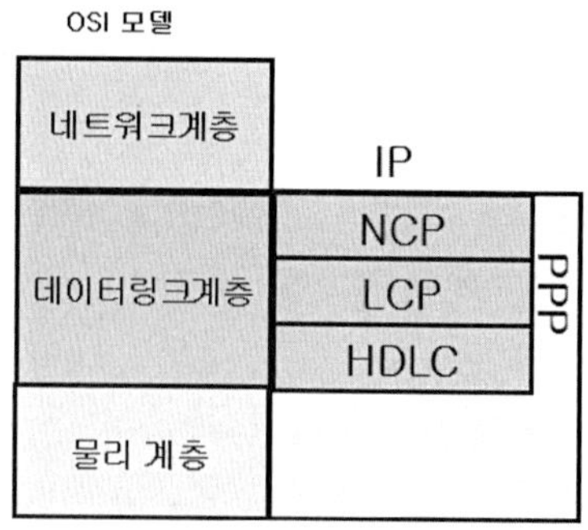

그림 5.1 PPP 프로토콜

PPP 프로토콜은 3단계과정을 통해 설정된다. 먼저 연결단계에서는 LCP 설정으로 인증과 압축 그리고 에러 탐지 등의 기능을 설정할 수 있다 두 번째는 인증 단계이다. 암호화 인증(CHAP) 혹은 평문 인증(PAP)을 수행한다. 마지막 3단계에서는 상위 계층인 네트워크 계층의 프로토콜을 헤더에 캡슐화하여 연결을 설정한다. 이때 NCP를 사용한다. 만약 인증이 평문으로 설정된다면 2단계 연결설정으로 가능하다(그림 5.2 참조).

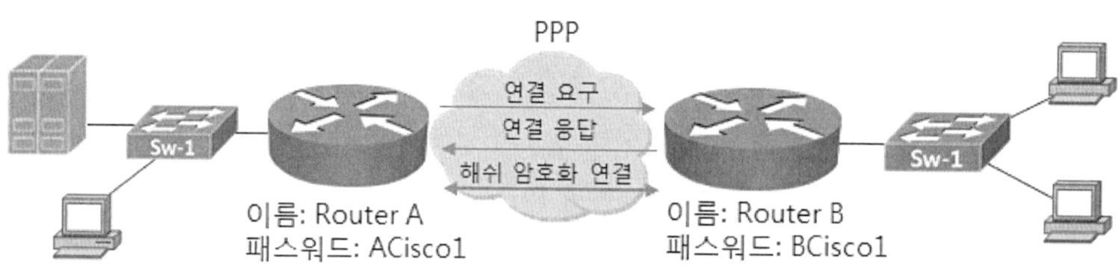

그림 5.2 PPP 암호화 연결과정(CHAP))

PPP 연결에서는 PAP(Password Authentication Protocol)와 CHAP(Challenge Authentication Protocol)의 두 가지 인증 방법을 사용한다. PAP는 패스워드를 일반 평문의 형식으로 보낸다. PAP는 초기 접속 시에만 인증을 수행한다. CHAP은 MD5로 암호화하여 인증하는 것으로 초기 연결 시에 인증절차를 거쳐 연결되며, 그 후에도 라우터가 같은 호스트와 통신을 하는지에 대해 주기적으로 인증을 수행한다. 만약 주기적 점검에서 해시값이 달라진다면 연결은 해제된다.

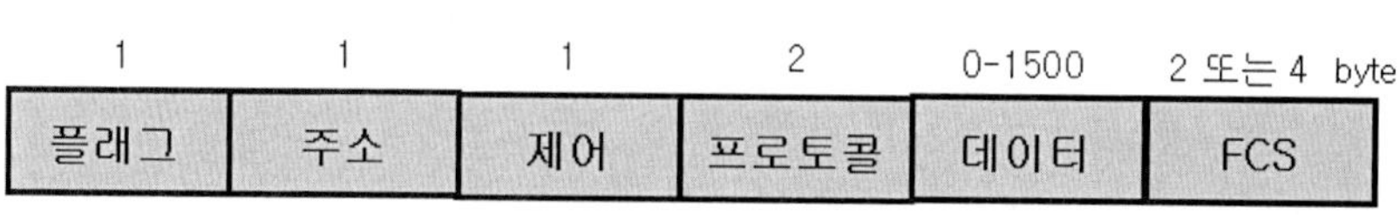

그림 5.3 PPP 프레임

그림 5.3은 PPP 프레임이 구조이다. 플래그는 프레임의 시작과 끝을 나타낸다. 주소는 점대점(PPP) 연결이므로 주소가 필요 없다. 일반적으로 모든 노드를 지칭하는 브로드캐스트 주소(11111111) 값을 가진다. 제어는 프레임 제어에 관한 내용이다. 프로토콜은 프레임의 인캡슐레이

션 방법을 알려주며 데이터는 1,500바이트 내의 사용자 데이터이다. 마지막으로 에러를 체크하는 FCS(Frame Check Sequence)가 있다.

PPP 프로토콜은 여전히 다른 네트워크를 연결할 때는 많이 사용되는 프로토콜이다. 이로써 PPP의 특징과 인증과정 그리고 프레임의 구조에 대하여 살펴보았다. 이제 라우터에서 PPP 설정방법을 살펴보도록 한다. 먼저 인증과정은 다음과 같다. RouterA에서 라우터 이름을 설정한다. 다음 인증대상인 RouterB의 이름과 패스워드를 설정한다. RouterB에서도 RouterA의 이름과 패스워드를 같은 방법으로 설정한다.

```
Router#config terminal
Router (config)# hostname RouterA
RouterA(config)#username RouterB password BCisco1
```

두 번째로 패스워드를 암호화 인증하는 방법은 다음과 같다(그림 5.2 참조). 만약 두 라우터가 serial0로 연결되어 있다면 암호화하지 않을 경우라면 chap 대신에 pap를 사용한다.

```
RouterA#config t
RouterA(config)#int serial 0
RouterA(config- if)#ppp authentication chap    //chap 대신 pap 가능
RouterA(config- if)#exit
RouterA#
```

만약 사용자명과 패스워드를 설정하기 전에 패스워드 암호화를 하고자 한다면 service password-encryption 명령어를 이용한다. 설정한 내용을 검증하기 위해 show interface serial0 명령어를 수행하여 "Encapsulation PPP, loopback not set"을 확인할 수 있으며 이는 PPP로 캡슐화되었음을 의미한다.

5.2 프레임 릴레이(Frame Relay)

프레임 릴레이(Frame Relay) 기술은 WAN에서 사용되는 패킷교환 기술(X.25)의 오버헤드를 제거하여 프레임을 고속으로 전송하는 기술이다. 순간 대용량 전송이 필요한 버스트(burst) 트래픽전송 등에 사용된다. 따라서 프레임 릴레이는 OSI 참조모델에서 데이터링크 계층의 프로토콜이다. 점대점 연결에서는 하나의 인터페이스에 하나의 장비를 연결할 수 있다. 프레임 릴레이는 하나의 인터페이스에 멀티 액세스가 가능한 것이 장점이다. 기업의 경우 열 개의 지점을 가지고 있다면 점대점 연결에서는 본사의 장비에도 열 개의 인터페이스가 준비되어야 하지만 프레임 릴레이 망에서는 본사의 하나의 인터페이스를 이용하여 열 개의 지사와 연결될 수 있다는 의미이다. 또한 프레임 릴레이는 데이터링크 계층에서 브로드캐스트 신호를 보낼 수 없는(NBMA: Non Broadcast Multiple Access) 것이 또한 특징이다. 프레임 릴레이 기술은 통신기술의 발전으로 전송오류 같은 물리적인 특징이 상쇄되어 통신의 신뢰성이 보다 향상되어 데이

터링크 계층에서 주된 역할이 전송제어보다는 전달에 우선을 둔 기술로써 고속 전달의 기능을 수행한다.

그림 5.4는 프레임 릴레이 망의 개념도이다. 프레임 릴레이 기술에는 프레임 스위치가 있고 프레임 스위치가 DCE 역할을 수행한다. 액세스 링크 구간에서는 LMI(Local Management Interface) 프로토콜을 사용한다. LMI는 DTE 역할의 라우터와 DCE 역할의 프레임 스위치 사이 연결 관리를 위해 사용된다. 구체적으로 LMI 프로토콜은 라우터의 회선 상태에 관한 상태 정보를 주기적으로 교환하기 위한 표준 프로토콜이다. 10초 간격으로 채널 상태 정보인 Keepalive 메시지를 주고받아 응답이 없을 경우 장치 연결이 정상이 아니므로로 간주한다.

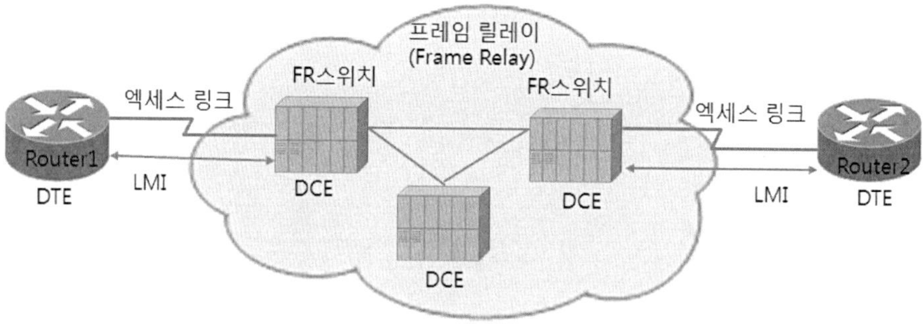

그림 5.4 프레임 릴레이 망 개념도

그림 5.5는 프레임 릴레이 망에서 가상 회선(VC: Virtual Circuit)을 통해 Router1과 Router2가 연결되는 논리적 개념이다. 프레임 릴레이에서는 앞서 기술되었듯이 멀티 액세스가 가능하여 여러 개의 장치로 연결될 수 있다. 프레임 릴레이는 연결형 서비스를 제공하고 가입자의 단말기(DTE)에서 오류제어와 흐름제어를 수행하여 망 내부 기능을 단순화시키고 전송 속도를 향상시킨다. 본 절에서는 가입자 단말기는 라우터로 이해한다.

프레임 릴레이 기술은 하나의 물리적 링크에 여러 개의 논리적 가상 회선 설정이 가능하다. 프레임 릴레이 망와 단말기(DTE)에는 PVC(Permanent VC)가 있고 PVC마다 각 장치를 찾아가기 위한 헤더의 주소를 식별하는 DLCI(Data-Link Connection Identifier)를 설정하여 고속 전송을 지원한다(그림 5.5 참조).

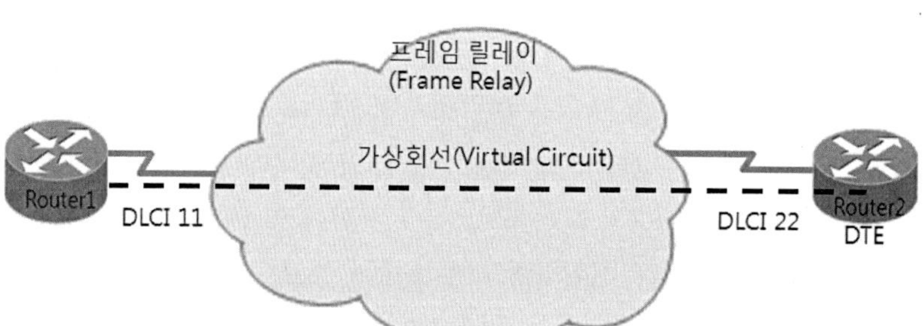

그림 5.5 프레임 릴레이 망의 논리적 개념도

프레임 릴레이 망에서는 데이터링크 계층에서 동작하므로 각 장치를 찾아가기 위한 주소(DLCI)가 필요하다. 프레임 릴레이 또는 프레임 스위치에는 OSI 모델의 데이터링크 계층을 지원하는 프로토콜인 LAPF(Link Access Procedure for Frame Mode Bearer Service)가 있다. LAPF는 프레임처리를 담당하는 코어부분과 프레임전송 제어를 담당하는 제어부분인 두 개의 부 계층(Sublayer)으로 나누어진다(그림 5.6 참조). 그림 5.7은 프레임 릴레이의 전송 프레임의 형식을 보여준다.

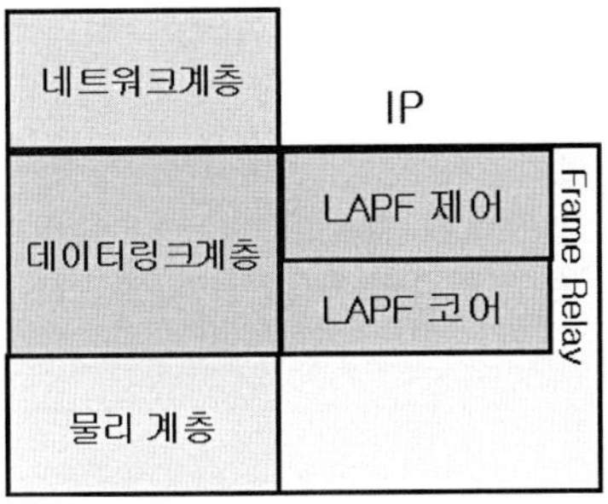

그림 5.6 프레임 릴레이 LAPF

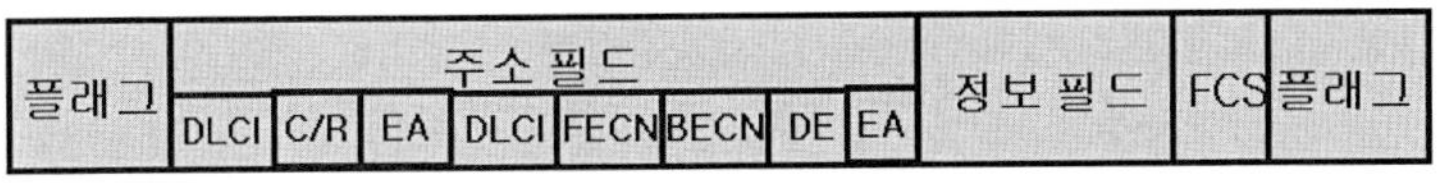

그림 5.7 프레림 릴레이 프레임 헤더 구조

표 5.1에서는 5.7의 프레임에서 주소필드 부분을 구성하고 있는 각 항목에 대하여 설명되고 있다. 주소필드를 구성하고 있는 DLCI는 라우터(DTE)와 프레임 릴레이 스위치(DCE) 사이를 구분해주는 숫자 값으로 PVC 또는 SVC(switched VC)에서 지정하는 값이며 유일한 값을 가진다. PVC는 프레임 송수신 장비사이 정해진 대역폭으로 영구적으로 만들어져 있는 가상 회선이고 SVC는 프레임 송수신 장비사이 일시적으로 만들어지는 가상 회선으로 프레임전송을 완료하면 소거된다. C/R(Commit Information Rate)는 서비스 제공을 약속한 대역폭을 의미하며, FECN(Forward Explicit Congestion Notification)와 BECN(Backward Explicit Congestion Notification)는 혼잡(congestion) 상태에 대한 통지를 나타내는 항목이다. LMI는 DTE와 DCE 사이 관리용 메시지를 주고받으므로 PVC 상태를 확인할 수 있다. EA(Extended Address)는 헤더 필드의 확장 비트로써 0은 끝이 아님을 1은 끝을 나타내는 확장 주소이다.

표 5.1 프레임 릴레이 네트워크의 용어 이해

주소필드	설명
DLCI	프레임 릴레이 망에서 장치 식별을 위한 주소값으로 PVC나 SVC 지정 값
CIR	고객과 서비스 제공업자 사이 VC를 통해 송신가능 BPS율
FECN	1인 경우 수신 DTE까지 경로에 혼잡 발생을 알림
BECN	1인 경우 송신 DTE까지 경로에 혼잡 발생을 알림
DE	Discard Eligibility =1 혼잡시 패킷 폐기 결정
VC	프레임 스위치와 DTE 장치 연결 논리적 가상 회선 PVC: 정해져 있는 가상회선, SVC: 일시적 생성 가상회선
AR AL	AR(access Rate)는 clock rate, AL(Access Link)는 DTE와 DCE 사이 Leased Line(임대회선)
LMI	DTE(라우터)와 DCE(FR 스위치) 사이 연결관리 표준(933a, ansi, cisco etc.) 프로토콜

프레임 릴레이 망에서 기억해야 할 두 가지에 대하여 기술하고자 한다. 하나는 혼잡(congested) 상태에 대한 내용이고 또 다른 하나는 DLCI 값 식별에 대한 내용이다. 먼저 프레임 릴레이 망에서 혼잡 상태에 어떻게 대응하는지 살펴본다.

▶ 혼잡 상태

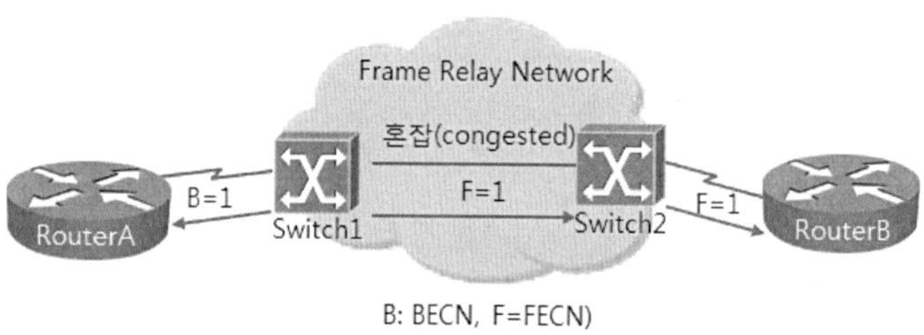

그림 5.8 혼잡 상태제어

그림 5.8은 프레임 릴레이 망에서 RouerA에서 RouterB로 데이터를 보낼 때, 만약 네트워크에서 혼잡이 발생했을 때 처리되는 방법을 보여주고 있다. 먼저 Switch1은 RouterA로 즉 역으로 BECN의 값을 1로 설정하여 프레임을 전송한다. BECN 값 1은 혼잡 상태임을 알려준다. BECN 값을 수신한 RouterA는 트래픽 전송 속도 파라미터를 낮추어(slow down) 전송한다. 또한 RouterB에게도 FECN의 값을 1로 설정하여 전송한다. FECN 역시 혼잡 상태임을 알려준다. 프레임 릴레이 망에서는 이러한 BECN과 FECN을 활용하여 혼잡 상태를 처리한다.

▶ DLCI

LAN 스위치에서 MAC 주소를 이용하여 경로를 선택하는 것과 유사한 방법으로 프레임 릴레이 망에서는 DLCI는 값을 이용하여 네트워크의 경로를 선택할 수 있다. DLCI 값은 인터넷 서비스 제공자로부터 목적지별 하나씩 16에서 1007 사이의 번호를 부여받아 사용 가능하다. DCLI 값은 연결된 원격지(next hop)에 해당하는 로컬(local) DLCI를 적어준다.

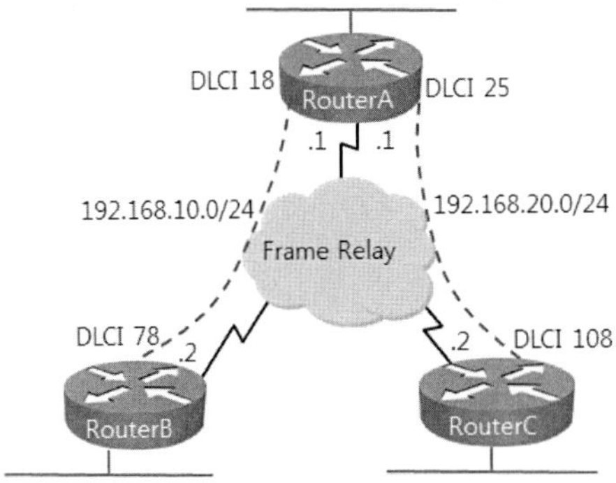

그림 5.9 DLCI 값 매핑 예

그림 5.9는 주어진 네트워크와 로컬 라우터에서 설정한 DLCI 값을 보여는 구성도이다. RotuerA와 RouterB 그리고 RouterC 네트워크에 할당되는 DLCI 값을 표현하면 다음과 같다.

```
RouterA -> DLCI  18 192.168.10.1/24
RouterA -> DLCI  25 192.168.20.1/24
RouterB -> DLCI  78 192.168.10.2/24
RouterC -> DLCI 108 192.168.20.2/24
```

프레임 릴레이 망의 정적 구성에서 DLCI 목적지 주소에 검증에 사용되는 명령어는 show frame-relay lmi이다. 활용해 보길 바란다. 프레임 릴레이의 설정방법을 알아보자.
구성 모드에서 캡슐화 방식을 프레임 릴레이로 설정한다.

```
Router(config-if)#encapsulation frame-relay [cisco|ietf]//캡슐화방법
Router(config-if)#encapsulation frame-relay cisco
```

IOS V11.2 이상부터는 LMI 타입을 자동으로 감지한다. LMI 타입을 설정해보자.

```
Router(config-if)#frame-relay lmi-type [ansi|cisco|q9331]
Router(config-if)#frame-relay lmi cisco
```

프레임 릴레이의 DLCI 값을 설정한다.

```
Router(config-if)#frame-relay interface-DLCI  DLCI number
Router(config-subif)#frame-relay interface-dlci 150
```

원격 IP 주소와 로컬 DLCI 값을 할당할 때는 frame-relay map 명령어를 이용해 정적으로 연결한다.

```
Router(config-if)#frame-relay map protocol [ip|dec|ipx] next-hop-addr dlci
[broadcast] [ietf|cisco]
Router(config-if)#frame-relay map ip 192.168.10.2 180 broadcast cisco
```

위와 같은 방법으로 프레임 릴레이 망 관련 설정을 수행한다. 이번에는 프레임 릴레이 네트워크 설정 상태 확인 명령어를 살펴본다.

```
▸Show frame-relay pvc    //해당 PVC별로 상태를 확인한다.
▸Show frame-relay map   //3계층 프로토콜의 연결 정보를 확인한다.
```

5.3 WAN 구축 실습

5.3절의 실습에서는 WAN으로 망을 구축하고 HDLC와 PPP 프로토콜을 이용하여 인캡슐레이션 방법에 대하여 살펴보도록 한다.

실습 1 WAN 구축하기

1 회사의 서울지점과 대구지점을 WAN 프로토콜들을 적용하여 구축한다. WAN 구축에는 라우터 2대와 스위치 2대 그리고 PC 4대이다. 패킷 트레이서를 실행하고 각 장비를 배치하여 케이블 연결한다(표 5.2 참조).

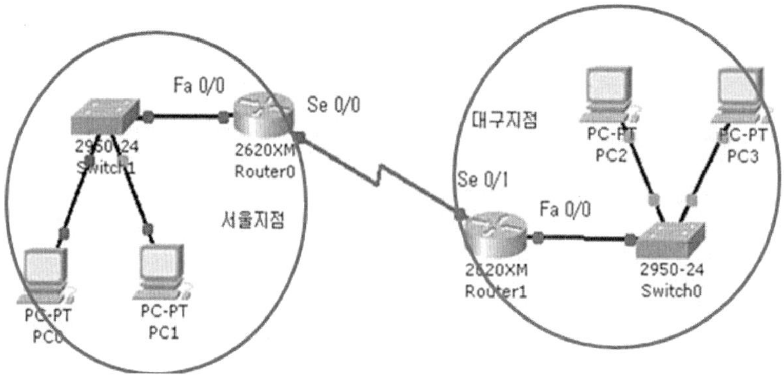

그림 5.10 WAN 구축 모델

표 5.2 인터페이스별 주소

장치명	인터페이스	IP 주소	서브넷 마스크	게이트웨이
Router0	Fa 0/0	192.168.1.10	255.255.255.0	N/A
	Serial 0/0	192.168.2.1	255.255.255.0	N/A
Router1	Fa 0/0	192.168.3.10	255.255.255.0	N/A
	Serial 0/1	192.168.2.2	255.255.255.0	N/A
PC0	NIC	192.168.1.11	255.255.255.0	192.168.1.10
PC1	NIC	192.168.1.12	255.255.255.0	192.168.1.10
PC2	NIC	192.168.3.11	255.255.255.0	192.168.2.10
PC3	NIC	192.168.3.12	255.255.255.0	192.168.2.10

WAN 구축 실습에서는 4장의 LAN 실습과 같이 PC에 인터넷 주소(IP) 설정을 토대로 네트워크 연결을 한다. 네트워크 연결에 필요한 게이트웨이(gateway) 주소 역시 표 5.1을 참조하여 설정한다. 게이트웨이 주소란 PC가 통신할 때 데이터가 송수신되는 포트

(port)를 나타내는 것이며 그림 5.10에서 PC0의 신호가 인터페이스 Router0의 Fa0/0 포트를 통해 데이터가 송수신되기 때문에 PC0의 게이트웨이 주소는 인터페이스 Fa0/0 포트 주소인 192.168.1.10이 됨을 이해한다(그림 5.11 참조).

IP Address	192.168.1.11
Subnet Mask	255.255.255.0
Default Gateway	192.168.1.10
DNS Server	

그림 5.11 PC 0의 IP 주소 부여

2 표 5.2를 참조하여 Router0에 IP를 설정한다.
라우터의 구성 모드에서 interface 포트 명령어를 이용하여 해당 인터페이스로 접근할 수 있다. 각 인터페이스로 접근하여 ip address [IP 주소] [서브넷 마스크] 명령어를 통해 IP를 부여해 보자(그림 5.12 참조).

```
Router(config)#interface fa 0/0
Router(config-if)#ip address 192.168.1.10 255.255.255.0
Router(config-if)#no sh
Router(config-if)#exit
Router(config)#interface se 0/0
Router(config-if)#ip address 192.168.2.1 255.255.255.0
Router(config-if)#clock rate 128000
Router(config-if)#no sh
Router(config-if)#exit
```

그림 5.12 Router0의 각 인터페이스 IP 부여

그림 5.12에서 no sh은 no shutdown의 의미로 라우터를 재부팅시키지 않고 인터페이스 설정내용을 활성(active)하겠다는 의미이다. 클럭 레이트(clock rate)를 설정하는 이유는 라우터를 연결하는 시리얼 통신에서 서로의 통신 규격 속도에 대해 합의하는 것으로 Clock Rate를 설정하는 쪽이 DCE가 되어 DTE에게 동기화 신호를 전송하게 된다. 그림 5.12와 같이 Router0 시리얼 포트에 Clock Rate를 설정하였다. 도움말(?)을 활용하여 사용가능한 Clock Rate를 선택하면 된다.
그림 5.13은 Router1의 이더넷과 시리얼 포트에 IP 주소 설정과정을 보인다.

```
Router(config)#interface fa 0/0
Router(config-if)#ip address 192.168.3.10 255.255.255.0
Router(config-if)#no sh
Router(config-if)#exit
Router(config)#interface se 0/1
Router(config-if)#ip address 192.168.2.2 255.255.255.0
Router(config-if)#no sh
Router(config-if)#exit
```

그림 5.13 Router1의 각 인터페이스 IP 부여

3 서울지점과 대구지점의 PC들이 서로 통신 가능하게 연결을 설정한다.

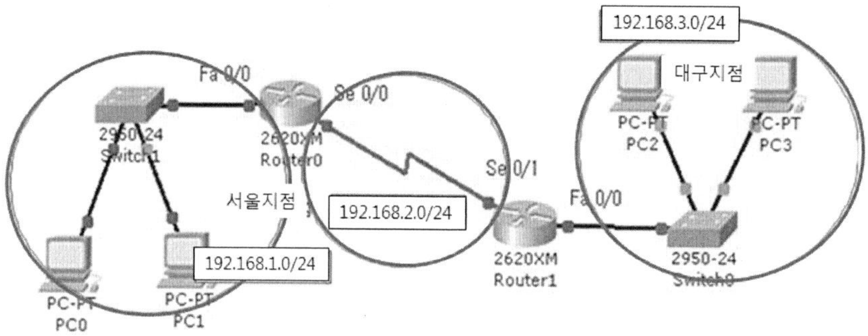

그림 5.14 WAN 포트별 인터페이스 설정

그림 5.14와 같이 각 포트의 인터페이스에 IP 주소 설정을 하여도 서울지점의 PC와 대구지점의 PC는 서로 통신이 불가능하다. 통신이 가능하려면 라우팅 프로토콜을 설정해야 한다. 라우팅 프로토콜 설정을 통하여 직접 연결되지 않는 네트워크와의 연결 설정이 되는 것이다. 본 실습에서는 라우팅 프로토콜을 상세하게 학습하지 않는다(7장 참조). 다만 라우팅 프로토콜 중 가장 간단한 동적 라우팅 프로토콜인 RIP 라우팅 프로토콜을 사용하여 네트워크와 네트워크를 연결하여 통신 가능함을 살펴볼 것이다. 라우팅 프로토콜 설정은 구성 모드에서 가능하다. 설정과정은 그림 5.15와 같다.

```
Router(config)#router rip
Router(config-router)#network 192.168.1.0
Router(config-router)#network 192.168.2.0
```

그림 5.15 Router0의 네트워크 연결

```
Router(config)#router rip
Router(config-router)#network 192.168.2.0
Router(config-router)#network 192.168.3.0
```

그림 5.16 Router1의 네트워크 연결

4 서울지점의 PC0에서 대구지점 PC2로 Ping 테스트를 한다.
서로 다른 네트워크를 연결하기 위해 라우팅 프로토콜 설정을 하였으므로 네트워크의 연결이 되었는지를 PC0과 PC2 사이 통신을 확인해보자.

```
PC>ping 192.168.3.12

Pinging 192.168.3.12 with 32 bytes of data:

Reply from 192.168.3.12: bytes=32 time=140ms TTL=126
Reply from 192.168.3.12: bytes=32 time=125ms TTL=126
Reply from 192.168.3.12: bytes=32 time=156ms TTL=126
Reply from 192.168.3.12: bytes=32 time=127ms TTL=126

Ping statistics for 192.168.3.12:
    Packets: Sent = 4, Received = 4, Lost = 0 (0% loss),
Approximate round trip times in milli-seconds:
    Minimum = 125ms, Maximum = 156ms, Average = 137ms
```

그림 5.17 서울지점 PC0에서 대구지점 PC2로의 Ping 결과

또 다른 확인 명령어로는 라우터의 프리빌리지드 모드에서 show ip route 명령어로 가능하니 확인해 보길 바란다.

그림 5.17과 같이 Ping 테스트가 성공하는 것을 확인할 수 있다. 이로써 네트워크 대역이 다르고, 위치가 달라도 서울지점과 대구지점 사이 네트워크이 구축됨이 확인되었다. 라우터와 라우터 사이의 WAN 연결 역할은 실제적으로는 통신 회사(ISP)가 그 역할을 담당한다.

실습 2 HDLC 인캡슐레이션 실습하기

실습 1의 WAN 구축 모델을 활용하여 WAN 프로토콜인 HDLC 캡슐화에 대한 실습을 하도록 한다. 그림 5.18 같이 Router0과 Router1 사이의 시리얼(serial) 케이블을 이용하여 연결하고 데이터 송수신을 위해 HDLC 인캡슐레이션 방법을 실습한다(그림 5.18 참조).

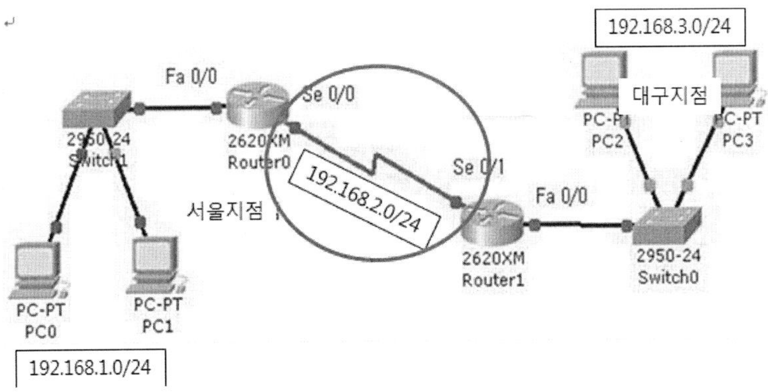

그림 5.18 WAN 구간 HDLC 인캡슐레이션

1 라우터의 인터페이스에서 사용할 수 있는 프로토콜을 확인한다.

Router0의 시리얼(Serial 0/0) 인터페이스로 들어가 도움말 기능을 사용하여 'encapsulation ?'을 입력하여 본다.

```
Router(config)#interface se 0/0
Router(config-if)#encapsulation ?
  frame-relay  Frame Relay networks
  hdlc         Serial HDLC synchronous
  ppp          Point-to-Point protocol
Router(config-if)#encapsulation HDLC
Router(config-if)#exit
```

그림 5.19 WAN 프로토콜 인캡슐레이션 종류

그림 5.19를 보면 사용할 수 있는 방식이 세 가지가 있다. 우리는 이 중에서 시리얼 통신라인에 자주 사용되는 HDLC 방식을 선택한다. 이후 Router1의 시리얼 인터페이스(Seial0/1)에서도 같은 방법으로 설정한다.

2 HDLC 방식이 제대로 설정되었는지 확인하는 과정이다.
라우터의 프리빌리지드 모드에서 show interface 명령어를 사용하여 HDLC 방식이 정확하게 설정되었는지 확인한다.

```
Serial0/0 is up, line protocol is up (connected)
  Hardware is HD64570
  Internet address is 192.168.2.1/24
  MTU 1500 bytes, BW 1544 Kbit, DLY 20000 usec,
     reliability 255/255, txload 1/255, rxload 1/255
  Encapsulation HDLC, loopback not set, keepalive set (10 sec)
  Last input never, output never, output hang never
  Last clearing of "show interface" counters never
  Input queue: 0/75/0 (size/max/drops); Total output drops: 0
```

그림 5.20 Router0의 시리얼 0/0 인터페이스 정보

그림 5.20은 Router0의 Serial 0/0 구간의 정보이다. 살펴보면 Encapsulation HDLC 방식으로 설정됨을 확인할 수 있다.

실습과제

1 WAN 통신의 특징에 대하여 설명하시오.

2 WAN 인캡슐레이션 방법(PPP, Frame Relay, HDLC)에 대하여 정리하시오.

3 다음 그림을 참조하여 192.168.2.0/24 네트워크의 Router0과 Router1 연결에서 5.1의 PPP 암호화 인증 인캡슐레이션과정을 설정하고 Ping 확인(서울지점 PC1에서 대구지점 PC3 사이) 결과를 제출하시오.

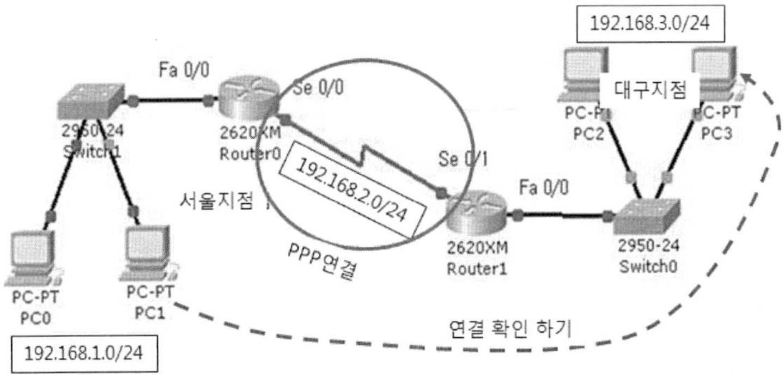

4 프레임 릴레이 네트워크에서 혼잡 상태제어에 대한 방법을 설명하시오.

5 프레임 릴레이 네트워크에서 DLCI, PVC, SVC, C/R, LMI에 대하여 정리하시오.

Chapter 06 IP 서브넷과 축약

6.1 IP 주소체계

본 장에서는 IPv4(Internet Protocol)의 주소체계를 살펴보고 IP 서브넷팅(subnetting)과 IP 축약(summary) 방법을 학습한다. 그리고 IPv6 기술에 대하여 소개한다.

먼저 IPv4 주소체계(addressing)에 대하여 이해할 것이다. IP 주소는 10진수로 구성되는 식별자이며 IP는 네트워크 자원의 유일한 식별을 위해 부여된다. 또한 네트워크상에 배치된 네트워크 장비의 위치를 식별하는 용도로 사용된다. 또한 어떠한 네트워크의 토폴로지와 상관없이 네트워크와 네트워크 사이 통신을 가능하도록 해준다. 그러므로 통신을 원하는 컴퓨터는 32비트로 구성되는 고유하고 유일한 IP 주소로 설정되어야 한다. 그림 6.1은 IP의 클래스에 따른 네트워크와 호스트 부분의 구성을 나타내고 있다.

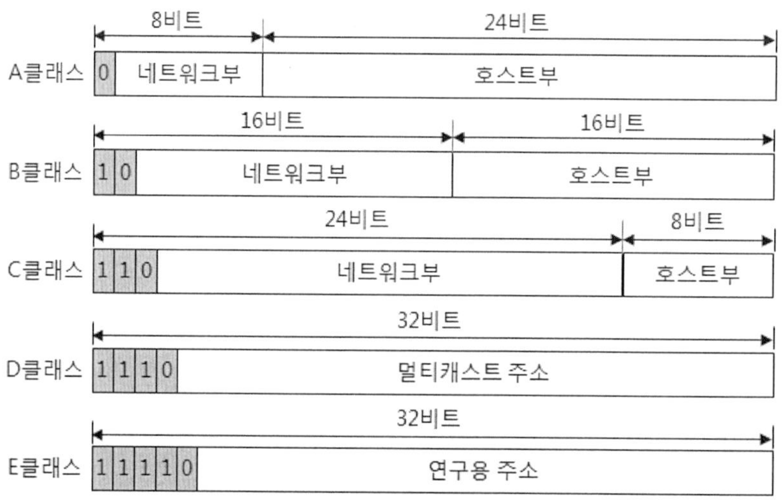

그림 6.1 IP 클래스별 주소체계

IP 주소는 네 개의 도메인으로 구성되며 다섯 개의 클래스로 분류된다. 그림 6.1과 같이 클래스 A는 첫 번째 도메인의 좌측 1비트가 0의 값으로 설정되고 나머지 7비트가 네트워크 영역을 나타내며 두 번째 도메인에서 네 번째 도메인까지 즉 24비트에 호스트 주소를 부여할 수 있다. 클래스 B는 첫 번째 도메인의 왼쪽 2비트가 10으로 설정되고 나머지 6비트가 네트워크 영역을 나타내며 세 번째 도메인에서 네 번째 도메인까지 즉 16비트를 이용하여 호스트에 주소를 부여할 수 있다. 클래스 C는 왼쪽 3비트가 110으로 설정되고 나머지 5비트가 네트워크 영역을 나타내며 네 번째 도메인 8비트를 이용하여 호스트에 주소 부여가 가능하다. 클래스 D는 멀티캐스트 서비스를 위한 주소로 왼쪽 4비트가 1110으로 설정된다. 마지막으로 클래스 E는 좌측 5비트가 11110으로 설정되어 연구 용도에 이용된다.

그러므로 클래스 A는 네트워크 주소가 7비트로 할당되고 호스트 주소로는 24비트를 할당한다. 클래스 B는 네트워크 주소가 14비트를 할당하고 호스트 주소로는 16비트를 할당한다. 클래스 C는 네트워크 주소로 21비트를 할당하고 호스트 주소로는 8비트가 할당됨을 알 수 있다.

구분	범위	기본 마스크	네트워크 개수	호스트 수
Class A	0.0.0.0 – 126.255.255.255	255.0.0.0	126	16,777,214
Class B	128.0.0.0 – 191.255.255.255	255.255.0.0	16,384	65,534
Class C	192.0.0.0 – 223.255.255.255	255.255.255.0	2,097,151	254
Class D	224.0.0.0 – 239.255.255.255			
Class E	240.0.0.0 – 254.255.255.255			

그림 6.2 클래스별 네트워크 수와 호스트 수

그림 6.2에서 보듯이 클래스 A의 네트워크 수는 1에서 126까지 사용 가능하다. 127.0.0.1은 자기자신(local loopback)에 대한 검증용으로 사용되는 예약된 IP 주소이기 때문에 제외된 것이다. 클래스 B의 범위는 식별비트 10의 두 비트를 제외한 나머지 6비트만큼을 범위로 계산한 것이다. 클래스 C의 가용 범위 역시 3비트를 제외한 5비트를 범위로 계산한 것임을 알 수 있다(그림 6.2 참조).

클래스별 IP 주소의 기본 마스크 값을 이용하여 네트워크 부분과 호스트 부분을 분류할 수 있다. 255라는 값은 2진수로 변환하면 11111111이다. 기본 마스크의 내용에서 1은 모두 네트워크 주소를 나타내고 0은 호스트 주소를 나타냄을 기억하자. 예를 들면 C클래스의 서브넷 마스크 값은 255.255.255.0이다. 여기서 255.255.255는 네트워크 주소 범위를 나타내며 0은 호스트 주소 범위를 나타낸다.

클래스별 IP 주소를 이용하여 네트워크 부분과 호스트 부분을 분류할 수 있다. IP 주소가 1.111.111.111이라면 첫 번째 도메인의 1을 보고 클래스 A로 식별할 수 있다. 네트워크 주소는 1.0.0.0이고 호스트 주소는 111.111.111임을 알 수 있다. 클래스 B는 두 번째 도메인까지 네트워크 주소이며 나머지 도메인이 호스트 주소로 사용된다. 예를 들어 IP 주소가 128.2.111.111이면 네트워크 주소 부분은 128.2.0.0이고 호스트 주소 부분은 111.111임을 알 수 있다. 따라서 호스트 부분이 모두 0인 주소는 네트워크 주소를, 호스트 부분이 모두 1인 주소는 브로드캐스트 주소를, 그 범위 안에 해당하는 주소는 호스트의 주소로 지정 가능하다.

인터넷을 위해서 호스트는 반드시 유일한 주소를 가져야 한다. 이에 IP 주소를 부여한다. 부여된 유일한 주소를 기반으로 인터넷이 가능하고 식별 가능하기 때문이다. 인터넷상에서 사용 가능한 IP를 공인 IP(public IP)라고 한다. 일반적으로 인터넷에서 사용하는 주소를 의미한다.

인터넷이 아닌 사설 네트워크를 구축하여 사용할 수 있는 주소 범위가 있다. 사설 주소(private IP) 역시 클래스 A, 클래스 B 그리고 클래스 C 주소 범위가 있다. 사설 IP는 인터넷에서 사용할 수 없다. 만약 사설 IP를 사용하여 인터넷에 연결된다면 인터넷 서비스를 제공하는 네트워크에서 필터링되어 차단된다. 표 6.1은 클래스별 사설 IP 대역을 나타낸다.

표 6.1 사설 IP 주소

클래스 A의 사설 IP	10.0.0.0 ~ 10.255.255.255
클래스 B의 사설 IP	172.16.0.0 ~ 172.31.255.255
클래스 C의 사설 IP	192.168.0.0 ~ 192.168.255.255

IP의 주소를 부여할 때 주의할 내용이 있다. 호스트 부분에서 값이 모두 0이거나 1로 이루어진 것은 이용하지 않는다. 호스트 주소가 0으로 구성된 것은 네트워크 주소이고 호스트 부분의 주소가 1로 구성된 것은 브로드캐스트 주소이다(표 6.2 참조).

예를 들면 클래스 C 주소에서 192.168.1.0/24은 네트워크 주소이고 192.168.1.255/24는 브로드캐스트 주소이며 호스트 주소의 범위는 192.168.1.1/24에서 192.168.1.254/24 까지이다.

클래스 B 주소 172.16.0.0/16의 네트워크 주소는 172.16.0.0/16이고 브로드캐스트 주소는 172.16.255.255/16이다.

표 6.2는 클래스 C에 해당하는 하나의 IP 주소 192.168.1.0을 선정하여 네트워크 부분과 호스트 부분 그리고 브로드캐스트 주소로 식별하는 방법을 보여주고 있다.

표 6.2 IP 주소 이해

IP 주소	2진수 표기				
192.168.1.0	11000000	10101000	00000001	00000000	네트워크 주소
192.168.1.1 ~ 192.168.1.254	11000000 ~ 11000000	10101000 ~ 10101000	00000001 ~ 00000001	00000001 ~ 11111110	호스트 주소
192.168.1.255	11000000	10101000	00000001	11111111	브로드캐스트 주소

IPv4의 주소체계는 네 개의 도메인으로 구성되고 한 개 도메인당 8비트로 구성되어 전체 32비트 주소체계로 가져 약 43억 개의 제한된 주소 공간을 가진다. 인터넷의 폭발적 증가로 주소의 고갈 문제뿐만 아니라 최소 지연과 인터넷 서비스 품질을 위한 자원의 예약 기능이 없으며 암호화 기능과 인증기능 역시 제공되지 않는다. 현재 가장 이슈가 되고 있는 보안기능에 대한 고려 없이 설계되었기 때문이다. 이러한 문제점을 해결하기 위한 것이 IPv6이다. IPv6 주소체계에 대하여는 이 장의 마지막에 기술된다.

6.2 IP 서브넷

본 절에서는 네트워크실무에서 많이 활용되는 서브넷으로 나누는 방법을 살펴보도록 한다. 서브넷으로 나누어야 하는 이유와 서브넷 과정을 구체적으로 학습하도록 하자. 서브넷팅의 이유는 하나의 네트워크를 가지고 즉 한 개의 네트워크 주소를 가지고 여러 개의 네트워크로 구성할 수 있다는 것이다. 서브넷팅의 장점은 네트워크를 다르게 구성하여 관리가 가능하기 때문에 각 네트워크별의 트래픽을 감소시킬 수 있다는 것이며 이는 네트워크를 나누므로 네트워크당의 브로드캐스트 도메인의 크기를 줄일 수 있는 것이다 그리고 네트워크 분리에 따른 트래픽의 감소로 인하여 네트워크 성능의 향상과 네트워크의 최적화가 가능하고 소규모 네트워크의 분리 구성은 네트워크에서 문제 발생 시 문제 네트워크의 분리와 장애 대응 관리가 쉽다는 특징이 있다. 마지막으로 소규모 네트워크를 여러 개 연결시켜 관리함으로써 네트워크 이용의 효율성을 향상시킨다.

IP의 서브넷팅에는 2의 지수 값을 적용한다. 10진수를 2진수로 그리고 2진수를 10진수로 변환하는 방법을 이해하여야 한다. 2의 1승(2^1)은 1, 2의 2승(2^2)은 4, 2의 3승(2^3)은 8, 2의 4승(2^4)은 16, 2의 5승(2^5)은 32, 2의 6승(2^6)은 64, 2의 7승(2^7)은 128 그리고 2의 8승(2^8)은 256임을 기억하자.

서브넷팅 과정은 기존이 IP 클래스 개념에서 호스트 부분을 네트워크로 확장하여 사용하는 방법이다. 만약 클래스 C의 주소를 서브넷팅을 한다면 클래스 C의 서브넷 마스크(subnet mask)는 255.255.255.0이며 이는 /24로써 네트워크부분이 앞 세 개의 도메인 255.255.255이고 호스트 부분은 마지막 한 개의 도메인 0 이다 따라서 호스트(0-255) 범위가 서브넷으로 활용 가능하다. 네트워크를 표현할 때 255는 2진수 표기하면 11111111이며 호스트를 표현할 때 0은 2진수로 표기하면 00000000이 된다. 서브넷 마스크에서 1은 네트워크를 그리고 0은 호스트를 나타낸다. 같은 LAN의 IP 주소는 같은 네트워크 주소를 사용하며 가용할 수 있는 호스트 범위에서 IP 주소만 다르게 설정한다. 만약 WAN으로 연결된다면 연결 게이트웨이 인터페이스의 주소는 역시 같은 네트워크 주소를 사용해야 한다. 서브넷팅을 할 때는 먼저 필요한 네트워크의 수와 호스트의 수를 먼저 선정한 후에 서브넷 과정을 수행하는 것이 바람직하다(그림 6.3 참조).

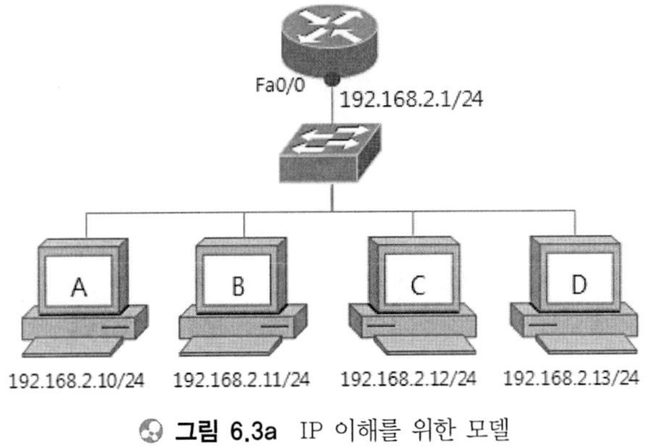

그림 6.3a IP 이해를 위한 모델

그림 6.3a를 참조하여 주어진 PC B의 IP 주소를 분석해보자. PC B에 주어진 주소 192.168.2.11/24는 C 클래스 주소이다. 그러므로 앞 24비트가 네트워크 부분이고 뒤 8비트가 호스트 부분임을 알 수 있다. 그 내용은 그림 6.3b를 통해서 확인 가능하다.

그림 6.3b 192.168.2.11/24의 네트워크와 호스트 구분

다음 클래스 C와 클래스 B에서 서브넷으로 나누는 과정을 살펴본다. 클래스 C 네트워크(192.168.2.0/24)에서 12개의 서브 네트워크가 필요하고 각 네트워크당 8대의 PC에 설정할 호스트 IP가 필요한 한 경우에 대한 서브넷 마스크를 계산해보자. 먼저 12개의 네트워크를 사용 가능하도록 서브넷팅해야 한다. 과정을 살펴보자.

첫 번째, 클래스 C는 서브넷 마스크가 /24, 즉 255.255.255.0이다.

호스트 수는 마지막 도메인에 해당하는 것으로 값은 0이며 그 범위는 0에서 255까지이다. 각 서브넷당 가장 처음 주소는 네트워크 주소이며 가장 마지막 주소는 브로드캐스트 주소여서 사용하지 않는다. 따라서 사용 가능한 호스트 범위는(256−2=254)개이다.

두 번째는 12개의 서브넷을 위해서는 4비트가 필요하다. 그림 6.4와 같이 클래스 C의 호스트 범위 8비트(00000000)에서 4비트를 네트워크에 할당한다. 그래서 11110000이 되며 240이 된다. 즉 서브넷은 255.255.255.240으로 /28이 되는 것이다. 네트워크 수는 16개 그리고 네트워크 당 16개의 호스트 주소를 가질 수 있다. 상기 내용처럼 가용 네트워크는 16−2=14개의 네트워크, 16−2=14개의 호스트 주소로 사용이 가능하다(그림 6.4 참조).

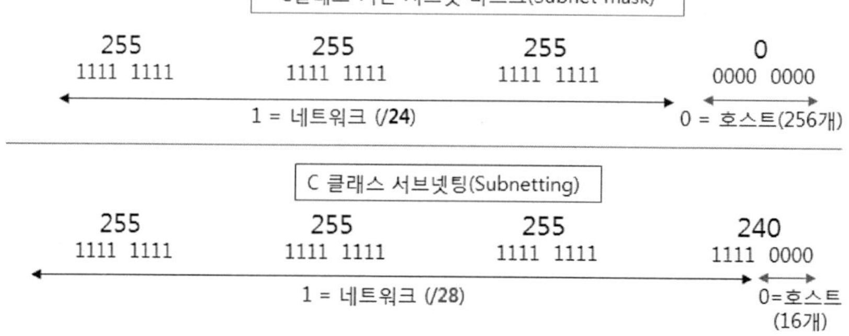

그림 6.4 클래스 C 서브넷 과정

표 6.3은 서브넷 과정을 수행했을 때 사용할 수 있는 네트워크 주소, 브로드캐스트 주소, 가용 호스트 범위 그리고 생성된 네트워크 개수를 확인할 수 있다.

표 6.3을 이용하여 192.168.2.82 255.255.255.240 주소의 네트워크 주소는 192.168.2.80 /28, 브로드캐스트 주소의 범위는 192.168.2.95/28 그리고 가용 호스트 범위는 192.168.2.81 – 192.1682.94임을 알 수 있다.

표 6.3에서의 IP 서브넷 제로(subnet-zero)는 역시 IP 주소문제 해결을 위한 확장 기능이다. 서브넷팅 후에 생성되는 첫 번째 서브넷과 마지막 서브넷은 사용에 제약이 있었으나 현재는 IP 서브넷 제로 기능이 보장된다. 호스트가 모두 0인 경우를 서브넷 제로라 한다. 이는 네트워크 주소와 동일하여 혼돈할 수 있기 때문이고 역시 호스트부가 모두 1인 경우는 브로드캐스트 주소와 동일하여 혼돈할 수 있다. 시스코의 IOS 버전이 12.0부터는 ip subnet-zero 기능을 개발하여 기본적으로 사용할 수 있게 되었다. 호스트부가 모두 1인 경우에는 ip subnet-zero 기능과 관계없이 사용가능하다.

표 6.3 클래스 C(192.168.2.0/24)의 서브넷팅 과정

네트워크 개수	서브넷당 호스트 주소 범위	서브넷당 네트워크 주소	서브넷당 첫 번째 호스트 주소	서브넷당 마지막 호스트 주소	서브넷당 브로드캐스트 주소	비고
0	0 ~ 15	0	1	14	15	ip subnet-zero
1	16 ~ 31	16	17	30	31	
2	32 ~ 47	32	33	46	47	
3	48 ~ 63	48	49	62	63	
4	64 ~ 79	64	65	78	79	
5	80 ~ 95	80	81	94	95	
6	96 ~ 112	96	97	111	112	
7	112 ~ 127	112	113	126	127	
8	128 ~ 143	128	129	142	143	
9	144 ~ 159	144	145	158	159	
10	160 ~ 177	160	161	176	177	
11	176 ~ 191	176	177	190	191	
12	192 ~ 207	192	193	206	207	
13	208 ~ 223	208	209	222	223	
14	224 ~ 239	224	225	224	239	
15	240 ~ 255	240	241	254	255	

클래스 B(172.16.0.0/16)를 적용하여 100개의 서브넷을 할당하고 네트워크당 500개의 호스트를 지원할 수 있는 서브넷을 구성하여 보자.

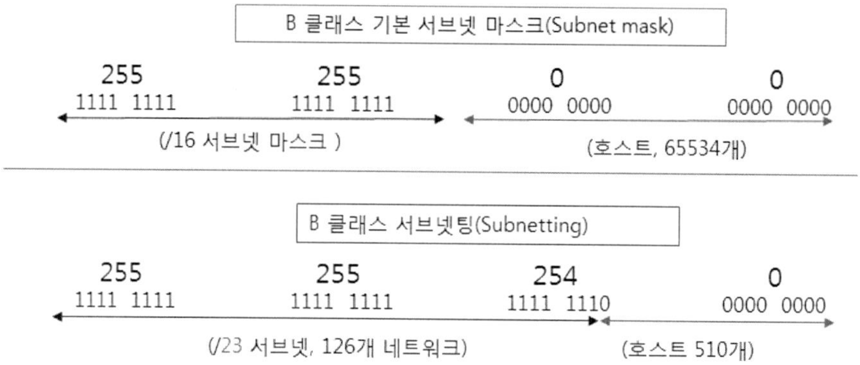

그림 6.5 클래스 B 서브넷과정

첫 번째, 클래스 B는 서브넷 마스크가 /16, 즉 255.255.0.0이다.

호스트 수는 마지막 두 개의 도메인의 0.0이며 그 범위는 각 0에서 255까지이다. 각 서브넷당 가장 처음 주소는 네트워크 주소이며 가장 마지막 주소는 브로드캐스트 주소여서 사용하지 않는다. 따라서 사용 가능한 두 개의 도메인 호스트 범위는 16비트로서 $2^{16}-2=65534$개이다.

두 번째는 100개의 서브넷을 위해서는 7비트가 필요하다. 호스트 범위 16비트(00000000 00000000)에서 7비트(11111110 00000000)를 네트워크 주소에 적용할 수 있다. 그래서 11111110 00000000은 255.255.127.0/23이 되는 것이다. 네트워크 수는 127개 그리고 네트워크 당 512개의 호스트 주소를 가질 수 있다. 상기 내용처럼 가용 네트워크는 127−2=125개의 네트워크, 512−2=510개의 호스트 주소를 사용할 수 있다(그림 6.5 참조).

상기의 서브넷과정을 통해 주어지는 IP 주소와 서브넷 마스크를 적용하여 다양한 IP의 네트워크 주소와 브로드캐스트 주소 그리고 가용할 수 있는 호스트 주소의 범위를 계산할 수 있다.

표 6.4는 IP 주소체계에서 사용되는 예약된 특수 주소를 보여준다. 네트워크에서 많이 활용되는 주소이므로 익혀두길 바란다.

표 6.4 특수 IP 주소

주소	부연 설명
127.0.0.1	자기 자신(loopback) 테스트를 위한 주소
IP의 호스트부가 모두 0인 경우	예: 192.168.1.0, 해당 네트워크(network) 주소
IP의 호스트부가 모두 1인 경우	예: 10.255.255.255, 해당 네트워크의 모든 컴퓨터(direct broadcast)로 패킷 전송
IP(네트워크와 호스트) 주소가 모두 0인 경우	예: 0.0.0.0 디폴트 경로
IP(네트워크와 호스트) 주소가 모두 1인 경우	예: 255.255.255.255는 목적지 주소로만 사용, 로컬 네트워크 브로드캐스트

각 국가에는 인터넷 주소(IP)자원을 관리하기 위해 NIC(Network Information Center) 조직을 관리하고 있는데 우리나라에는 한국인터넷정보센터(KRNIC: Korea NIC)에서 인터넷 주소

자원을 관리한다. KRNIC은 1999년 6월에 설립되었고, 한국인터넷진흥원이 2004년 설립되면서 KRNIC은 한국인터넷진흥원 산하에서 인터넷 주소 자원 관리 담당부서로 역할을 수행하고 있다. KRNIC은 인터넷 주소자원에 관련하여 정책 및 제도, 기술 및 표준화를 선도하고 인터넷의 효율적 운영 활성화뿐만 아니라 국제 인터넷 주소 관련 기구와의 협력업무를 수행하고 있다.

6.3 IP 축약

6.2절에서는 네트워크를 서브넷으로 나누는 과정에 대하여 살펴보았다. 6.3에서는 IP 주소 축약(ip-summary) 이유와 과정에 대하여 기술한다. 인터넷 주소를 축약하는 이유는 기존의 서브넷팅된 IP라우팅은 네트워크 구조의 변경 시에 너무 많은 라우팅 테이블의 계산을 수행해야하고 계산의 과정에서 부하(load)를 일으켜 네트워크 장비의 운용에 영향을 미친다. 즉, 네트워크 축약을 통해 라우팅 테이블의 개수가 줄여지는 것이다. 축약과정을 통해 라우팅 테이블에서 발생되는 트래픽 양을 감소시켜 라우터의 라우팅 성능을 향상하는 방법이다. 정리하면, 복수개의 네트워크를 하나의 네트워크로 축약하여 라우팅하는 것이다. IP 축약과정을 살펴보자.

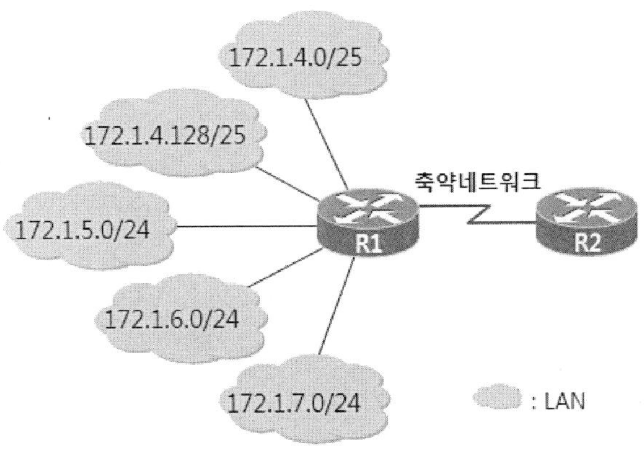

그림 6.6 IP 축약 모델 1

IP 축약에서는 다음 두 가지 규칙을 적용할 수 있다.

첫째, 서브넷 마스크에서 n(예: 1, 2 ...)을 빼면 마스크는 2n개 축약된다.

둘째, 축약 수가 2n의 배수이면 2n개까지 축약이 가능하다.

예를 들어 192.168.1.0/28 네트워크에서 서브넷 마스크의 수를 /28에서 /26으로 2비트 사용하여 축약하게 되면 192.168.1.0/28, 192.168.1.16/28, 192.168.1.32/28, 192.168.1.48/28의 네트워크, 즉 4(2^2)개가 축약되어 192.168.1.0/26 네트워크 하나로 라우팅이 가능하다.

그림 6.6의 R1 라우터에는 다양한 VLSM(Variable Length Subnet Mask)이 적용된 LAN으로 연결되어 있다. VLSM을 이용하면 네트워크마다 서브넷 마스크를 다르게 적용할 수 있다.

라우팅 테이블의 구조 변경 시 라우팅 성능을 높이고자 R1에서 R2로 축약광고를 하고자 한다. 효과적인 축약과정을 살펴보자.

R1 라우터에 연결된 LAN의 네트워크는 다음과 같다: 172.1.4.0/25, 172.1.4.128/25, 172.1.5.0/24, 172.1.6.0/24, 172.1.7.0/24. 네트워크 주소 4부터 네트워크 주소 7까지의 모든 네트워크를 담을 수 있는 네트워크 주소를 계산해야 한다. 현재 서브넷 마스크 /24를 /22로 2비트를 축약에 적용하면 즉 $2^2 = 4$, 네 개의 네트워크 축약이 가능하다. 서브넷 마스크 /22로 한다면 255.255.252.0이며. 252의 2진수는 11111100이다. 가질 수 있는 네트워크당 호스트 수는 모두 네 개이다. 축약된 하나의 172.1.4.0/22 네트워크 주소 하나를 이용하여 구축된 모든 LAN 트래픽을 R2 네트워크로 라우팅 가능하다.

IP 축약을 하기 위해 ip summary-address 명령을 사용한다. 형식은 다음과 같다.

```
ip summary-address [라우팅프로토콜] [AS] [축약네트워크 주소] [서브넷 마스크]
```

6.4 IPv6 주소

기존 인터넷에서 사용하고 있는 IPv4 주소체계는 초기에는 군사용으로 후에는 학술 연구목적용으로 사용되었다. 인터넷이 상업적으로 활용되면서 주소의 고갈문제와 IP수준에서 인증과 암호화 같은 보안기능이 결여된 인터넷 보안의 문제점이 대두하여 이에 IPv4의 주소체계를 개선 보완하고 표준화한 것이 차세대 인터넷 프로토콜 IPv6이다.

IPv6는 RFC 2373에 의해 표준화되었고 16비트 단위로 2진수 4자리로 변환되어 콜론(:)으로 구분되는 128비트 주소체계이다. 왼쪽 64비트는 네트워크 주소 부분으로, 앞부분에 해당하는 48비트는 상위 네트워크 주소를 나타내고 뒤 16비트는 하위 네트워크 주소로 사용된다. 그리고 오른쪽 나머지 64비트는 장비 식별에 할당되는 인터페이스 주소로 구성된다(그림 6.7 참조).

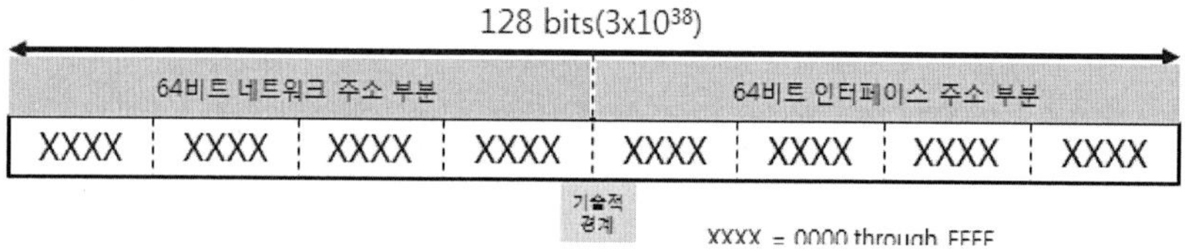

그림 6.7 IPv6 주소 구성

앞서 살펴보았듯이 IPv4와 IPv6는 다음과 같은 차이점이 있다. 주소길이에서 IPv4는 32비트, IPv6는 128비트를 가진다. IPv4는 4개의 도메인으로 나뉘어 각기 10진수 형식으로 다음과 같이 192.168.3.10과 같이 표기되나 IPv6는 16비트씩 8개 부분으로 나뉘어 16진수 형식으로 다음과 같이2001:db8:ffff:1:201:02ff:fe03:0405 표기된다. 주소의 범위 부분에서 IPv4는 42억개 정도, IPv6는 340조 개로 셀 수 없을 정도로 충분한 주소 공간을 제공한다.

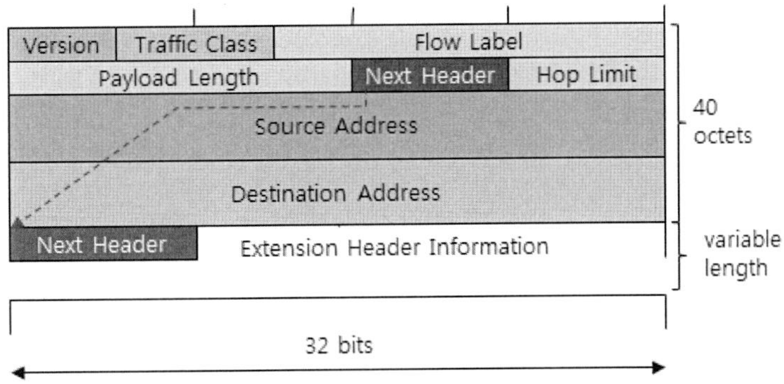

그림 6.8a IPv6 헤더 구조

그림 6.8a는 IPv6 헤더의 구조를 보여준다. Version은 IPv6의 버전을 나타낸다. Traffic Class는 차별화된 서비스 제공을 위해 트래픽의 클래스를 패킷에 태깅 가능하다. Flow Label은 IPv6에 새롭게 추가된 기능으로 레벨링을 통해 네트워크의 특성과 요구사항 설정에 사용된다. Payload Length는 IPv6의 데이터 길이를 나타낸다. Next Header는 다음에 어떤 종류의 정보가 오는지를 결정한다(그림 6.8b 참조). Hop Limit는 라우팅 홉의 제한을 통해 네트워크상의 패킷 폐기를 가능하게 한다. Source Address와 Destination Address는 128비트의 송수신 측의 IPv6 주소를 나타낸다.

IPv6의 Next Header에서는 인증과 보안 그리고 트래픽의 QoS(Quality of Service) 보장을 위한 기능들을 지원한다. Hop-by-Hop 옵션 헤더는 경로 상에 있는 모든 Hop에서 처리되며 자원예약 프로토콜과 관계된다(그림 6.8b 참조). IPv6 헤더의 기본적인 구조 사용은 IPv4 비해 오버헤더가 많이 크지는 않다. IPv6에서 제공하는 부가기능을 이용할 경우에는 Next Header로 확장된다. 그림 6.8b는 IPv6에서 Next Header 값 사용에 대한 확장 기능을 보여준다.

Next Header 값에 따른 이해	
0	Hop-by-Hop 옵션헤더
6	TCP
17	UDP
41	IPv6 기본 헤더
43	라우팅 헤더
44	분할 헤더
50	ESP(Encapsulating Security Payload) 헤더
51	인증(Authentication) 헤더
58	ICMPv6
59	No next 헤더
60	목적지 옵션 헤더

그림 6.8b IPv6 Next Header 이해

IPv6의 품질에 대한 제어와 보안기능에 대하여 살펴보자. IPv4는 품질에 대한 제어의 별도 지원수단은 제공하고 있지 않지만 IPv6는 등급별과 서비스별로 패킷 구분이 가능하기에 품질보장이 쉬운 특성을 가진다. 또한 보안기능에서는 IPv4에서는 IPSec 프로토콜을 별도로 설치해야 기능이용을 할 수 있으나 IPv6에서는 기본사항으로 제공하고 있다. 마지막으로 플러그앤 플레이 기능과 모바일 IP 그리고 웹캐스팅에 대하여 살펴보자. IPv4는 플러그앤 플레이 기능은 지원수단이 없으며 모바일 IP 기능의 정의는 되어 있으나 사용이 곤란한 점이 있다. IPv6는 플러그앤 플레이 기능과 모바일 IP 그리고 웹캐스팅의 기능의 지원도 쉬운 것으로 발표되었다.

IPv6 주소는 유니캐스트(unicatst), 애니캐스트(anicast) 그리고 멀티캐스트(multicast)를 제공한다. 브로드캐스트 주소는 IPv6에서 제공하지 않는다. IPv6 주소의 유형에 대하여 살펴보자(표 6.5 참조).

표 6.5 IPv6 주소표기 형식과 비교

주소유형	IPv6 표기	2진표현	IPv4
멀티캐스트 주소	FF00::/8	11111111	224.0.0.0/4
브로드캐스트 주소	해당 주소 없음	없음	255.255.255.255
링크 로컬 주소	FE80::/10	1111111010	없음
사이트 로컬 주소	FEC0::/10	1111111011	없음
루프백 주소	::1/128	0000....1(128)	127.0.0.1
미지정 주소	::/128	0000....0(128)	없음
공인 IP 주소	전역 유니캐스트 주소	IPv6 주소 2진표현	공인 IP 주소
사설 IP 주소	FEC0::/48	IPv6 사설 2진표현	사설 IP 주소

IPv6는 멀티캐스트 주소, 링크로컬 주소, 사이트 로컬 주소 전역 유니캐스트 주소 등이 있다. 멀티캐스트 주소는 IPv6 기반에서 멀티캐스트를 지원하는 주소로서 FF00::/8 으로 표기되고, 2진표현은 11111111로 표현된다. 링크로컬(Link Local) 주소는 FE80::/10으로 표기되고, 2진표현은 1111111010로 표현되며 해당 링크에서만 사용된다는 의미이다. 사이트 로컬 주소란 IPv4에서 사용하는 사설 IP 주소와 유사한 의미로써 로컬 링크 상에 있는 장치를 연결시키기 위해 사용된다. 마지막으로 전역 유니캐스트 주소는 인터넷 가능한 IPv4의 공인주소와 유사한 주소로써 인터넷 가능한 IPv6의 주소이다(표 6.5 참조).

(1) IPv6기술

1) 듀얼 스택

듀얼 스택(dual stack)은 하나의 시스템에서 IPv4와 IPv6 프로토콜에 대한 모든 처리를 지원하는 기술이다. 이는 물리적인 시스템 상에서 IPv4와 IPv6 프로토콜을 논리적으로 지원하는 기술을 의미한다. 듀얼 스택 소프트웨어(API: Application Programming Interface)가 운영체제의 커널에 설치되어 기술 구현이 가능하다(그림 6.9 참조).

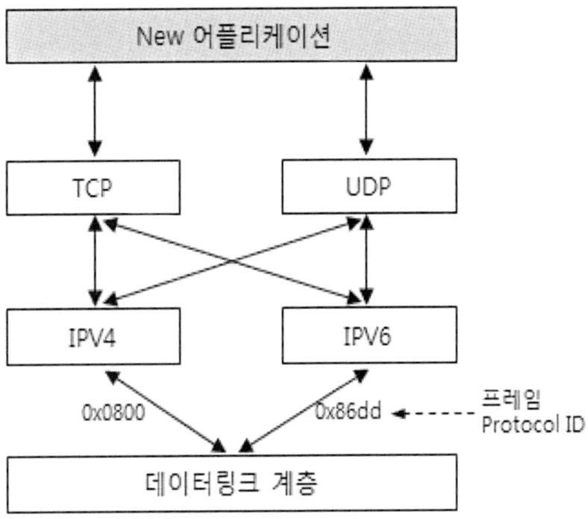

그림 6.9 듀얼 스택 동작 원리

2) IPv4/IPv6 변환기술

IPv4/IPv6 변환기술은 IPv4 네트워크와 IPv6 네트워크 사이에 주소변환 기술을 활용하여 상호 간에 연동시키는 기술이다. IPv4 클라이언트가 IPv6 서버에 접속할 때와 IPv6 클라이언트가 IPv4 서버에 접속할 때 사용되는 기술이다. 변환 기술로는 IP계층에서 변환되는 IPv4/Ipv6 주소 변환방식이 있고 헤더변환방식인 전송계층 릴레이방식 그리고 응용계층 게이트웨이방식으로 구분된다.

3) 터널링

터널링 기술은 IPv6 네트워크에서 IPv4 네트워크를 통과하여 다시 IPv6 네트워크와 통신하려고 할 때, IPv4 네트워크 터널(IPv6 in IPv4 터널링)을 만들어 IPv6의 패킷을 전송하는 개념이다.

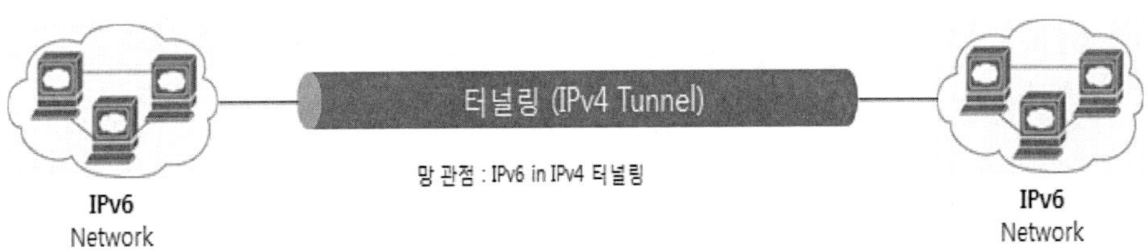

그림 6.10 터널링 기술

그림 6.10과 같이 터널링 기술에는 몇 가지 방법이 있다. 첫째로 IPv6 네트워크 간에 IPv4 네트워크를 경유하여 통신하기 위한 6 to 4 터널링 방법이 있고 두 번째는 터널 브로커 서버가 터널을 설정하는 방법이 있다. 세 번째는 IPv4 네트워크에서 듀얼 스택 호스트들 간 통신을 지

원하는 ISATAP(Intra-Site Automatic Tunnel Addressing Protocol) 방법이 있으며 네 번째로는 IPv4 NAT 서비스 지역 내에서 IPv6 호스트가 외부 IPv6 호스트들과의 통신을 위해, UDP 프로토콜을 사용하여 통신하는 테리도(teredo) 방법이 있다. 마지막으로 IPv6 네트워크에서 IPv4 트래픽을 사용할 수 있도록 동적 터널링을 생성하여 IPv4 트래픽을 IPv6 네트워크으로 전송 가능한 DSTM(Dual Stack Transition Mechanism) 방법이 있다.

IP 주소에 기반하여 국내 인터넷의 안정적 운영을 위한 방안으로는 다음과 같다. IPv4 주소 부족에 대한 IPv6 주소의 조기 전환을 위해 국내 IPv6 백본 인프라 구축을 들 수 있다. 현재 IPv6 백본망에 대한 준비율은 한국인터넷진흥원의 2014년에서 2018년까지의 한국 인터넷 중장기 경영 목표 문서에서 찾아 볼 수 있다. IPv6 백본 인프라 구축은 2012년 91.2% 달성으로 기술되어 있다.

미국, 중국, 일본 등의 나라에서도 IPv6 기술의 도입을 검토하고 있으며 국내에는 국내 기업들의 IPv6로의 전환을 성공적으로 돕기 위한 지침서 IPv6 백서가 발간되었다. 본 지침서에는 IPv6 전환이 애플리케이션 성능에 미치는 영향과 애플리케이션 성능 관리방안을 기술하고 있으며 무료로 배포하고 있다.

6.5 IP 서브넷팅과 IP 축약 실습

실습 1 서브넷팅 하기

회사에는 지사 포함하여 열 개의 부서가 있고 각 부서에 4대의 PC가 있다고 가정한다. 주어진 IP를 효율적으로 사용하기 위해서 서브넷팅을 하고자 한다. 주어진 IP 주소는 203.252.3.0/24[1]이다. 서브넷팅하는 과정을 실습해보자.

1 필요한 네트워크 수와 호스트 수를 계산한다.

하나의 네트워크당 4개의 호스트 설정 IP가 필요하다. 우리에게 주어진 네트워크는 203.252.3.0/24이다. 호스트에 사용할 IP가 4개이므로 첫 번째 주소와 마지막 주소는 즉 네트워크 주소 그리고 브로드캐스트 주소로 사용되어 실제 IP 주소로 사용할 수 없다. 따라서 호스트 부분의 3비트를 네트워크 주소로 사용할 수 있도록 설정하였다. 그럼 실제로 사용 가능한 호스트의 IP 주소는 6개가 된다.

2 하나의 네트워크에 4개의 호스트 IP가 필요한 경우 가용 호스트의 범위는 표 6.6과 같다. 네트워크는 32개 그리고 네트워크 당 가용 호스트의 수는 8개이다. 일반적으로 네트워크 수와 호스트 수 계산에서 가장 첫 번째 서브넷 주소과 마지막 서브넷 주소는 사용하지 않는 제약이 있다. 호스트 식별 비트가 모두 1인 것은 다이렉티드 브로드캐스트라 하고 이와 서브넷의 브로드캐스트와 동일하여 혼돈 가능성이 있어 사용을 제약한 것이다. 이

1) 본 IP는 실습용 가상 IP임.

런 제약을 극복한 것이 IP 서브넷 제로(subnet zero)라는 기능이다. 만약 no ip subnet-zero 설정을 하면 서브넷 제로 기능을 사용할 수 없다. 6.1절에 설명되었으므로 참조토록 한다.

IP 주소는 203.252.3.0/29로 서브넷팅할 수 있다. 서브넷 마스크는 255.255.255.248이며, 2진수로 표기하면 11111111.11111111.11111111.11111000이다. 즉 /29인 것이다. 203.252.3.0/24의 네트워크를 203.252.3.0/29로 서브넷팅 할 때 가능한 네트워크 수는 32개이며 호스트 수는 네트워크당 8개 설정 가능하다. 이때 서브넷 마스크의 주소는 255.255.255.248로써 /29가 된다.

표 6.6 203.250.3.0/29의 네트워크와 호스트 수

네트워크 수	네크워크당 가용 호스트 수
0	203.252.3.0 ~ 203.252.3.7
1	203.252.3.8 ~ 203.252.3.15
2	203.252.3.16 ~ 203.252.3.23
3	203.252.3.24 ~ 203.252.3.31
4	203.252.3.32 ~ 203.252.3.39
5	203.252.3.40 ~ 203.252.3.47
6	203.252.3.48 ~ 203.252.3.55
7	203.252.3.56 ~ 203.252.3.63
8	203.252.3.64 ~ 203.252.3.71
9	203.252.3.72 ~ 203.252.3.79
⋮	⋮
32	203.252.3.248 ~ 203.252.3.255

실습 2 IP 설정과 테스트하기

열 개의 부서 중 한 부서의 PC가 그림 6.11과 같다고 가정한다. 실습 1에 연결하여 서브넷팅한 주소를 각 PC에 부여하는 과정을 실습한다.

1 시뮬레이터 프로그램을 이용하여 그림 6.11과 같이 라우터, 스위치, PC를 이용하여 네트워크를 구축한 후 장비 간을 케이블로 연결한다.

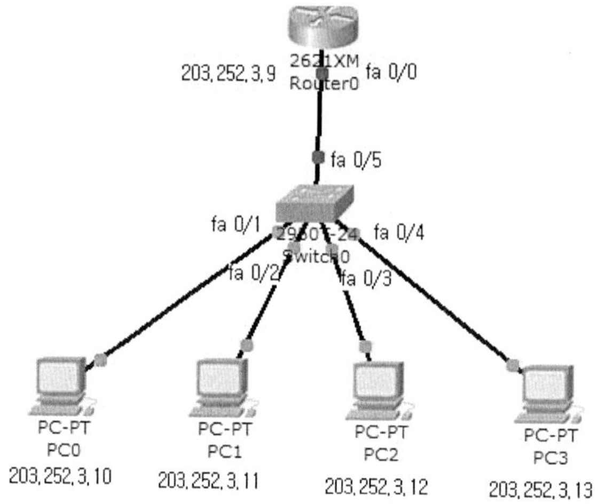

그림 6.11 IP 주소 설정

2 그림 6.11과 같이 각 PC 및 라우터 인터페이스에 IP를 설정하기

실습 1에서 서브넷팅한 것 중에서 이번 실습에서 203.250.3.8/29 네트워크를 사용하여 네트워크를 구축한다. 사용 가능한 IP는 네트워크 주소와 브로드캐스트 주소를 제외한 203.250.3.9 ~ 203.250.3.14 사이이다.

먼저, Router0와 각 PC에 IP를 할당하기 전에 할당할 IP 주소를 미리 정리해두면 유용하다.

PC 0 – IP 주소: 203.252.3.10 서브넷 마스크 255.255.255.248

PC 1 – IP 주소: 203.252.3.11 서브넷 마스크 255.255.255.248

PC 2 – IP 주소: 203.252.3.12 서브넷 마스크 255.255.255.248

PC 3 – IP 주소: 203.252.3.13 서브넷 마스크 255.255.255.248

Router 0(인터페이스 Fa0/0 포트)

: IP 주소: 203.252.3.9, 서브넷 마스크 255.255.255.248

3 정해진 IP 주소를 각 PC에 설정한다.

방법이 필요하다면 3장과 4장의 실습 부분을 참조한다.

그림 6.12와 같이 IP와 서브넷 마스크, 그리고 게이트웨이 주소를 입력한다. 이후 PC1, PC2, PC3 또한 같은 방법으로 IP 주소 환경을 입력한다. Router0의 Fa0/0의 IP 주소는 203.252.3.9로써 게이트웨이 주소이다.

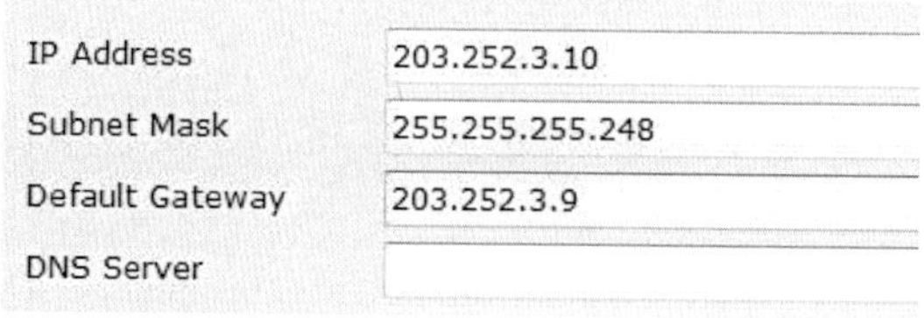

그림 6.12 IP, 서브넷마스크, 게이트웨이 주소 설정

4 각 PC에 IP를 할당하였으면 이번에는 Router0에도 IP를 설정한다.

Router0의 구성 모드에서 Fastethernet0/0 인터페이스로 접근하여 IP 주소를 설정한다 (203.252.3.9/29). no shutdown도 잊지 말고 설정한다.

```
Router(config)#interface fastethernet 0/0
Router(config-if)#ip ad
Router(config-if)#ip address 203.252.3.9 255.255.255.248
Router(config-if)#no shutdown
```

그림 6.13 Router0의 Fa0/0 인터페이스에 IP 부여

5 PC0에서 PC3 사이, PC2에서 PC1로 통신을 확인한다.

그림 6.14와 6.15에서와 같이 각 PC 사이 통신 가능함이 확인되었다. 이로써 서브넷팅된 하나의 네트워크로 낭비되는 호스트 주소가 없이 내부 네트워크가 구축되었다.

```
PC>ping 203.252.3.13

Pinging 203.252.3.13 with 32 bytes of data:

Reply from 203.252.3.13: bytes=32 time=110ms TTL=128
Reply from 203.252.3.13: bytes=32 time=63ms TTL=128
Reply from 203.252.3.13: bytes=32 time=62ms TTL=128
Reply from 203.252.3.13: bytes=32 time=62ms TTL=128

Ping statistics for 203.252.3.13:
    Packets: Sent = 4, Received = 4, Lost = 0 (0% loss),
Approximate round trip times in milli-seconds:
    Minimum = 62ms, Maximum = 110ms, Average = 74ms

PC>
```

그림 6.14 PC0에서 PC3으로 Ping 결과

```
PC>ping 203.252.3.11

Pinging 203.252.3.11 with 32 bytes of data:

Reply from 203.252.3.11: bytes=32 time=110ms TTL=128
Reply from 203.252.3.11: bytes=32 time=63ms TTL=128
Reply from 203.252.3.11: bytes=32 time=35ms TTL=128
Reply from 203.252.3.11: bytes=32 time=63ms TTL=128

Ping statistics for 203.252.3.11:
    Packets: Sent = 4, Received = 4, Lost = 0 (0% loss),
Approximate round trip times in milli-seconds:
    Minimum = 35ms, Maximum = 110ms, Average = 67ms

PC>
```

그림 6.15 PC3에서 PC2로 Ping 결과

실습 3 서브넷하기 2

다음 문제를 보고 네트워크 모델을 이용하여 서브넷 주소를 할당하시오.
문제:

192.168.1.0/24의 네트워크에서 8개의 서브넷 주소를 할당한다. 먼저, 라우터 A와 라우터 B 사이에는 네트워크의 세 번째 네트워크를 할당하고 각 인터페이스에 첫 번째 호스트 주소와 두 번째 호스트 주소를 사용하여 연결한다. 그리고 라우터 A에 연결된 LAN에는 두 번째 네트워크를 할당하고 PC0과 PC2에는 두 번째 호스트 주소와 세 번째 호스트 주소를 할당한다. 첫 번째 호스트 주소는 게이트웨이 주소로 할당한다. 마지막으로 라우터 B에는 네 번째 네트워크를 할당한다. PC3과 PC4에는 호스트의 마지막 전 주소와 마지막 주소를 할당하고 게이트웨이 주소는 호스트 첫 번째 주소를 할당한다.

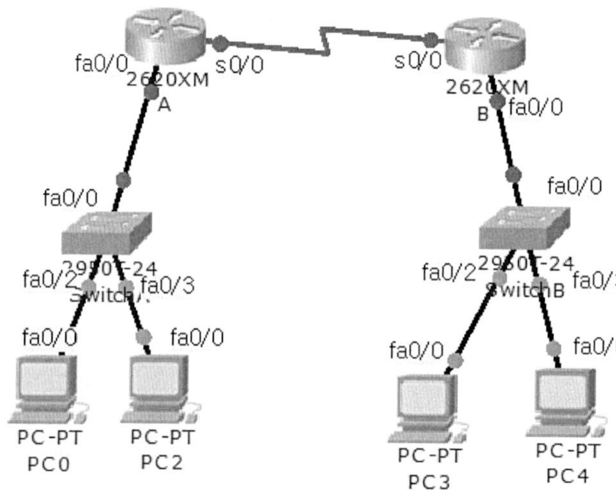

그림 6.16 서브넷 모델 2

1 192.168.1.0/24 네트워크를 8개의 서브넷으로 서브넷팅한다.
주어진 서브넷 마스크는 255.255.255.0이며 호스트주소부에서 3비트를 네트워크로 사용한다면 11100000이 가능하다. 그러면 8개의 서브 네트워크가 생성될 수 있다. 그것은 다음과 같다:

192.168.1.0, 192.168.1.32,
192.168.1.64, 192.168.1.96,
192.168.1.128, 192.168.1.160,
192.168.1.192, 192.168.1.224.

서브넷 마스크는 255.255.255.223이다. 문제를 읽고 해당 주소를 다음 표와 같이 완성할 수 있다.

표 6.7 192.168.1.0/27 네트워크에 할당된 IP

이름	인터페이스	IP 주소	서브넷마스크	게이트웨이
A	Serial0/0	192.168.1.65	255.255.255.224	
	Fa0/0	192.168.1.33	255.255.255.224	
B	Serial0/0	192.168.1.66	255.255.255.224	
	Fa0/0	192.168.1.97	255.255.255.224	
PC0	Fa0/0	192.168.1.34	255.255.255.224	192.168.1.33
PC1	fa0/0	192.168.1.35	255.255.255.224	192.168.1.33
PC2	fa0/0	192.168.1.125	255.255.255.224	192.168.1.97
PC3	fa0/0	192.168.1.126	255.255.255.224	192.168.1.97

실습 4 IP 축약 실습하기

그림 6.17에서 제시하고 있는 축약 네트워크 부분을 계산하시오.

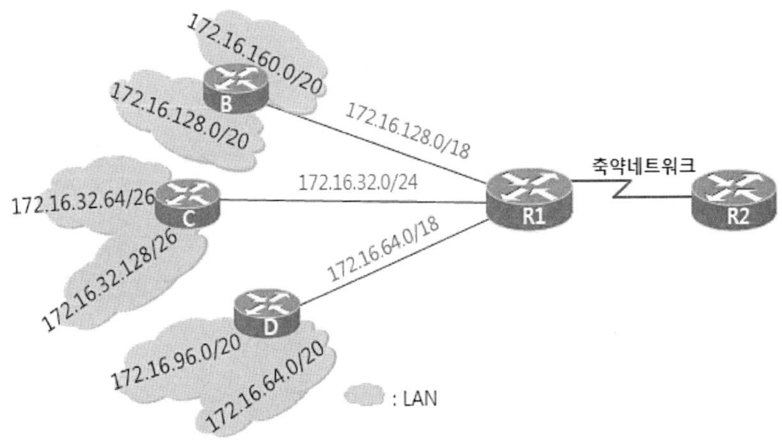

그림 6.17 IP 축약 모델

1 172.16.160.0/20와 172.16.128.0/20의 B 클래스의 네트워크를 IP 축약(ip-summary) 과정을 살펴본다.
주어진 /20의 서브넷 마스크는 255.255.240.0이다. 호스트부의 4비트를 서브넷하여 16개 네트워크를 가진다. IP 축약을 /18로 한다면 서브넷마스크 255.255.192.0이며 네트워크 수가 4개로 축약되므로 세 번째 192.168.128.0/18 네트워크 1개로 라우팅 가능하다.

2 두 번째 172.16.32.64/26와 172.16.32.128/26의 B 클래스의 네트워크를 IP 축약(ip-summary)과정은 다음과 같다.

주어진 /26의 서브넷 마스크는 255.255.255.192이다. 호스트부의 2비트를 서브넷하면 4개 네트워크 중에 두 번째와 세 번째 네트워크에 속한다. IP 축약을 /24로 한다면 서브넷 마스크 255.255.255.0이며 네트워크는 축약되어 172.16.32.0/24 네트워크로 라우팅 가능하므로 라우팅 테이블 크기를 줄일 수는 있는 것이다.

3 세 번째, 172.16.96.0/20와 172.16.64.0/20의 B 클래스의 네트워크를 IP 축약(ip-summary) 과정이다.

주어진 /20의 서브넷 마스크는 255.255.240.0이다. 호스트부의 4비트를 서브넷하여 16개의 네트워크를 가진다. IP축약을 /18로 한다면 서브넷 마스크 255.255.192.0이며 네트워크 수가 4개로 축약되므로 두 번째 192.168.64.0/18 네트워크 1개로 라우팅 가능하다.

4 마지막으로 172.16.128.0/18, 172.16.32.0/24, 172.16.64.0/24의 B 클래스의 네트워크를 IP 축약(ip-summary)과정을 살펴본다.

주어진 /18, /24의 서브넷 마스크는 255.255.192.0과 255.255.255.0이다. 호스트부의 4비트를 서브넷하여 16개 네트워크와 8비트를 서브넷하여 128개 네트워크를 가진다. IP 축약을 /16로 한다면 서브넷 마스크 255.255.0.0로 축약되어 172.16.0.0/16으로 라우팅 가능하다.

5 위의 축약과정은 표 6.8에서 설명되고 있다.

표 6.8 IP 축약과정

이름	IP 주소	1차 IP 축약	2차 IP 축약
B	172.16.160.0/20	172.16.128.0/18	172.16.0.0/16
	172.16.128.0/20		
C	172.16.32.64/26	172.16.32.0/24	
	172.16.32.128/26		
A	172.16.96.0/20	172.16.64.0/18	
	172.16.64.0/20		

실습과제

1 서브넷 문제

- 네트워크 192.168.10.0 255.255.255.224가 있다.
- 라우터 R1과 라우터 R2 사이는 세 번째 네트워크를 할당하고 시리얼 인터페이스 S0/0에는 호스트 주소부의 첫 번째와 두 번째 IP를 할당한다.
- 라우터 R1의 LAN은 네 번째 네트워크를 할당하고 인터페이스 Fa0/0 주소는 마지막 호스트 주소를 할당한다.
- 라우터 R2의 LAN은 다섯 번째 네트워크를 할당하고 인터페이스 Fa0/0 주소는 첫 번째 호스트 주소를 할당한다.

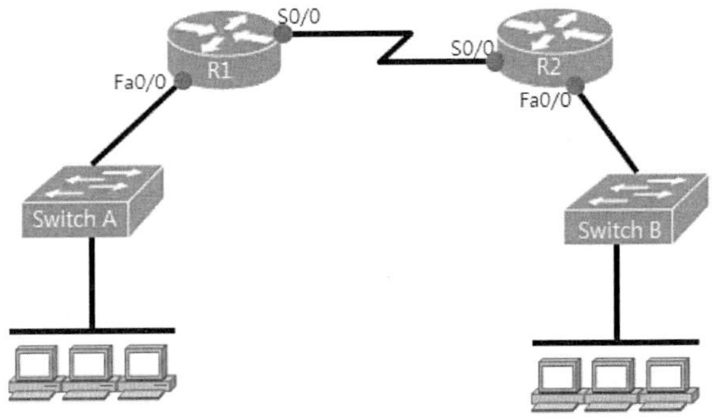

2 라우터 C의 개별적 네트워크를 축약하여 라우터 A로 라우팅하시오.

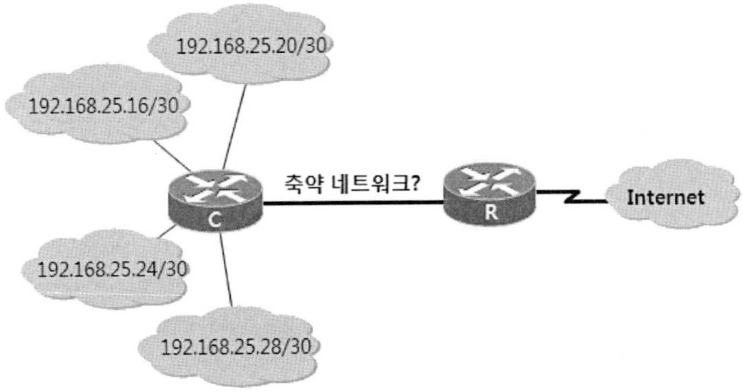

Chapter

07 라우팅 기술

7.1 라우팅 개요

7장 라우팅 기술에서는 인터넷의 전달에 대한 기본 프로토콜이면서 가장 많이 사용되는 네트워크 프로토콜인 IP(Internet Protocol)를 위한 라우팅 프로토콜들에 대하여 소개하고 라우팅 방법에 대하여 기술한다. 인터넷은 IP 비연결형 서비스에 의해 연결되고 최선 전달 서비스를 제공한다. 라우팅 프로토콜은 정보의 출발지로부터 목적지까지 최적의 경로(best path)를 산출한다.

라우팅 프로토콜은 내부 라우팅 프로토콜과 외부 라우팅 프로토콜로 분류된다. 내부 라우팅 프로토콜(IGP: Interior Gateway Protocol)은 자치 시스템(AS: Autonomous System) 내에서 운영되는 라우팅 프로토콜로써 RIP, EIGRP, OSPF, ISIS가 있고 외부 라우팅 프로토콜로는 EGP(Exterior Gateway Protocol)가 있다. EGP는 자치 시스템 간 라우팅에 사용되는 라우팅 프로토콜이다. 자치 시스템이란 독자적인 관리체계와 운영체계를 가지는 네트워크 집합을 의미한다.

라우팅(routing)이란 라우터를 기반으로 패킷의 인접 라우터, 수신지 주소, 각 원격 네트워크로의 최적경로, 모든 원격 네트워크로의 가능한 경로 정보를 산출하고 라우팅 테이블 정보의 유지와 검증 정보를 가지고 패킷을 다른 네트워크 장치로 전송하는 것이다. 그리고 라우터에 의해 수신지 네트워크에 도달할 수 있는 라우팅 테이블을 만든다. 수신 네트워크가 송신 네트워크에 직접 연결되어 있지 않다면 정적 라우팅 또는 동적 라우팅의 방법을 이용하여 원격의 수신 네트워크에 도달할 수 있다. 라우터의 주된 목적은 바로 라우팅이라 할 수 있다(그림 7.1 참조).

라우터는 패킷이 어떤 경로로 전송되어야 할지를 결정하는 제 3계층 장비이며 패킷 전달 시에 라우팅 테이블의 경로를 참조하여 패킷을 목적지로 전달한다. 라우터는 목적지의 정보가 없는 패킷들은 드롭시킨다.

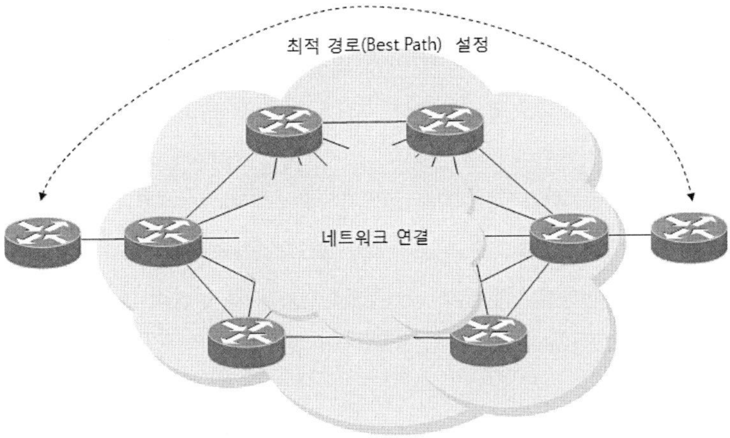

그림 7.1 라우팅 최적경로 설정

현재 라우팅 테이블의 내용을 확인하는 명령어로는 show ip route가 있다. 라우터에서 라우팅 관련 가장 중요한 명령어이다. 다시 말하면 라우팅 테이블은 패킷이 수신 네트워크로 전달되기 위해 어떤 경로를 통해 전달되는지를 알 수 있다.

```
Router# show ip route
```

수신 네트워크 즉 목적지 네트워크로의 경로를 산출하기 위해서 사용하는 것이 라우팅 프로토콜이다. 라우팅 프로토콜은 라우터 사이 네트워크 상태 정보를 주고받을 때 이용되는 프로토콜이다. 라우터는 네트워크 계층의 최적경로를 산출하는 시스템으로 시스템 내부에 라우팅 프로토콜을 이용하여 라우팅 테이블을 구성하는 것이다. 라우터는 자신의 라우터에 직접 연결된 네트워크의 정보만을 라우팅 테이블에 가지고 있다. 직접 연결되지 않는 네트워크의 정보들은 라우팅 프로토콜(routing protocol)을 이용하여, 목적지 네트워크로 가는 경로 즉 직접 연결되지 않는 네트워크의 정보에 대한 라우팅 구성이 가능하다.

```
R11#sh ip route
Codes: C - connected, S - static, I - IGRP, R - RIP, M - mobile, B - BGP
       D - EIGRP, EX - EIGRP external, O - OSPF, IA - OSPF inter area
       N1 - OSPF NSSA external type 1, N2 - OSPF NSSA external type 2
       E1 - OSPF external type 1, E2 - OSPF external type 2, E - EGP
       i - IS-IS, L1 - IS-IS level-1, L2 - IS-IS level-2, ia - IS-IS inter area
       * - candidate default, U - per-user static route, o - ODR
       P - periodic downloaded static route

Gateway of last resort is 172.16.2.2 to network 0.0.0.0

     172.16.0.0/24 is subnetted, 3 subnets
S       172.16.1.0 [1/0] via 172.16.2.2
C       172.16.2.0 is directly connected, Serial0/0
C       172.16.3.0 is directly connected, FastEthernet0/0
S    192.168.1.0/24 [1/0] via 172.16.2.2
S    192.168.2.0/24 [1/0] via 172.16.2.2
S*   0.0.0.0/0 [1/0] via 172.16.2.2
R11#
```

그림 7.2 show ip route 명령 수행 예

그림 7.2에서와 같이 라우팅 테이블의 C(Connected) 직접 연결된 네트워크임을 알 수 있고 S(Static)는 정적 라우팅 프로토콜 설정에 의한 것임을 알 수 있다. 라우터는 그림 7.2와 같이 송신지와 수신지의 네트워크 주소를 알아야만 서로 간에 통신이 가능하고 라우팅 테이블 구성이 가능하다.

IP 라우팅에 대한 학습을 시작하기 위해 라우팅 개념에 대해 먼저 살펴보았다. 이제 라우팅 프로토콜에 대하여 살펴보도록 할 것이다. 라우팅 프로토콜에는 정적 라우팅(static routing)과 동적 라우팅(dynamic routing) 방법이 있다. 7.1절에서는 정적 라우팅과 디폴트 라우팅(default routing)에 대한 이해와 설정방법에 대하여 살펴보고 7.2절에서는 동적 라우팅 방법에 대하여 살펴본다.

7.2 정적 라우팅과 디폴트 라우팅

정적 라우팅(static routing)은 모든 네트워크의 위치에 대한 연결정보를 관리자가 직접 입력하는 방법이다. 즉 관리자가 직접 필요경로를 추가하는 것이다. 각 라우터에서 전달 패킷들이 라우팅 테이블을 참조하여 원격 수신 네트워크로 도달하는 방법을 찾아내어 전달 될 수 있다. 정적 라우팅은 CPU의 부담은 적고 전달 시 대역폭 낭비가 없으며 관리자만이 경로 설정이 가능하므로 보안성이 제공된다는 특징이 있다. 또한 관리자가 네트워크의 전체 정보를 이해하고 있어야 하며 네트워크의 작은 변화에도 모든 경로를 추가해야 하므로 대규모 네트워크로의 변화에 따른 정적 연결 설정은 바람직하지 않는 단점이 있다. 따라서 꼭 필요한 경로에 대한 정적 라우팅 설정은 바람직한 라우팅 방법이라 할 수 있다.

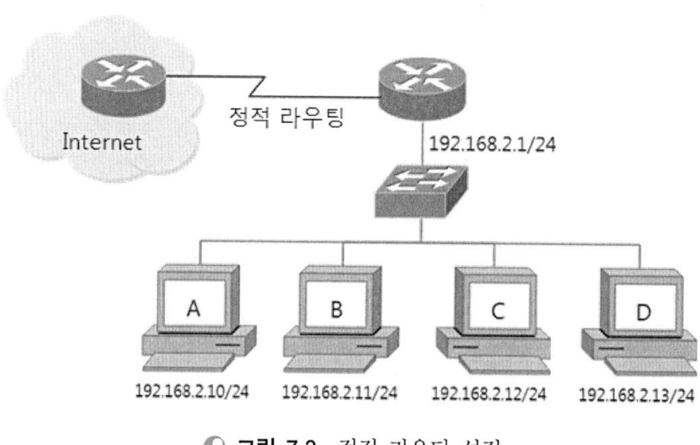

그림 7.3 정적 라우팅 설정

그림 7.2와 같이 국내의 기업들이 사용하는 기업 네트워크의 경우는 외부로 연결된 경로가 하나인 경우가 대부분이다. 이런 경우에는 라우팅 프로토콜이 필요 없을 것이다. 왜냐하면 라우팅 프로토콜은 수신 네트워크까지 다중의 경로에서 특정한 라우팅 알고리즘을 구현하여 패킷을

전송할 때 최적의 경로를 찾아서 어떤 경로로 전송할 것인지를 결정하는 것인데 경로가 하나인 경우(stub network)는 선택의 여지가 없고 그 연결경로로 연결되어야 하기 때문이다. 정적 라우팅에서 패킷은 정적 라우팅에 의해 설정된 경로로 무조건 전달된다. 그러므로 상기에서 살펴본 것처럼 프로세서가 최적경로 산출 계산을 하지 않기 때문에 적은 메모리를 사용하고 또한 프로세서의 부하가 적다는 장점이 있고 인접 라우터와 주기적인 상태 정보를 교환하기 않기 때문에 대역폭 절감의 장점이 있다. 또한 정적 라우팅의 정보는 인접 라우터와 교환하지 않기 때문에 보안성이 보장된다는 장점이 있다.

정적 라우팅의 단점으로는 상기의 기술처럼 네트워크의 변경 시에 관리자가 직접 경로를 설정해야하므로 시간과 비용이 증가한다는 것이다. 대규모 네트워크의 변경 시에는 더욱 시간과 비용이 증가하는 단점이 있다. 더불어 동적으로 주기적 정보를 주고받지 않기 때문에 네트워크의 변화에 따른 감지와 확장성이 다소 부족하다는 단점이 있다. 이러한 단점을 극복한 것이 동적 라우팅 프로토콜이다. 동적 라우팅 프로토콜은 7.2절에 구체적으로 기술될 것이다.

(1) 정적 라우팅 설정

그림 7.4는 정적 라우팅을 위한 네트워크 모델이다. 본 모델을 이용하여 정적 라우팅을 설정하여 볼 것이다.

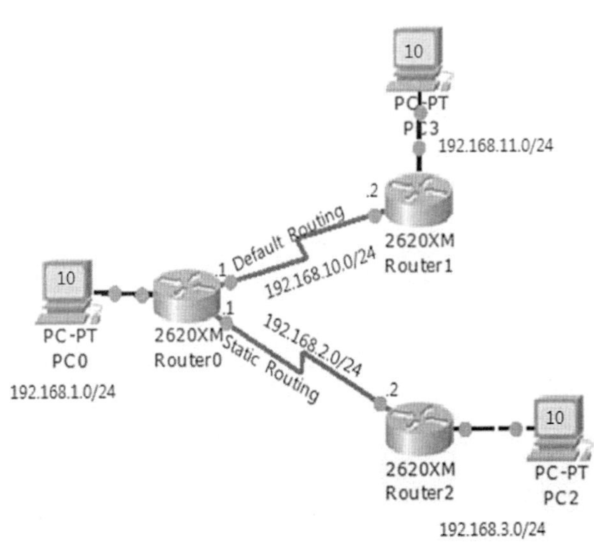

그림 7.4 정적 라우팅 구현 네트워크

그림 7.4에 기술된 IP 주소들에 대한 확인이 필요하다. 그림 7.5은 정적 라우팅의 설정 형식이다. 그림 7.5를 활용하여 정적 라우팅을 설정하여 보자.

```
Router(config)#ip route network  [subnet mask] {next-Hop address | exit interface}  [distance]
```

정적 라우팅 / 목적지 네트워크 / 서브넷 마스크 / 목적지로 가는 주소 또는 인터페이스 / 관리적 거리 값

그림 7.5 정적 라우팅 설정 형식

현재 Router0은 192.168.2.0/24 네트워크와는 직접 연결되어 있음을 알 수 있다. 목적지 네트워크인 192.168.3.0/24으로 가기위한 정적 라우팅 설정방법은 다음과 같다.

```
Router(config)#ip route 192.168.3.0 255.255.255.0 192.168.2.2
```

192.168.3.0 네트워크로 가기 위해서 정적 라우팅은 위와 같이 설정할 수 있다. 정적 라우팅 설정 시에 관리 거리값은 생략하였다. 관리 거리값은 직접 연결된 인터페이스와 정적 라우팅 그리고 동적 라우팅을 설정할 때 관리를 위한 거리(administrative distance) 값이 부여되어 있는데, 이는 8비트 구성으로 0에서 255까지의 값을 가질 수 있고 네트워크의 신뢰성을 표현하는 값이며 낮을수록 선호된다. 정적 라우팅의 관리 거리 값은 1이며 직접 연결된 네트워크는 0의 관리 거리 값을 가진다. 7.2절에서 동적 라우팅 프로토콜을 포함하여 관리 거리 값이 정리될 것이다. 그림 7.6은 192.168.3.0 네트워크로 정적 라우팅 설정한 후의 라우팅 테이블 상태를 보여주고 있다. 라우팅 테이블에서 S로 표기된 것이 정적 라우팅을 나타내며 패킷을 192.168.3.0 네트워크로 전달하기 위해서는 192.168.2.2를 경유해서 전달될 수 있음을 표현하고 있다.

```
Router#sh ip rou
Codes: C - connected, S - static, I - IGRP, R - RIP, M - mobile, B - BGP
       D - EIGRP, EX - EIGRP external, O - OSPF, IA - OSPF inter area
       N1 - OSPF NSSA external type 1, N2 - OSPF NSSA external type 2
       E1 - OSPF external type 1, E2 - OSPF external type 2, E - EGP
       i - IS-IS, L1 - IS-IS level-1, L2 - IS-IS level-2, ia - IS-IS inter area
       * - candidate default, U - per-user static route, o - ODR
       P - periodic downloaded static route

Gateway of last resort is not set

C    192.168.1.0/24 is directly connected, FastEthernet0/0
C    192.168.2.0/24 is directly connected, Serial0/1
S    192.168.3.0/24 [1/0] via 192.168.2.2
C    192.168.10.0/24 is directly connected, Serial0/0
Router#
```

그림 7.6 정적 라우팅 설정 라우팅 테이블

그림 7.7은 그림 7.4 모델에 그림 7.5의 정적 라우팅을 설정한 후, PC0에서 PC2까지 연결 확인에 대한 통신 결과를 보여준다.

```
PC>ping 192.168.3.10

Pinging 192.168.3.10 with 32 bytes of data:

Reply from 192.168.3.10: bytes=32 time=94ms TTL=126
Reply from 192.168.3.10: bytes=32 time=93ms TTL=126
Reply from 192.168.3.10: bytes=32 time=78ms TTL=126
Reply from 192.168.3.10: bytes=32 time=88ms TTL=126

Ping statistics for 192.168.3.10:
    Packets: Sent = 4, Received = 4, Lost = 0 (0% loss),
Approximate round trip times in milli-seconds:
    Minimum = 78ms, Maximum = 94ms, Average = 88ms

PC>
```

그림 7.7 PC0에서 PC2로 ping 수행 결과

직접 연결된 네트워크가 아니라면 정적 라우팅 설정을 해야 한다. 그림 7.4를 보면 디폴트 라우팅(default routing) 연결경로가 있다. 디폴트 라우팅이란 해당 라우팅 테이블에 등록이 되어 있지 않는 목적지 주소를 가진 패킷 즉, 목적지를 알 수 없는 모든 패킷에 대하여 다음 네트워크 주소(next-hop address) 경로를 제공하는 것이며 그림 7.8과 같이 설정한다. 0.0.0.0 0.0.0.0의 의미는 모든 주소를 의미하고 다음 네트워크 주소는 목적지로 가기 위한 다음 홉 라우터의 인터페이스 주소이다.

Router(config)#ip route	0.0.0.0 0.0.0.0	next-Hop address
정적 라우팅	목적지 네트워크	목적지로 가는 인터페이스 주소

그림 7.8 디폴트 라우팅 설정 형식

```
Router(config)#ip route 0.0.0.0 0.0.0.0 192.168.10.2
```

Router0에 위와 같이 디폴트 라우팅을 설정 한 후 라우팅 테이블을 확인해 보면 그림 7.9와 같다. 여기서 주목할 내용이 있다. 라우팅 테이블에 S*가 디폴트 경로임을 나타낸다. 그리고 디폴트 경로를 gateway of last resort로 표현된다. 그림 7.9를 다시 보길 바란다.

```
Router#sh ip rou
Codes: C - connected, S - static, I - IGRP, R - RIP, M - mobile, B - BGP
       D - EIGRP, EX - EIGRP external, O - OSPF, IA - OSPF inter area
       N1 - OSPF NSSA external type 1, N2 - OSPF NSSA external type 2
       E1 - OSPF external type 1, E2 - OSPF external type 2, E - EGP
       i - IS-IS, L1 - IS-IS level-1, L2 - IS-IS level-2, ia - IS-IS inter area
       * - candidate default, U - per-user static route, o - ODR
       P - periodic downloaded static route

Gateway of last resort is 192.168.10.2 to network 0.0.0.0

C    192.168.1.0/24 is directly connected, FastEthernet0/0
C    192.168.2.0/24 is directly connected, Serial0/1
S    192.168.3.0/24 [1/0] via 192.168.2.2
C    192.168.10.0/24 is directly connected, Serial0/0
S*   0.0.0.0/0 [1/0] via 192.168.10.2
Router#
```

그림 7.9 디폴트 라우팅 설정 라우팅 테이블

그림 7.9는 Router0에서 디폴트 라우팅을 설정한 후 PC0에서 Ping 유틸리티를 사용하여 라우터가 가지고 있지 않는 목적지의 주소(192.168.4.10)로 통신을 테스트한 결과로 ICMP 메시지 3의 타입으로 목적지 도달할 수 없음을 알려준다.

```
PC>ping 192.168.4.10

Pinging 192.168.4.10 with 32 bytes of data:

Reply from 192.168.10.2: Destination host unreachable.
Reply from 192.168.10.2: Destination host unreachable.
Reply from 192.168.10.2: Destination host unreachable.
Reply from 192.168.10.2: Destination host unreachable.

Ping statistics for 192.168.4.10:
    Packets: Sent = 4, Received = 0, Lost = 4 (100% loss),

PC>
```

그림 7.10 PC0에서 디폴트 라우팅 테스트결과

그림 7.10은 Router0에서 라우터가 가지고 있지 않는 목적지의 주소(192.168.4.10)로 통신을 테스트한 결과이다. 결과에서 U.U.U는 목적지 주소의 경로를 가지고 있지 않다는 의미이다.

```
Router#ping 192.168.4.10

Type escape sequence to abort.
Sending 5, 100-byte ICMP Echos to 192.168.4.10, timeout is 2 seconds:
U.U.U
Success rate is 0 percent (0/5)

Router#
```

그림 7.11 라우터0에서 디폴트 라우팅 테스트 결과

호스트 사이 통신 테스트에는 Ping 유틸리티를 이용하는데 이는 인터넷 제어 메시지 프로토콜(ICMP: Internet Control Message Protocol)을 사용하는 것으로 호스트 사이 또는 네트워크 시스템 사이 통신 테스트를 제공한다(표 7.1 참조).

표 7.1 ICMP 메시지 표현

TYPE	ICMP 메시지	PING 결과	설명
0	Echo Reply	!!!!!	ping 성공
3	Destination Unreachable	.....	ping 실패
4	Source Quench	U.U.U	목적지 주소로의 경로를 가지고 있지 않음
5	Redirect Message	C.C.C	장비에 트래픽 폭주
8	Echo Request	&.&.&	라우팅 루프 발생
11	Time Exceeded		
12	Parameter Problem		

7.3 동적 라우팅

동적 라우팅 프로토콜은 라우터와 라우터 사이 서로의 네트워크 정보를 주기적으로 교환하여 네트워크 정보를 갱신하는 프로토콜이다. 정적 라우팅과 동적 라우팅의 차이점은 경로에 문제가 발생하였을 경우 정적 라우팅을 관리자가 직접 경로를 변경해야 하나 동적 라우팅은 자동으로 경로 수정이 가능하다. 동적 라우팅 프로토콜은 예를 들면 RIP, EIGRP, OSPF, ISIS 등이 있다. 각 라우팅 프로토콜의 특성을 기반으로 최적경로(best path)를 선택한다, 각 라우팅 프로토콜들은 서로가 최적의 경로를 선택하는 기준이 다르므로 서로 다른 라우팅 프로토콜은 서로의 정보를 교환하지 않는다. 예를 들면 RIP 라우팅 프로토콜은 건너온 라우터의 수 즉 홉 카운터의 수를 기준으로 최적경로를 결정하고 EIGRP 라우팅 프로토콜은 주로 대역폭과 지연값을 기준으로 최적경로를 결정하며 OSPF 라우팅 프로토콜은 대역폭을 기준으로 하는 코스트로 최적의 경로를 결정한다. 라우터에는 다양한 종류의 라우팅 프로토콜이 설치되어 있고 목적지까지의 경로가 여러 개 존재하는 경우에는 최적의 경로만이 라우팅 테이블에 표현된다. 만약 네트워크의 변화로 인하여 현재 최적경로가 적합하지 않은 경우에는 다음 순위의 최적경로가 라우팅 테이블에 등록된다.

동적 라우팅 프로토콜의 장점은 다음과 같다. 라우터에 설정된 라우팅 프로토콜 알고리즘에 의해 자동으로 최적경로가 결정된다. 또한 네트워크의 변화에 따라 현재의 경로가 최적경로가 아니라면 동적으로 최신의 최적경로로 변경된다. 주기적으로 네트워크의 정보를 주고받아 네트워크 최적 상태가 유지되기 때문에 프로세서와 메모리를 많이 사용하여 네트워크 시스템에 부하를 가져다준다.

동적 라우팅 프로토콜에는 다양한 네트워크의 특성인 메트릭(metric)을 기반으로 최적의 경로를 산출한다(표 7.2 참조). 여기서 메트릭은 라우팅 프로토콜에 적용되는 요소로서 낮은 값이 더 선호된다. 예를 들면 OSPF 라우팅 프로토콜은 비용(cost) 메트릭기반으로 최적경로를 산출하는데 느린 네트워크인 경우는 더 큰 비용이 산출된다. 이러한 라우팅 프로토콜에 의해서 최적경로가 라우팅 테이블에 반영되는 것이다.

표 7.2 네트워크 메트릭 이해

메트릭	이해
홉 수	라우터 개수(hop-count)
대역폭	데이터의 전송 연결 대역폭(bandwidth)
지연	전송에 소요되는 시간(delay)
부하	프로세서 또는 패킷 속도에 대한 사용률(load)
신뢰도	연결 링크의 안전성(reliability)
MTU	전송 가능한 최대 크기(maximum transmission unit)
비용	링크가 가지고 있는 고유의 값(cost)

정적 라우팅에서 살펴보았던 관리 거리(administrative distance) 값에 대하여 상세하게 이해토록 한다. 관리 거리(AD) 값은 인접한 이웃 라우터로부터 수신한 라우팅 정보의 신뢰성을 평가하는 기준으로 사용된다. 관리 거리 값은 0에서 255가지의 정수로 표현되며 수치가 낮을수록 신뢰도가 높다. 예를 들면 관리 거리 값이 0은 직접 연결된 네트워크에 부여되는 값이다. 정적 라우팅에 의한 관리 거리 값은 1이다. 이는 동적 라우팅 프로토콜보다 신뢰성이 높다는 의미이다. 그 외에도 동적 라우팅 프로토콜 RIP은 120, EIGRP는 90 그리고 OSPF는 110의 관리 거리 값을 가진다. 255의 관리 거리 값은 사용되지 않음을 의미한다. 표 7.3은 라우팅 프로토콜에서 사용되는 표준 관리 거리 값으로 최적경로 설정을 위해 사용된다.

표 7.3 관리 거리 값(Administrative Distance)

연결 형태		디폴트 관리 거리 값
직접 연결된 인터페이스(connected interface)		0
정적 라우팅(static routing)		1
동적 라우팅	EIGRP	90
	OSPF	110
	RIP	120
알려져 있지 않는 연결(unknown)		255

동적 라우팅은 라우팅 프로토콜이 특성에 따라 다음과 같이 구분할 수 있다. 거리 벡터 라우팅 프로토콜, 링크 상태 라우팅 프로토콜 그리고 복합형태 라우팅 프로토콜이 있다. 거리 벡터 라우팅 프로토콜에는 RIP, IGRP가 있고 링크 상태 라우팅 프로토콜에는 OSPF, ISIS가 있으며 그리고 복합형태 라우팅 프로토콜에는 EIGRP가 있다.

(1) 거리 벡터 라우팅

거리 벡터 알고리즘(distance vector algorithm)은 목적지까지의 모든 경로에 대한 모든 정보를 라우팅 테이블에 저장하는 것이 아니라 목적지까지 몇 개의 라우터를 거쳐 도달할 수 있는지 등의 거리 정보만을 저장한다. 목적지 네트워크까지의 거리 값을 기준으로 최적경로를 찾아내는데, 즉 패킷이 라우터를 통과하는 거리 값인 홉(hop) 카운터를 이용한다는 것이다. 가장 적은 수의 홉 수를 가지는 경로가 선택된다는 것이다. 거리 벡터 알고리즘에서는 거리 벡터에 관한 전체 라우팅 테이블의 내용을 인접 라우터에 주기적으로 전송된다. 목적지까지의 다중의 경로가 존재한다면 관리 거리값(AD)을 이용하여 결정되며 관리 거리 값이 같은 경우에는 네트워크 메트릭을 이용하여 최적경로가 결정된다.

대표적인 거리 벡터 라우팅의 예로는 RIP(Routing Information Protocol)과 IGRP(Interior Gateway Routing Protocol)가 있다. 거리 벡터 알고리즘은 인접 라우터와 주기적인 간격으로 라우팅 테이블을 교환하여 자체 네트워크 변화에 대하여 광고하고 관리한다. 거리 벡터 라우팅의 장점으로는 라우터가 모든 라우팅 정보를 가지고 있지 않아도 되기 때문에 라우팅 테이블의 크기를 줄일 수 있고 구성자체도 간단하며 메모리 절약 효과가 있다. 그러나 네트워크의 변경이 없어, 라우팅 테이블을 변경할 필요가 없다하더라고 주기적으로 라우팅 테이블의 갱신(update)이 일어나기 때문에 트래픽의 낭비를 가져온다. 그리고 인접한 네트워크로 주기적으로 정보를 갱신시켜 모든 네트워크에 네트워크 정보가 수렴되는 시간이 많이 소요되는 단점이 있다(그림 7.11 참조). 따라서 거리 벡터 라우팅은 많은 양의 정보가 주기적으로 브로드캐스트 전송되어 정보가 이동되기에 대규모의 네트워크에는 부적합하나 소규모의 네트워크에 적용할 경우에는 구성의 편의성과 메모리의 절약 효과가 있다. 거리 벡터 라우팅의 대표적인 RIP은 최선의 경로를 선택하기 위해 홉 수만을 이용한다. 같은 홉 수의 다중의 경로에서는 로드 밸런싱 기능을 제공한다. 동적 라우팅 프로토콜은 8장에서 RIP과 EIGRP 그리고 OSPF 라우팅 프로토콜에 대해서는 상세하게 기술될 것이다.

그림 7.11 거리 벡터 라우팅

표 7.4은 그림 7.11에서 세 개의 라우터를 기반으로 라우터의 홉 수를 이용하여 구성되는 거리 벡터의 라우팅 테이블을 보여주고 있다. 라우터 B의 라우팅 테이블을 보면 직접 연결된 네트워크는 172.16.2.0 네트워크와 172.16.3.0이다. 172.16.1.0 네트워크로 1홉의 거리 값을 가지고 172.16.4.0 네트워크로 역시 1홉의 거리 값을 가지는데 주기적으로 인접한 이웃노드와의 정보를 주고받는다(표 7.4 참조).

표 7.4 거리 벡터 라우팅에서 라우팅 테이블

라우터A 라우팅 테이블

IP network	interface	Hop count
172.16.1.0	fa0/0	0
172.16.2.0	S0/0	0
172.16.3.0	S0/0	1
172.16.4.0	S0/0	2

라우터B 라우팅 테이블

IP network	interface	Hop count
172.16.1.0	S0/1	1
172.16.2.0	S0/1	0
172.16.3.0	S0/0	0
172.16.4.0	S0/0	1

라우터C 라우팅 테이블

IP network	interface	Hop count
172.16.1.0	S0/1	2
172.16.2.0	S0/1	1
172.16.3.0	S0/1	0
172.16.4.0	fa0/0	0

그림 7.12를 참조하면 거리 벡터 라우팅의 문제는 목적지 네트워크까지 두 개의 연결 대역폭이 달라도 같은 홉 수를 가지는 경우이다. 라우터 A에서 라우터 B까지의 경로는 A B D이거나 A C D이거나 같은 동등한 홉 수를 가진다(그림 7.12 참조).

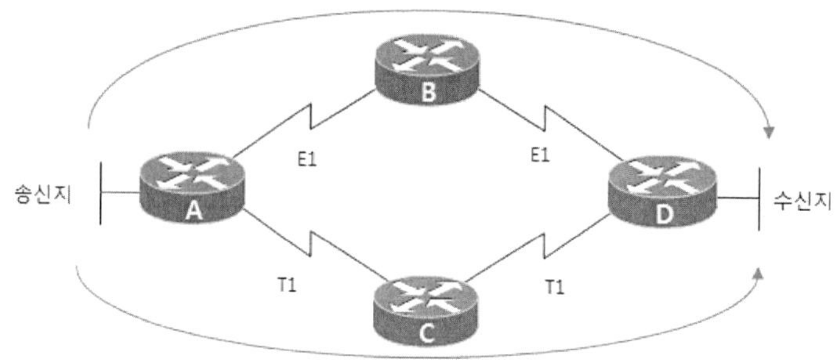

그림 7.12 거리 벡터 라우팅의 문제

거리 벡터 라우팅 알고리즘은 직접 연결된 네트워크에서 시작하여 인접 라우터들로부터 전송되어온 정보들을 가지고 라우팅 테이블을 갱신한다. 라우팅 테이블에는 네트워크 정보, 출구 인터페이스, 홉 수가 포함되어 있다.

거리 벡터 라우팅은 라우팅 루프라는 문제를 가지고 있다. 라우팅 루프는 전체 네트워크까지 수렴(convergence) 시간이 느려져 즉 같은 시간에 라우팅 테이블이 갱신되지 않아 발생하는 문제이다.

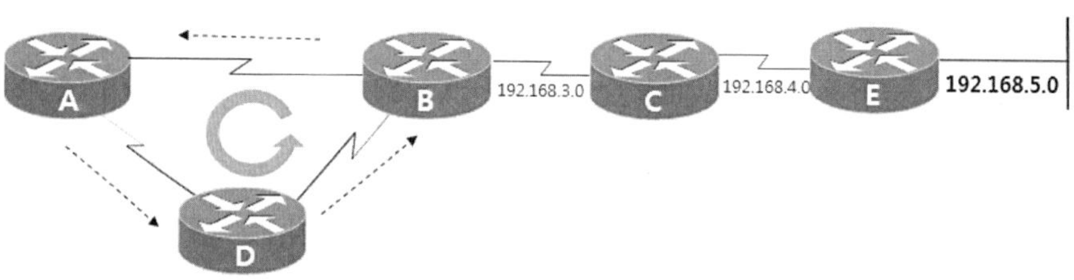

그림 7.13 라우팅 루프 문제

그림 7.13에서 네트워크의 모든 라우터들은 Router E를 통해서 192.168.5.0 네트워크로 갈 수 있음을 알고 있다. Router A는 Router E를 거쳐 192.168.5.0 네트워크로 갈 수 있다고 알고 있다. 192.168.5.0 네트워크의 인터페이스가 관리를 위해 멈추었다고 가정하면, 192.168.5.0 네트워크가 멈추면 Router E는 Router C에게 이러한 사실을 알리고 Router C는 Router E를 거쳐 192.168.5.0 네트워크로 도달할 수 없음을 알기에 라우팅 테이블에서 삭제한다. 이러한 시점에서도 각기 Router A, Router B, Router D는 여전히 Router E가 고장관리로 멈추었음을 알지 못하기 때문에 즉 라우팅의 수렴시간이 늦기 때문에 여전히 인접 라우터의 라우팅 정보를 통해 192.168.5.0 네트워크에 도달 가능하다고 업데이트 정보를 보낸다. 또한 Router C는 Router E로 갈 수 없음을 알고 Router B에게 192.168.5.0 네트워크의 멈춤을 알린다. Router B는 192.168.5.0 네트워크경로를 라우팅 테이블에서 삭제한다. Router B가 이러한 사실을 알고 있는 시점에서도 Router A와 Router D는 192.168.5.0 네트워크의 멈춤 사실이 갱신되지 않아 아직도 도달 가능한 것으로 알고 있다. 이 때에도 192.168.5.0 네트워크로 접근 가능하다는 정보를 Router A는 Router B와 Router D로 인접한 라우터로 전송하는 것이다. 이 정보를

받은 Router D는 다시 Router B로 보내게 되고 Router B는 192.168.5.0 네트워크 멈춤 정보를 라우팅 테이블에서 삭제하였지만 Router D로부터 192.168.5.0 네트워크로 접근가능 정보를 받으므로 다시 그 정보를 Router A로 전송하게 되고 Router A는 다시 Router D로 정보를 전송하는 것을 반복하는 것이다.

거리 벡터 라우팅에서는 라우팅 루프 문제에 따른 홉 수가 지속적으로 증가하는 문제를 가지고 있다. 이러한 문제를 해결하기 위한 기능들을 살펴보자.

1) 최대 홉 수 제한

거리 벡터 라우팅에서는 거리 값 측정에 홉 카운터를 사용한다. 하나의 네트워크를 통과할 때 홉 카운터를 1씩 증가시킨다. 라우팅 루프에서는 홉 수의 무한 증가현상이 발생되는데 최대 홉 수를 15로 제한하고 홉 수가 16이면 도달 불가능 네트워크로 판단한다. 이는 대규모 망으로 거리 벡터 라우팅의 사용을 제한하는 단점이 되며 근본적인 라우팅 루프의 해결책은 될 수 없다는 것이다.

2) 홀드 다운

라우팅 정보를 업데이트할 때 즉시 업데이트를 하지 않고 일정 시간을 지연(hold down)시켜 라우팅 테이블을 업데이트하는 방법으로 네트워크의 급격한 변화를 방지할 수 있다. 예를 들면 멈춘 네트워크가 즉시 복구될 수 있는 가능성이 있기 때문이다.

3) 스플리트 호라이즌

네트워크 A로부터 특정 네트워크의 업데이트된 정보를 수신하였다면 다시 네트워크 A로 업데이트를 보내지 않는 방법(split horizon)이다. 정확하지 않는 라우팅과 라우팅 오버헤드를 감소시킬 수 있다.

4) 포이즌 리버스

네트워크 E가 다운되었다면 해당 라우터의 홉 수를 16으로 변경하여 도달 불가능한 네트워크(poison reverse)로 만들어 주기적 갱신의 30초를 기다리지 않고 즉시 수렴(convergence) 되도록 한다. 모든 노드들이 도달 불가능하다는 라우팅 정보를 수신하게 된다.

5) 트리거 업데이트

네트워크 변화가 감지되었을 경우 즉, 업데이트가 필요할 경우에는 즉시 지체 없이 트리거 업데이트(trigger update)를 수행하는 의미다.

라우팅 루프의 문제를 해결하기 위해서는 상기에 기술된 한 가지 방법으로는 해결되기 어렵기 때문에 복합적인 방법을 사용하여 라우팅 루프 상황에 대응할 수 있다. 그림 7.14에서와 같이 192.168.5.0 네트워크가 멈추었을 때는 라우터 E는 192.168.5.0 네트워크가 다운되었다는 업데이트를 라우터 B에게 즉시 알리는 트리거 업데이트(trigger update)를 수행한다. 그러면 라우터 B는 192.168.5.0 네트워크의 멈춤에 대한 정보를 일정 시간 동안 라우터 A와 라우터 D에게 알리지 않는 홀드 다운 타이머를 가동시킨다. 이는 192.168.5.0 네트워크가 즉시 복구될 수도 있기 때문이다. 또한 홀더 다운 타이머 작동 중에 라우터 B는 라우터 A와 라우터 D로부터 192.168.5.0 네트워크의 업데이트 정보를 수신하지 않고 무시하는 스플리트 호라이즌(Split horizon)을 수행한다. 이렇게 복합적인 방법을 사용하여 거리 벡터 라우팅의 라우팅 루프 문제의 해결이 가능하다.

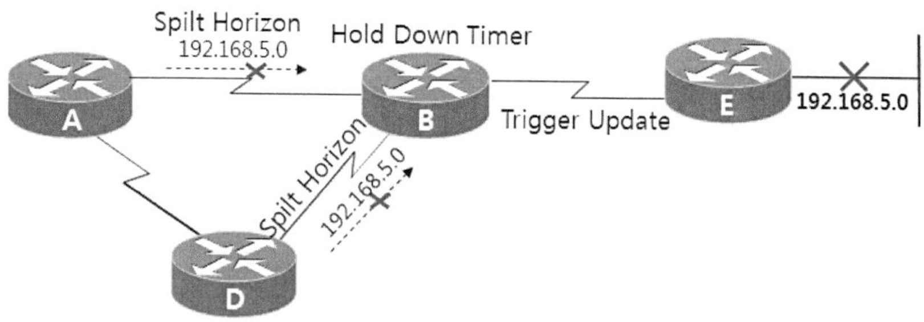

그림 7.14 라우팅 루프 복합적 해결 방법

(2) 링크 상태 라우팅

링크 상태 라우팅은 최단 거리 알고리즘(SPF: Shortest Path First)을 기반으로 라우팅되며 연결 상태(link state)가 변경될 때에는 네트워크의 연결 상태 정보인 LSA(Link State Advertisement) 패킷 정보를 전송한다. 이 방법은 수렴시간이 빠르고 네트워크의 오버헤드를 감소시켜 성능이 우수하다 또한 전체 네트워크 구성에 대한 라우팅 정보의 산출이 쉬우며 라우팅 루프에 빠질 가능성이 없다. 링크 상태 라우팅 프로토콜은 거리 백터 라우팅 프로토콜의 단점을 극복하기 위해 개발되었고 복잡한 라우팅 환경에 적합하며 인접 네트워크에 도달하는 비용 정보를 네트워크 내의 모든 노드에게 알리는 라우팅 방식으로 네트워크의 모든 상태 정보를 수집하여 최적경로를 산출한다. 링크 상태 라우팅 프로토콜의 예로는 OSPF와 ISIS가 있다. OSPF는 안정되고 다양한 기능으로 많이 사용되는 IGP이다.

각 라우터는 세 개의 테이블을 생성한다. 먼저 직접 연결된 인접 라우터들에 대한 테이블을 생성하고 그리고 전체 네트워크에 대한 테이블을 생성하며 마지막으로 라우팅 테이블을 생성한다. 링크 상태 라우팅은 거리 벡터 라우팅보다 네트워크의 대한 상세한 정보를 기반으로 테이블이 만들어진다.

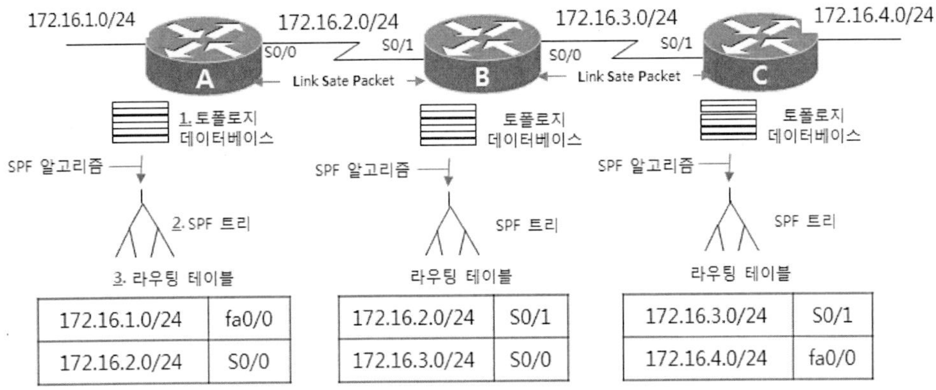

그림 7.15 링크 상태 라우팅 메커니즘

링크 상태 라우팅 알고리즘은 전체 네트워크의 정보를 모으기 위해서, 연결에 대한 모든 정보(LSP: Link State Packet)를 연결된 라우터로 보내고 받는다. LSP 패킷을 이용하여 전체 네트워크에 대하여 데이터베이스를 생성한다. 그리고 SPF 알고리즘에 따라 SPF 트리를 만든다. 그리고 SPF 트리를 기반으로 라우팅 테이블을 완성한다(그림 7.15 참조). 이러한 링크 상태 라우팅에도 전체 네트워크로의 수렴에 대한 지연으로 인한 문제점이 존재하고 있으나 링크 상태 라우팅 프로토콜에서는 네트워크 구조의 변경된 정보를 LSP 패킷에 담아 업데이트를 즉시 반영한다. 거리 벡터 라우팅은 브로드캐스트 업데이트 방식을 사용하나 링크 상태 라우팅에서는 IP 멀티캐스트 업데이트 방식을 적용하여 자치 시스템내의 DR(Designated Router)만이 업데이트 정보를 송수신 가능토록 하여 빠른 수렴을 지원한다. 또한 하나의 자치 시스템 내에서 네트워크의 논리적인 구역(area) 개념으로 구분하여 라우팅 정보의 양을 줄인다. 그리고 링크 상태 라우팅 프로토콜은 어떤 노드에서 전송되어 온 패킷을 현재 라우터에 연결되어 있는 모든 인터페이스를 통해 다른 노드로 전달하기 위해 LSP 플러딩(flooding) 방법을 적용하여 짧은 시간 안에 전달이 가능하게 한다. SPF 계산을 위해 성능이 우수한 프로세서와 큰 메모리가 필요하다는 특징을 가지며 LSP 패킷의 전송을 위해서는 충분한 대역폭이 지원되어야 한다.

링크 상태 라우팅과정은 다음과 같다.

- 라우터는 자체 연결된 네트워크를 파악한다.
- 라우터는 연결된 인접 라우터에게 Hello 패킷을 교환한다.
- 라우터는 연결된 링크의 상태를 포함한 인접 라우터 식별자, 링크 상태 그리고 대역폭 정보를 이용하여 LSP를 구성한다.
- 라우터는 LSP를 모든 인접 라우터로 플러딩한다. 인접 라우터는 수신한 LSP의 모든 정보를 이용하여 데이터베이스화한다.
- 라우터는 데이터베이스를 이용하여 전체 네트워크의 완전한 토폴로지를 구성하고 해당 목적지 네트워크까지의 다익스트라 알고리즘을 적용하여 최적의 경로를 계산한다.

7.4 정적 라우팅 구축 및 실습

그림 7.16을 보고 정적 라우팅에 대하여 실습한다. 네트워크 관리자는 그림 7.16 같이 주어진 3대의 라우터로 구성된 네트워크에 정적 라우팅을 설정하고 관리해야 한다. IP 설정은 표 7.5를 참조한다. 현재 네트워크에는 아무런 설정이 되어 있지 않다.

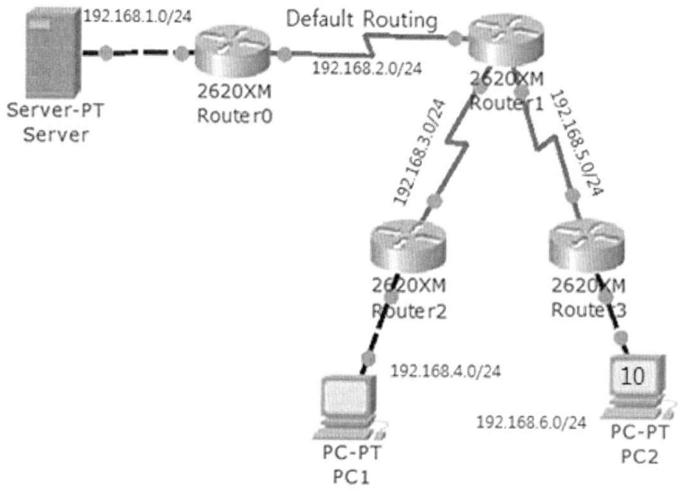

그림 7.16 정적 라우팅 네트워크 모델

표 7.5 장치별 IP 주소

장치	인터페이스	IP 주소	서브넷 마스크	게이트웨이 주소
Router0	Fa0/0	192.168.1.1	255.255.255.0	
	Serial0/0	192.168.2.1	255.255.255.0	
Router1	Serial0/0	192.168.3.1	255.255.255.0	
	Serial0/1	192.168.5.1	255.255.255.0	
	Serial0/2	192.168.2.2	255.255.255.0	
Router2	Fa0/0	192.168.4.1	255.255.255.0	
	Serial0/0	192.168.3.2	255.255.255.0	
Router3	Fa0/0	192.168.6.1	255.255.255.0	
	Serial0/1	192.168.5.2	255.255.255.0	
PC1	NIC	192.168.4.10	255.255.255.0	192.168.4.1
PC2	NIC	192.168.6.10	255.255.255.0	192.168.6.1
Server	NIC	192.168.1.10	255.255.255.0	192.168.1.1

(1) 인터페이스 설정하기

정적 라우팅(Static Routing)을 위해 Router0의 인터페이스 Fastethernet0/0과 Serial0/0에 IP 주소를 설정하는 방법을 기술한다. 인터페이스 설정은 Router0에 대하여만 설정을 보일 것이다. Router1, Router2, Router3에 대하여는 교재 앞부분을 참조하여 설정토록 하면 된다. 라우터의 동기화 작업은 Router1에서 적용한다(표 7.5 참조).

```
Router0(config)#int fastEthernet 0/0
Router0(config-if)#ip addr 192.168.1.1 255.255.255.0
Router0(config-if)#no shutdown

Router0(config)#int serial 0/0
Router0(config-if)#ip addr 192.168.2.1 255.255.255.0
Router0(config-if)#no shutdown
Router0(config-if)#exit
```

마지막으로 Server의 IP 설정은 PC 설정과 같은 방법으로 설정한다.

(2) 정적 라우팅 설정

Router0에서 직접 연결된 네트워크가 아닌 원격 목적지 네트워크로의 정적 라우팅을 설정한다. 그림 7.16의 정적 라우팅을 위한 모델을 참조하여 Router0에서 ip route 명령어를 사용하여 정적 라우팅을 설정토록 한다. 다음의 설정을 참고한다.

```
Router0(config)#ip route 192.168.3.0 255.255.255.0 192.168.2.2
Router0(config)#ip route 192.168.4.0 255.255.255.0 192.168.2.2
Router0(config)#ip route 192.168.5.0 255.255.255.0 192.168.2.2
Router0(config)#ip route 192.168.6.0 255.255.255.0 192.168.2.2
```

Rotuer1에서 원격의 목적지 네트워크로 정적 라우팅을 설정하는 과정이다.

```
Router1(config)#ip route 192.168.1.0 255.255.255.0 192.168.2.1
Router1(config)#ip route 192.168.4.0 255.255.255.0 192.168.3.2
Router1(config)#ip route 192.168.6.0 255.255.255.0 192.168.5.2
```

Router2에서 정적 라우팅 설정은 다음과 같다.

```
Router2(config)#ip route 192.168.2.0 255.255.255.0 192.168.3.1
Router2(config)#ip route 192.168.1.0 255.255.255.0 192.168.3.1
Router2(config)#ip route 192.168.4.0 255.255.255.0 192.168.3.1
Router2(config)#ip route 192.168.5.0 255.255.255.0 192.168.3.1
```

Router3에서 정적 라우팅 설정은 다음과 같다.

```
Router3(config)#ip route 192.168.2.0 255.255.255.0 192.168.5.1
Router3(config)#ip route 192.168.1.0 255.255.255.0 192.168.5.1
Router3(config)#ip route 192.168.3.0 255.255.255.0 192.168.5.1
Router3(config)#ip route 192.168.4.0 255.255.255.0 192.168.5.1
```

마지막으로 Router0에서 디폴트 라우팅을 설정한다. 즉 Router0으로 들어오는 목적지가 설정되어 있지 않는 트래픽은 192.168.2.2로 보냄을 의미한다. 설정방법은 다음과 같다.

```
Router0(config)#ip route 0.0.0.0 0.0.0.0 192.168.2.2
```

(3) 정적 라우팅 확인

1) 라우팅 테이블 확인하기

정적 라우팅을 설정하였다면 먼저 각 라우터의 라우팅 테이블을 확인해야 한다. 정적 라우팅 설정이 정확하게 네트워크에 반영이 되었다면 sh ip route 명령어를 사용하여 현재 네트워크의 상태를 확인 가능하다. 디폴트 라우팅이 설정되어 있는 Router0의 라우팅 테이블도 확인한다.

그림 7.17과 같이 라우팅 테이블에서 C의 의미는 직접 연결되어 있음을 의미하고 관리 거리(AD) 값은 0이다. S 192.168.3.0/24 [1/0] via 192.168.2.2에서 S는 정적 라우팅 설정의 의미이고 [1/0]에서 1은 AD 값이며 192.168.3.0 네트워크로 가기 위해서는 192.168.2.2 인터페이스를 경유하여 가능하다는 의미다. 라우팅 테이블에서 S*는 디폴트 라우팅 설정을 나타낸다. 라우팅 테이블의 처음 부분에 Gateway of lost resort is 192.168.2.2 to network 0.0.0.0 의미도 관심을 가지고 확인하길 바란다. 목적지가 정해지지 않는 트래픽은 디폴트 게이트웨이 192.168.2.2로 보내라는 의미이다.

```
Router0#sh ip route
Codes: C - connected, S - static, I - IGRP, R - RIP, M - mobile, B - BGP
       D - EIGRP, EX - EIGRP external, O - OSPF, IA - OSPF inter area
       N1 - OSPF NSSA external type 1, N2 - OSPF NSSA external type 2
       E1 - OSPF external type 1, E2 - OSPF external type 2, E - EGP
       i - IS-IS, L1 - IS-IS level-1, L2 - IS-IS level-2, ia - IS-IS inter area
       * - candidate default, U - per-user static route, o - ODR
       P - periodic downloaded static route

Gateway of last resort is 192.168.2.2 to network 0.0.0.0

C    192.168.1.0/24 is directly connected, FastEthernet0/0
C    192.168.2.0/24 is directly connected, Serial0/0
S    192.168.3.0/24 [1/0] via 192.168.2.2
S    192.168.4.0/24 [1/0] via 192.168.2.2
S    192.168.5.0/24 [1/0] via 192.168.2.2
S    192.168.6.0/24 [1/0] via 192.168.2.2
S*   0.0.0.0/0 [1/0] via 192.168.2.2
Router0#
```

그림 7.17 Roeter0의 show ip route 수행 결과

2) 서버와 PC1 연결 테스트하기

라우팅 테이블을 확인한 결과, 정적 라우팅 설정이 정확하게 반영되었음을 확인하였다. 네트워크 연결에 대한 확인 검증방법은 라우팅 테이블로도 확인 가능하고 Ping 유틸리티를 사용하여 또한 확인 가능하다. Server에서 각 PC1로 ICMP 기반의 Ping 유틸리티를 사용하여 테스트

를 수행한 결과를 그림 7.18에서 확인 가능하다. 패킷이 보내진 개수와 수신된 개수 그리고 손실률에 대해 확인 가능하다. Server에서 PC2로 Ping 유틸리티를 사용한 테스트는 개별적으로 수행하길 바란다. 마지막으로는 인터페이스의 요약한 상태를 보여주는 show ip interface brief 명령어를 사용하여 네트워크 연결 또한 확인 가능하다.

```
SERVER>ping 192.168.6.10

Pinging 192.168.6.10 with 32 bytes of data:

Reply from 192.168.6.10: bytes=32 time=125ms TTL=125
Reply from 192.168.6.10: bytes=32 time=125ms TTL=125
Reply from 192.168.6.10: bytes=32 time=125ms TTL=125
Reply from 192.168.6.10: bytes=32 time=103ms TTL=125

Ping statistics for 192.168.6.10:
    Packets: Sent = 4, Received = 4, Lost = 0 (0% loss),
Approximate round trip times in milli-seconds:
    Minimum = 103ms, Maximum = 125ms, Average = 119ms

SERVER>
```

그림 7.18 Server에서 PC1로 연결 확인

Router1에서 사용하고 있는 인터페이스에 대하여 확인하는 show ip interface brief 명령어를 수행한 결과가 그림 7.19이다. Router1의 이더넷과 시리얼라인 세 개의 연결된 상태가 확인 가능하다. 인터페이스의 IP 설정과 상태 그리고 프로토콜이 업(up)되어 있음이 확인 가능하다.

```
Router1#sh ip interface brief
Interface              IP-Address      OK? Method Status                Protocol

FastEthernet0/0        unassigned      YES unset  administratively down down

Serial0/0              192.168.3.1     YES manual up                    up

Serial0/1              192.168.5.1     YES manual up                    up

Serial0/2              192.168.2.2     YES manual up                    up

Serial0/3              unassigned      YES unset  administratively down down
Router1#
```

그림 7.19 Router1의 인터페이스 연결 확인

실습과제

1 IP 라우팅에 대하여 설명하시오.

2 거리 벡터 라우팅에 대하여 정리하시오.

3 링크 상태 라우팅에 대하여 정리하시오.

4 정적 라우팅과 디폴트 라우팅에 대하여 설명하시오.

5 관리 거리(AD) 값의 사용 이유와 프로토콜별 AD 값을 정리하시오.

Chapter

08 라우팅 프로토콜

8.1 RIP

RIP(Routing Information Protocol)은 내부 게이트웨이 프로토콜(IGP: Interior Gateway Protocol)로서 제록스사의 XNS(Xerox Network System)에서 개발되어 알려지게 되었고 RFC 1058을 기반으로 표준 라우팅 프로토콜로서 사용되고 있다. RIP 라우팅 프로토콜이 적용될 수 있었던 이유는 다음과 같다: RIP의 간단성과 견고함 그리고 구현이 용이성.

RIP은 거리 벡터 라우팅 알고리즘을 이용한다. RIP은 거리 벡터(distance vector)을 기반으로 목적지까지의 거리가 최적경로 결정의 판단기준이 되는 알고리즘이다. RIP의 관리 거리 값은 홉(hop)을 사용한다. 목적지에 도달하기 위해 네트워크를 하나씩 건너갈 때마다 네트워크에 1 값을 부가하는데 이것은 동물이 깡충 뛴다는 의미에서 홉(hop)이라는 용어를 사용한다. 목적지까지 네트워크를 세 개를 경유해야 한다면 3홉이 되어 목적지 네트워크에 도달할 수 있다는 것이다. 이와 같은 특징으로 RIP 라우팅 프로토콜은 간단하고 견고한 특징을 가지고 있음을 알 수 있다.

RIP 라우팅 프로토콜에는 인접한 노드로 주기적으로 정보를 전송하기 위해서 사용하는 타이머가 있다. 라우팅 업데이트 타이머는 인접한 노드로 주기적으로 라우팅 테이블의 목적지 정보 전체를 30초마다 전송한다. 루트 타임아웃 타이머는 라우팅 업데이트의 6배에 해당하는 시간으로 해당 네트워크의 다운되었을 때 180초 후에 라우팅 테이블에서 지워짐을 의미한다. 홀드 다운 타이머는 180초로써 거리 벡터 라우팅의 문제가 되는 라우팅 루프 상태를 개선하는 역할을 한다. 아울러 RIP은 최대 홉 수를 15로 제한하여 역시 무조건 홉 수의 증가에 따른 안정화 기능을 제공한다(7.2절 참조). 그리고 루트 플러시 타이머도 있다. 루트 플러시 타이머는 270초로써 라우팅 테이블에서 완전히 소거되는 시간을 의미한다.

RIP 라우팅 프로토콜 버전 1은 IP 클래스(Classful) 라우팅 프로토콜이나 버전 2에서는 클래스리스(classless) 라우팅 프로토콜로 VLSM(Variable Length Subnet Mask)를 지원한다. 또한 목적지까지의 동일한 홉 수를 경유하는 경로는 기본 4개에서 최대 6개까지 로드 밸런싱(load balancing) 기능을 제공하며 RIP 라우팅 프로토콜은 UDP 520번을 사용한다. 표 8.1은 RIP 라우팅 프로토콜의 버전 2의 추가된 특징을 요약하고 있다. 참고하길 바란다.

표 8.1 RIP 버전 2의 특징

RIP 버전 2	설명	RIP 버전 1	설명
Classless 지원	서브넷마스크 길이 전송	Classful 지원	서브넷 마스크 길이 전송하지 않음
라우팅 정보전송 주소 224.0.0.9	멀티캐스트 주소 사용, 부하 감소	라우팅 정보전송 시 255.255.255.255	브로드캐스트 주소 사용
OSPF, EIGRP, BGP 인증 기능	보안성 강화	인증 기능 없음	기능 없음
Route Tag 사용	경로 관리 편의성	Route Tag 기능 없음	기능 없음
Next Hop 사용	다음 홉 명시로 불필요한 라우터 경유하지 않음	Next Hop 기능 없음	기능 없음

그림 8.1은 RIP 라우팅 프로토콜 버전 2의 헤더 구성을 보여주고 있다. 음영이 들어가 있는 부분은 버전 2에서 추가된 부분이며 음영이 없는 부분은 버전 1의 헤데 구성이다. RIP 버전 2의 경로 태그(Route Tag)는 자치 시스템(AS)번호를 전달하는 기능으로 관리의 효율성을 향상시키는 역할을 수행한다. RIPv2는 또한 OSPF, EIGRP, BGP 라우팅 프로토콜의 인증 기능이 있고 서브넷 마스크를 전달하는 기능 그리고 다음 홉의 주소를 헤더 구성으로 하여 전송하는 기능이 있다. 또한 RIPv2은 자동 축약을 지원한다. 자동 축약을 해제 명령어는 no auto-summary이다.

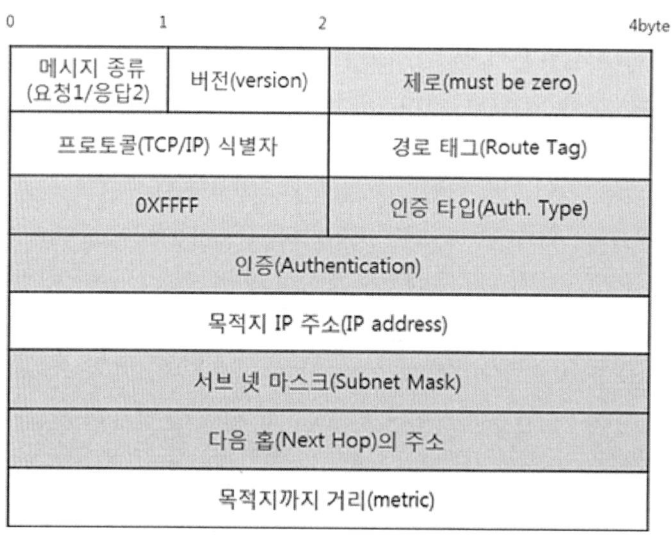

그림 8.1 RIP 버전 2와 버전 1의 헤더 구성

(1) RIP 설정

그림 8.2와 같은 네트워크를 모델링하여 RIP 라우팅 프로토콜 설정방법을 살펴보자.

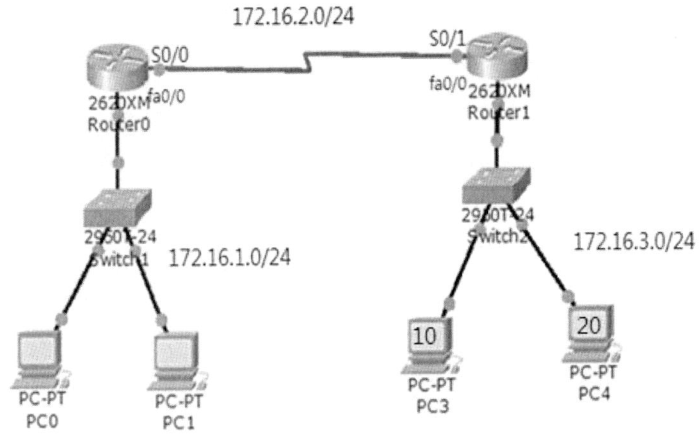

그림 8.2 RIP 설정을 위한 네트워크 모델

해당 네트워크의 인터페이스를 확인하여 기본 설정을 수행해야 한다. 그리고 라우팅 프로토콜을 활성화시켜야 한다. 그 명령어는 router이고 네트워크를 광고하는 명령어는 network이다. 구성 모드에서 router rip 명령어를 통해 RIP 라우팅 프로토콜 설정이 가능하다. 그리고 해당 라우터의 직접 연결된 네트워크의 주소를 인접 네트워크에 광고하여 RIP 라우팅 프로토콜 설정과정을 종료할 수 있다. Router0 라우터의 직접 연결되어 있는 시리얼라인은 172.16.2.0 네트워크이고 또 다른 하나는 이더넷으로 172.16.1.0/24 네트워크이다. RIP 라우팅 프로토콜 설정방법은 다음과 같다.

```
Router0(config)#router rip
Router0(config-router)#network 172.16.1.0
Router0(config-router)#network 172.16.2.0
Router0(config-router)#end
```

Router1 라우터에 직접 연결된 인터페이스는 시리얼라인의 172.16.2.0 네트워크이고 또 다른 하나는 이더넷에 연결되어 있는 172.16.3.0 네트워크이다. RIP 버전(version) 2에서 RIP 설정방법은 다음과 같다.

```
Router1(config)#router rip
Router1(config-router)#version 2
Router1(config-router)#network 172.16.2.0
Router1(config-router)#network 172.16.3.0
Router1(config-router)#end
```

RIP 라우팅 프로토콜에 대한 설정을 수행되었다. 복잡성이 있는 네트워크에서도 직접 연결된 네트워크를 인접 노드에 위와 같은 방법으로 설정하면 된다.

그리고 만약 RIP 버전 2로 설정하고자 한다면 역시 위와 같은 방법으로 설정하면 된다. 그 외에도 다양한 타이머도 구성 모드에서 설정가능하다.

```
Router1(config)#router rip
Router1(config-router)#timers basic [update invalid holddown flush]
```

마지막으로 RIP 프로토콜로 받은 네트워크 정보를 다른 라우팅 프로토콜, 예를 들면 OSPF, EIGRP, 정적 라우팅 등으로 재분배할 때는 다음과 같은 방법을 사용할 수 있다.

```
Router1(config)#router rip
Router1(config-router)#redistribute [protocol]
```

(2) RIP 확인

그림 8.2의 네트워크를 모델링하여 RIP 라우팅 프로토콜을 설정하였을 때 그림 8.3은 Router0번의 라우팅 테이블의 내용이다.

```
Router0#sh ip route
Codes: C - connected, S - static, I - IGRP, R - RIP, M - mobile, B - BGP
       D - EIGRP, EX - EIGRP external, O - OSPF, IA - OSPF inter area
       N1 - OSPF NSSA external type 1, N2 - OSPF NSSA external type 2
       E1 - OSPF external type 1, E2 - OSPF external type 2, E - EGP
       i - IS-IS, L1 - IS-IS level-1, L2 - IS-IS level-2, ia - IS-IS inter area
       * - candidate default, U - per-user static route, o - ODR
       P - periodic downloaded static route

Gateway of last resort is not set

     172.16.0.0/24 is subnetted, 3 subnets
C       172.16.1.0 is directly connected, FastEthernet0/0
C       172.16.2.0 is directly connected, Serial0/0
R       172.16.3.0 [120/1] via 172.16.2.2, 00:00:10, Serial0/0
Router0#
```

그림 8.3 RIP 설정 후 Router0의 라우팅 테이블 내용

그림 8.3에서는 명령 show ip route 명령어를 통해 그림 8.2의 네트워크 모두를 확인할 수 있다. 특히 R은 RIP 라우팅 프로토콜이 설정되어 있다는 의미이며 Router0에서 172.16.3.0 네트워크까지 172.16.2.2를 경유하여 1홉을 건너 도달 가능하다는 의미이다. 특히 [120/1]에서 120은 RIP 프로토콜의 관리 거리 값이고 1은 1홉을 건너 도달 가능하다는 의미이다(그림 8.4 참조).

```
Router1#sh ip rou
Codes: C - connected, S - static, I - IGRP, R - RIP, M - mobile, B - BGP
       D - EIGRP, EX - EIGRP external, O - OSPF, IA - OSPF inter area
       N1 - OSPF NSSA external type 1, N2 - OSPF NSSA external type 2
       E1 - OSPF external type 1, E2 - OSPF external type 2, E - EGP
       i - IS-IS, L1 - IS-IS level-1, L2 - IS-IS level-2, ia - IS-IS inter area
       * - candidate default, U - per-user static route, o - ODR
       P - periodic downloaded static route

Gateway of last resort is not set

     172.16.0.0/24 is subnetted, 3 subnets
R       172.16.1.0 [120/1] via 172.16.2.1, 00:00:11, Serial0/1
C       172.16.2.0 is directly connected, Serial0/1
C       172.16.3.0 is directly connected, FastEthernet0/0
Router1#
```

그림 8.4 Router1의 라우팅 테이블

라우팅 테이블을 통해 그림 8.2의 네트워크 모델이 정상적으로 구축되고 RIP 라우팅 프로토콜이 설정 운영됨을 확인되었다. 라우팅 테이블 확인 이외에도 Ping 유틸리티를 통해 또한 확인 가능하다. 그림 8.2에서 PC0에서 PC4으로 Ping을 수행해 보면 그림 8.5처럼 정상적으로 네트워크이 연결되어 있음을 확인할 수 있다. 네트워크 연결의 정확한 검증은 show ip protocols 명령어를 통해서도 가능하다(그림 8.6 참조). 그림 8.6에는 RIP의 라우팅 업데이트 타이머에 대한 내용과 Router0의 인터페이스 환경 그리고 관리거리 값을 포함하여 라우팅 정보에 대한 상세한 내용을 확인 가능하다. 꼭 수행하여 결과를 참조하길 바란다. 이외에도 그림 8.7과 같이 debup ip rip 명령어를 통해 라우팅 업데이트 정보를 받는 상태정보를 상세하게 확인할 수 있다.

```
PC>ping 172.16.3.20

Pinging 172.16.3.20 with 32 bytes of data:

Request timed out.
Reply from 172.16.3.20: bytes=32 time=90ms TTL=126
Reply from 172.16.3.20: bytes=32 time=100ms TTL=126
Reply from 172.16.3.20: bytes=32 time=100ms TTL=126

Ping statistics for 172.16.3.20:
    Packets: Sent = 4, Received = 3, Lost = 1 (25% loss),
Approximate round trip times in milli-seconds:
    Minimum = 90ms, Maximum = 100ms, Average = 96ms

PC>
```

그림 8.5 PC0에서 PC4까지 Ping 수행 결과

```
Router0#sh ip protocols
Routing Protocol is "rip"
Sending updates every 30 seconds, next due in 10 seconds
Invalid after 180 seconds, hold down 180, flushed after 240
Outgoing update filter list for all interfaces is not set
Incoming update filter list for all interfaces is not set
Redistributing: rip
Default version control: send version 1, receive any version
  Interface             Send  Recv  Triggered RIP  Key-chain
  FastEthernet0/0       1     2 1
  Serial0/0             1     2 1
Automatic network summarization is in effect
Maximum path: 4
Routing for Networks:
        172.16.0.0
Passive Interface(s):
Routing Information Sources:
        Gateway         Distance      Last Update
        172.16.2.2           120      00:00:18
Distance: (default is 120)
Router0#
```

그림 8.6 show ip protocols 명령 수행 결과

```
Router0#debug ip rip
RIP protocol debugging is on
Router0#RIP: received v1 update from 172.16.2.2 on Serial0/0

      172.16.3.0 in 1 hops

RIP: sending  v1 update to 255.255.255.255 via FastEthernet0/0 (172.16.1.1)

RIP: build update entries

      network 172.16.2.0 metric 1

      network 172.16.3.0 metric 2

RIP: sending  v1 update to 255.255.255.255 via Serial0/0 (172.16.2.1)

RIP: build update entries
```

그림 8.7 debug ip rip 명령 수행 결과

8.1절에서는 RIP 라우팅 프로토콜에 대해 네트워크 모델을 선정하여 RIP 라우팅 설정방법을 알아보았고 설정 후에는 다양하게 라우팅 정보를 확인하는 방법들을 살펴보았다. 이러한 내용을 기반으로 또 다른 네트워크 환경에서 RIP 라우팅 프로토콜을 설정하고 확인해 보길 바란다.

8.2 RIP 구축 및 실습

RIP(Routing Information Protocol) 라우팅 프로토콜은 8.1절을 통해 이해하였다. RIP은 동적 라우팅 프로토콜 중에서 네트워크의 구축과 구성이 쉽고 단순한 특징이 있다. 이러한 RIP에 대해 네트워크를 직접 구축하고 RIP에 대한 전반적인 과정을 실습하도록 한다. RIP은 단순하기는 하지만 제조업체가 다른 여러 라우터에서 사용이 가능한 표준 라우팅 프로토콜이다. RIP은 거리 벡터 라우팅의 특징으로 작은 네트워크 구축에서 사용되는 라우팅 프로토콜이다. 초보자가 네트워크를 구성한다면 RIP은 이해하기 좋은 장점이 있다. 또한 RIP은 라우터의 메모리를 적게 사용하는 장점도 가지고 있다. 하지만 단점 역시 가지고 있다. RIP은 목적지까지의 최적경로를 찾아가는 방법 중 홉 카운트를 이용하는데, 홉 카운트란 목적지까지 가는데 네트워크를 몇 번 거쳐 가는지를 말하는 것이다. 이 홉 카운트의 수가 가장 낮은 경로를 가장 좋은 경로라고 결정하게 된다. 네트워크의 다른 요인들이 아닌 홉 카운트만을 가지고 최적경로가 선택된다는 것이다. RIP에는 RIPv1과 RIPv2가 있고 그 차이점은 표 8.1을 참조하길 바란다.

RIPv1과 RIPv2의 공통점으로는 최대 15홉까지, 열다섯 대의 라우터를 연결할 수 있으며 관리적 거리(AD) 값은 120이며 이 값은 라우팅 프로토콜의 신뢰도 값을 가진다. 이 값이 낮을수록 신뢰도 높은 라우팅 프로토콜인 것이다. 이 절에서는 다른 네트워크 환경에서 RIP을 설정하는 방법과 동작 원리를 실습한다.

1) RIP 라우팅

그림 8.8과 같이 네트워크 대역이 각기 다른 A라는 사무실과 B라는 사무실이 있다고 가정한다. 두 사무실을 RIP 라우팅 프로토콜을 이용하여 네트워크을 연결 실습을 해본다(표 8.2 참조).

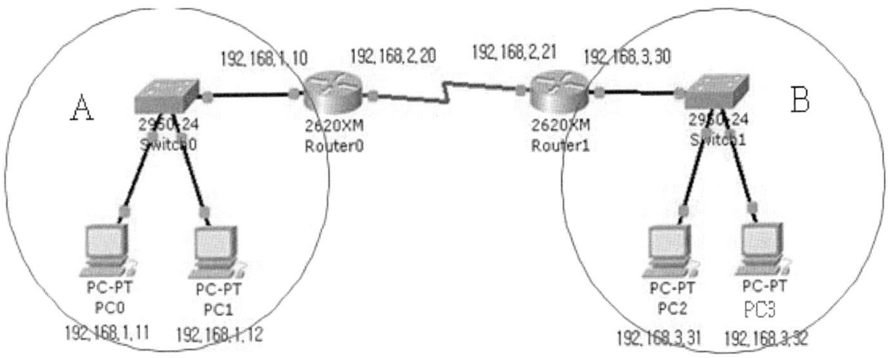

그림 8.8 RIP 네트워크 모델

표 8.2 그림 8.8 RIP 네트워크 모델의 상세 주소

장치명	인터페이스	IP 주소	서브넷 마스크	게이트웨이 주소
Router0	Fa 0/0	192.168.1.10	255.255.255.0	
	Serial 0/0	192.168.2.20	255.255.255.0	
Router1	Fa 0/0	192.168.3.30	255.255.255.0	
	Serial 0/1	192.168.2.21	255.255.255.0	
PC0	NIC	192.168.1.11	255.255.255.0	192.168.1.10
PC1	NIC	192.168.1.12	255.255.255.0	192.168.1.10
PC2	NIC	192.168.3.31	255.255.255.0	192.168.3.30
PC3	NIC	192.168.3.32	255.255.255.0	192.168.3.30

표 8.2에서 NIC는 랜카드를 의미하여 PC의 NIC에 IP 주소와 게이트웨이 주소가 설정되어 있다. 모든 라우터의 기본 인터페이스 설정은 이미 학습이 되었기 때문에 반복하지 않고 라우팅 프로토콜 설정 부분만 실습한다.

1 RIP 라우팅 프로토콜을 설정하기 위해 기본적인 인터페이스를 설정을 수행한다. 그리고 PC0에서 스위치 0에 연결된 PC1과 스위치1에 연결된 PC2에 각각 Ping 테스트를 수행하였다. 그 결과는 그림 8.9이다. PC0에서 PC1로는 성공적으로 Ping이 수행된 것을 확인할 수 있으나 PC0에서 PC2로의 Ping은 실패된 것을 확인할 수 있다(그림 8.9 참조). 이 실패의 결과는 다른 대역의 네트워크이기 때문이다. 두 네트워크가 직접 연결되지 않은 네트워크의 경우에는 RIP과 같은 라우팅 프로토콜의 설정이 필요하다. 현재,

사무실 A와 B는 네트워크 연결이 되어 있지 않아 통신이 불가능한 상태이다. A 네트워크와 B 네트워크의 통신을 가능하게 하려면 라우팅 프로토콜 RIP을 이용하여 두 네트워크에 라우팅을 설정하여야 통신이 가능하다. 그 방법에 대하여 살펴본다.

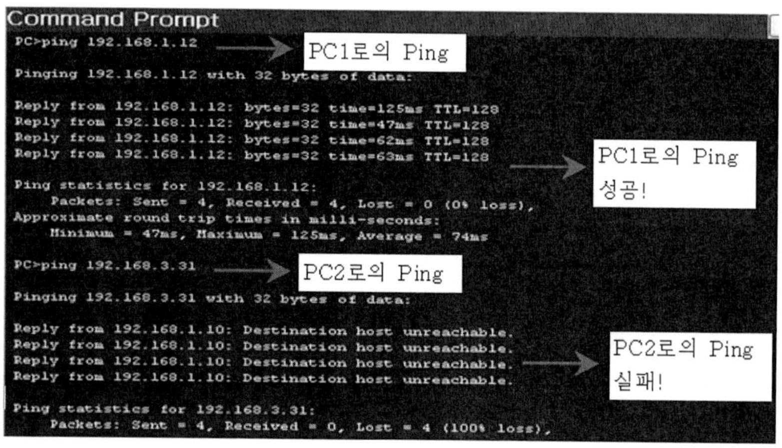

그림 8.9 PC0에서 PC1과 PC2에 Ping 테스트 수행 결과

2 먼저, Router0를 눌러 CLI(Command Line Interface)로 들어간다. 그리고 구성 모드로 접근하여 router rip이라는 명령어를 활성화시키면 Router(config-router)# 모드로 접근할 수 있다. 여기서 network [로컬 네트워크] 명령어를 통해 아래와 같이 설정하면 인접해 있는 네트워크에 광고되어 두 네트워크의 연결이 가능하다.

```
Router(config)#router rip
Router(config-router)#network 192.168.1.0
Router(config-router)#network 192.168.2.0
```

요약하면, Router0에 자신의 인터페이스에 설정된 네트워크를 RIP 라우팅 프로토콜을 이용하여 인접한 노드에 광고를 하게 되면 Router1에서 그 광고를 보고 자신의 라우팅 테이블에 Router0의 정보를 받아들여 라우팅 테이블에 등록 수정하게 된다는 의미이다.

3 Router0에서는 ②와 같이 RIP 설정으로 네트워크 광고를 수행하였다면 라우팅 테이블이 갱신되었을 것이다. 이와 같은 방법으로 Router1에서도 RIP 설정을 한다. 해당 라우터와 직접 연결된 네트워크를 광고한다(그림 8.8 참조).

```
Router(config)#router rip
Router(config-router)#network 192.168.2.0
Router(config-router)#network 192.168.3.0
Router(config-router)#exit
```

4 라우터에서 RIP 설정이 수행되었다면, 각 라우터의 프리빌리지드 모드에서 show ip route 명령어를 통해 라우팅 테이블을 확인해 본다. 먼저 Router0 라우터의 라우팅 테

이블의 내용을 확인해 보면 아래와 같이 그림 8.8의 RIP 네트워크 모델에서와 같이 네트워크 전체의 내용이 확인 가능하다.

```
R    192.168.1.0/24 [120/1] via 192.168.2.20, 00:00:16, Serial0/1
C    192.168.2.0/24 is directly connected, Serial0/1
C    192.168.3.0/24 is directly connected, FastEthernet0/0
```

그리고 Router1 라우터에서 라우팅 테이블의 내용은 역시 다음과 같다. 그림 8.8에서와 같이 전체 네트워크 확인이 가능하다.

```
C    192.168.1.0/24 is directly connected, FastEthernet0/0
C    192.168.2.0/24 is directly connected, Serial0/0
R    192.168.3.0/24 [120/1] via 192.168.2.21, 00:00:10, Serial0/0
```

Router0과 Router1 라우터의 라우팅 테이블을 확인해 보면 C라고 된 부분이 있고, R이라고 된 부분이 있다. C 부분은 직접 연결된 자신의 인접 네트워크 대역이고, R 부분이 RIP 라우팅 프로토콜 설정에 의해 라우팅 기능이 수행되어 라우팅 테이블에 등록된 다른 네트워크임을 알 수 있다.

R 192.168.3.0/24 [120/1] via 192.168.2.21, 00:00:10, Serial0/0에서 192.168.3.0/24는 RIP 라우팅 알고리즘에 의해 수신된 네트워크 대역이고 [120/1]에서 120은 RIP이 기본적으로 사용하는 신뢰도를 나타내는 관리 거리 값, /1은 메트릭(metric)이다. 메트릭은 RIP에서는 홉 카운트(hop count)이며 목적지까지의 네트워크 수를 나타낸다. via 192.168.2.21은 경유하는 인터페이스 IP 주소이고, 00:00:10은 업데이트 받은 시간 정보로써 10초가 지난 경로 정보란 의미이며 Serial0/0은 인터페이스 이름이다. RIP 라우팅 프로토콜 설정으로 라우터 사이 네트워크 연결이 성공하여 통신이 가능하게 된다.

5 라우팅 테이블 확인을 통하여 RIP 라우팅 프로토콜이 성공적으로 설정된 것을 확인하였다. 이제 다른 네트워크 대역으로 통신이 가능한지 Ping 테스트를 수행한다.

```
PC>ping 192.168.3.31

Pinging 192.168.3.31 with 32 bytes of data:

Reply from 192.168.3.31: bytes=32 time=140ms TTL=126
Reply from 192.168.3.31: bytes=32 time=140ms TTL=126
Reply from 192.168.3.31: bytes=32 time=156ms TTL=126
Reply from 192.168.3.31: bytes=32 time=141ms TTL=126

Ping statistics for 192.168.3.31:
    Packets: Sent = 4, Received = 4, Lost = 0 (0% loss),
Approximate round trip times in milli-seconds:
    Minimum = 140ms, Maximum = 156ms, Average = 144ms

PC>
```

그림 8.10 PC0에서 PC2로 Ping 테스트 수행 결과

PC0에서 PC2로 Ping 테스트를 수행 하였더니 그림 8.10과 같고 PC3에서 PC1로 Ping 테스트를 수행한 결과가 그림 8.11과 같다. 두 경우 모두 네트워크 연결이 완성되어 테스트가 성공적임을 보인다.

```
PC>ping 192.168.1.12

Pinging 192.168.1.12 with 32 bytes of data:

Reply from 192.168.1.12: bytes=32 time=156ms TTL=126
Reply from 192.168.1.12: bytes=32 time=140ms TTL=126
Reply from 192.168.1.12: bytes=32 time=140ms TTL=126
Reply from 192.168.1.12: bytes=32 time=157ms TTL=126

Ping statistics for 192.168.1.12:
    Packets: Sent = 4, Received = 4, Lost = 0 (0% loss),
Approximate round trip times in milli-seconds:
    Minimum = 140ms, Maximum = 157ms, Average = 148ms
```

그림 8.11 PC3에서 PC1로 Ping 테스트

Ping 유틸리티를 테스트 할 때 응답 신호 4번 중에서 첫 번째 응답이 실패할 수도 있다. 재시도해 보면 모두 성공적으로 신호의 응답이 수행된다. 이러한 과정을 통해 두 사무실 간 통신이 가능함이 확인되었다. 명령어와 그 기능들에 대한 이해를 숙지한다면 RIP 라우팅 프로토콜의 알고리즘을 기반으로 라우팅 설정을 쉽게 할 수 있다.

RIP 라우팅 프로토콜 설정에서 RIPv1과 RIPv2가 있으며 설정방법은 같으나 동작에는 차이가 있다. 이러한 내용은 7.1절을 참고하고 RIPv2의 특징을 이해하길 바란다. 그림 8.8 네트워크 모델을 구축하여 라우팅 테이블의 내용을 확인하고 Ping 유틸리티를 수행해 보길 바란다. 그리고 RIP 프로토콜의 상세한 설정을 확인하는 명령어인 show ip protocols가 있으니 이 또한 수행해 보길 바란다. 마지막으로 RIP 라우팅 프로토콜이 구축된 네트워크에서 debug ip rip 명령어를 수행하여 RIP 패킷들의 전송 상황을 이해하고 파악하길 바란다.

8.3 EIGRP

EIGRP(Enhanced Interior Gateway Routing Protocol) 라우팅 프로토콜은 거리 벡터 라우팅과 링크 상태 라우팅 프로토콜의 단점을 보완하여 성능을 향상한 복합형(hybrid) 프로토콜로서 시스코사에서 만든 IGRP를 개선한 거리 벡터 라우팅 프로토콜이다. EIGRP 라우팅 프로토콜의 특징은 주기적인 업데이트를 수행하지 않고 메트릭이 변경된 부분에 대하여 업데이트를 전송하므로 대역폭 절감 효과가 있고 목적지에 대한 모든 백업경로를 저장하기 때문에 빠른 수렴이 가능하다. EIGRP 라우팅 프로토콜은 클래스리스(classless) 라우팅을 수행하여

VLSM(Variable Length Subnet Mask)을 지원한다. 그리고 비균등 로드 밸런싱을 제공하며 브로드캐스트보다는 멀티캐스트와 유니캐스트 방식을 사용한다. 또한 네트워크의 IP 축약(ip-summary) 기능을 제공하는 것이 특징이다.

EIGRP 라우팅 프로토콜은 라우팅을 위해 3개의 라우팅 테이블을 운영한다. 하나는 라우터와 직접 연결된 다음 홉의 네트워크의 목록을 관리하는 네이버 테이블, 모든 목적지에 대하여 학습된 모든 경로를 저장하는 토폴로지 테이블, 그리고 라우팅 테이블이 있다. 라우팅 테이블은 토폴로지 테이블로부터 최적의 경로를 선택하여 라우팅 테이블에 등록한다.

RIP 라우팅 프로토콜은 8.1절에서 학습과 같이 주요 메트릭의 특성상 작은 규모의 망에서 사용되고 있다. 네트워크가 중급 이상의 규모에서는 다양한 메트릭을 이용하여 최적경로 설정이 되는 것이 더 신뢰적이기 때문이다. EIGRP 라우팅 프로토콜에서는 대역폭, 지연, 신뢰도, 부하의 다양한 메트릭을 이용한다. 주 메트릭은 대역폭과 지연 값이다. 네트워크에서는 다양한 라우팅 프로토콜을 적용하여 구축될 수 있다. 네트워크의 구축 환경이나 여러 가지 조건에 따라서 RIP 프로토콜이 더 최적경로일 때가 있고, 다음 절에서 학습할 OSPF 프로토콜이 더 최적경로일 때가 있고 이번에 학습할 EIGRP가 더 최적의 경로를 산출할 수도 있다. 라우팅 프로토콜 선택 기준은 최저의 가격으로 더 안전한 네트워크를 구축하는 것이므로 다양한 프로토콜이 존재하는 이유라고 볼 수 있다. EIGRP 라우팅 프로토콜은 RIP 라우팅 프로토콜 설정과정과 유사하다. EIGRP는 시스코사에서 만든 시스코 표준 프로토콜이다. 따라서 다른 회사에서 만든 네트워크 시스템 즉 라우터에서는 동작하지 않는다.

(1) EIGRP 설정

그림 8.12의 네트워크를 모델링하여 EIGRP 라우팅 프로토콜의 설정과정을 단계별로 살펴본다.

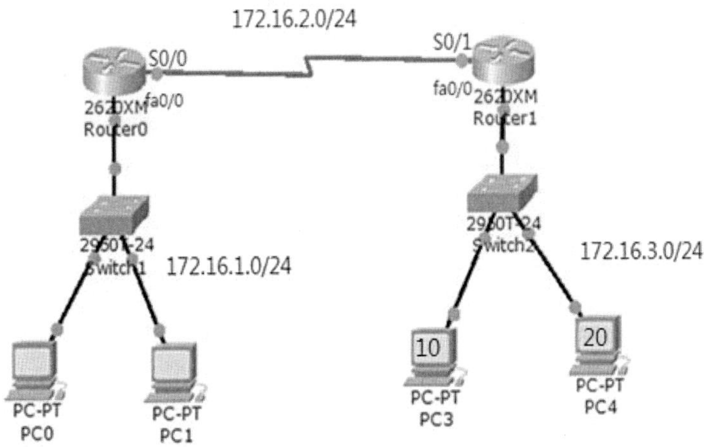

그림 8.12 EIGRP 설정을 위한 네트워크 모델

먼저 그림 8.12의 네트워크 모델은 기본적인 인터페이스를 설정해야 한다. 그리고 나서 EIGRP 라우팅 프로토콜을 설정할 것이다. 라우팅 프로토콜 활성화하는 명령은 구성 모드에서 사용할 수 있는 router 명령어이다. 구성 모드에서 router eigrp [AS number] 명령으로 EGIRP 라우팅 프로토콜 설정이 가능하다. 그리고 해당 라우터의 직접 연결된 네트워크의 주소를 인접 네트워크에 광고하는 명령어로는 network이며 예를 들어 network 172.16.0.0을 기술하여 EIGRP 라우팅 프로토콜 설정과정을 종료할 수 있다. 여기서 AS번호는 EIGRP의 구별 값으로 자치 시스템(autonomous system)안의 모든 라우터가 라우팅 정보를 수신하려면 같은 AS 번호를 사용해야 한다.

그림 8.13은 세 개의 라우터로 구성되어 각기 다른 네트워크로 연결되어 있다. 여기에 EIGRP 라우팅 프로토콜을 설정에 대한 내용을 자세히 담고 있다. 살펴보면 EIGRP AS번호는 22이고 해당 네트워크가 클래스 B인 경우에는 network 172.16.0.0 으로 클래스 A인 경우는 10.0.0.0 으로 설정되어 있음을 알 수 있다.

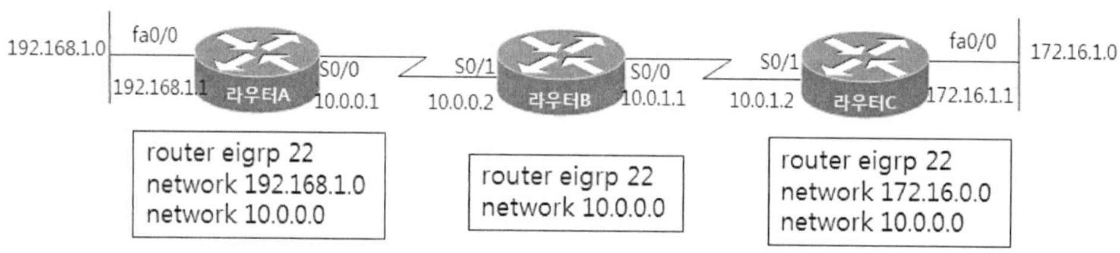

그림 8.13 EIGRP 자동 축약(auto-summary) 경우

EIGRP 라우팅 프로토콜은 클래스지향 범위에 있는 경로를 자동으로 축약한다(그림 8.13 참조). 이를 자동 축약(auto-summary) 기능이라 한다. 그림 8.14와 같이 클래스지향 범위에 있더라도 자동 축약을 원하지 않는 경우에는 자동 축약 비활성화(no auto-summary)라는 명령어를 사용할 수 있다. 지정된 네트워크의 광고가 가능하다.

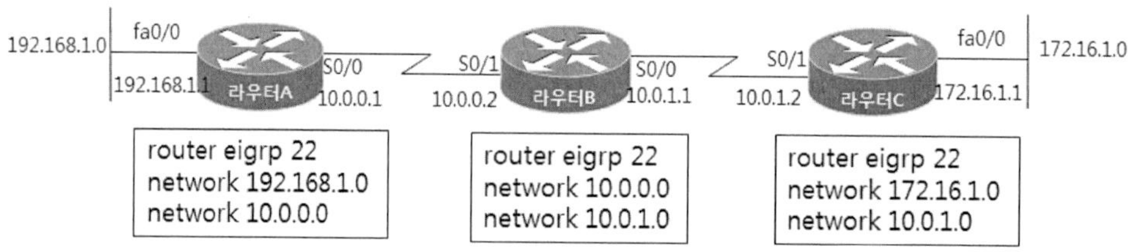

그림 8.14 EIGRP 자동 축약(no auto-summary) 아닌 경우

EIGRP는 기본(default) 자동 축약이므로 라우팅 프로토콜 설정 시에 자동 축약 비활성화(no auto-summary)를 원한다면 반드시 기억해야 한다. 그림 8.12에서 EIGRP 라우팅 프로토콜 설정방법을 살펴보자. EIGRP AS번호는 22로 가정한다. Router0 라우터에 직접 연결된 이더넷 네트워크는 172.16.1.0 네트워크이고 시리얼라인은 172.16.2.0 네트워크이다. 그 설정방법은 다음과 같다.

```
Router0(config)#router eigrp 22
Router0(config-router)#network 172.16.1.0
Router0(config-router)#network 172.16.2.0
Router0(config-router)#no auto-summary
Router0(config-router)#exit
```

Router1 라우터에 연결된 시리얼 네트워크는 172.16.2.0 네트워크이고 이더넷은 172.16.3.0 네트워크이다. 그 설정방법은 다음과 같다.

```
Router1(config)#router eigrp 22
Router1(config-router)#network 172.16.2.0
Router1(config-router)#network 172.16.3.0
Router1(config-router)#no auto-summary
Router1(config-router)#end
```

상기와 같이 자동 축약을 하지 않고 서브넷이 지정된 경로를 라우팅한다.

EIGRP 라우팅 프로토콜에는 또한 variance 명령어와 traffic-share balanced 명령어가 있다. variance명령어는 트래픽 분산을 위한 것으로 1에서 128 사이 값을 이용할 수 있다. 1인 경우는 트래픽의 균등 분배에 사용하고 2인 경우는 비균등 분배에 사용한다. 아래와 같은 경우 traffic-share balanced 명령어는 균등하지 않게 트래픽을 분배한다.

```
Router1(config-router)#router eigrp 22
Router1(config-router)#variance 2
Router1(config-router)#traffic-share balanced
Router1(config-router)#exit
```

(2) EIGRP 확인

그림 8.12의 네트워크를 구축하여 EIGRP 라우팅 프로토콜 설정을 실습하였다. 이제 설정되어있는 EIGRP 라우팅 프로토콜을 확인해보자.

```
Router0#sh ip route
Codes: C - connected, S - static, I - IGRP, R - RIP, M - mobile, B - BGP
       D - EIGRP, EX - EIGRP external, O - OSPF, IA - OSPF inter area
       N1 - OSPF NSSA external type 1, N2 - OSPF NSSA external type 2
       E1 - OSPF external type 1, E2 - OSPF external type 2, E - EGP
       i - IS-IS, L1 - IS-IS level-1, L2 - IS-IS level-2, ia - IS-IS inter area
       * - candidate default, U - per-user static route, o - ODR
       P - periodic downloaded static route

Gateway of last resort is not set

     172.16.0.0/24 is subnetted, 3 subnets
C       172.16.1.0 is directly connected, FastEthernet0/0
C       172.16.2.0 is directly connected, Serial0/0
D       172.16.3.0 [90/2172416] via 172.16.2.2, 00:11:16, Serial0/0
Router0#
```

그림 8.15 Router0 라우터의 EIGRP 라우팅 테이블

라우팅 테이블 확인(show ip route) 명령어를 이용하여 Router0 라우터와 Router1 라우터의 라우팅 테이블을 확인해 본다. 그림 8.15에서 172.16.0.0/24 네트워크의 서브 네트워크 세 개를 확인하고 D는 EIGRP 라우팅 프로토콜 설정에 의해 172.16.2.2를 경유하여 172.16.3.0 네트워크에 도달 가능함을 보인다. [90/2172416]에서 90은 EIGRP 관리 거리 값이며 그리고 2172416은 EIGRP의 메트릭 값이다. 메트릭 값이 클수록 원거리 네트워크임을 이해한다. 이 메트릭은 대역폭과 지연, 부하, 신뢰도 등의 네트워크 요소를 적용하여 계산된다. 이 메트릭의 값들은 show interface [serial 0/0] 명령어로 그 값을 확인 가능하다(그림 8.16 참조)

```
Router0#sh interfaces serial 0/0
Serial0/0 is up, line protocol is up (connected)
  Hardware is HD64570
  Internet address is 172.16.2.1/24
  MTU 1500 bytes, BW 1544 Kbit, DLY 20000 usec,
     reliability 255/255, txload 1/255, rxload 1/255
```

그림 8.16 Router0 라우터의 EIGRP 메트릭 값

그림 8.17은 Router1 라우터의 라우팅 테이블을 나타낸다.

```
Router1#sh ip route
Codes: C - connected, S - static, I - IGRP, R - RIP, M - mobile, B - BGP
       D - EIGRP, EX - EIGRP external, O - OSPF, IA - OSPF inter area
       N1 - OSPF NSSA external type 1, N2 - OSPF NSSA external type 2
       E1 - OSPF external type 1, E2 - OSPF external type 2, E - EGP
       i - IS-IS, L1 - IS-IS level-1, L2 - IS-IS level-2, ia - IS-IS inter area
       * - candidate default, U - per-user static route, o - ODR
       P - periodic downloaded static route

Gateway of last resort is not set

     172.16.0.0/24 is subnetted, 3 subnets
D       172.16.1.0 [90/2172416] via 172.16.2.1, 00:11:02, Serial0/1
C       172.16.2.0 is directly connected, Serial0/1
C       172.16.3.0 is directly connected, FastEthernet0/0
Router1#
```

그림 8.17 Router1 라우터의 EIGRP 라우팅 테이블

라우터들의 라우팅 테이블을 확인함으로써 그림 8.12의 네트워크 모델이 정상적으로 구축되었음이 확인되었다. 이어서 Ping 유틸리티를 사용하여 확인하여 본다. PC0에서 PC4까지의 연결이 성공적임을 보인다(그림 8.18 참조).

```
PC>ping 172.16.3.20

Pinging 172.16.3.20 with 32 bytes of data:

Request timed out.
Reply from 172.16.3.20: bytes=32 time=156ms TTL=126
Reply from 172.16.3.20: bytes=32 time=156ms TTL=126
Reply from 172.16.3.20: bytes=32 time=140ms TTL=126

Ping statistics for 172.16.3.20:
    Packets: Sent = 4, Received = 3, Lost = 1 (25% loss),
Approximate round trip times in milli-seconds:
    Minimum = 140ms, Maximum = 156ms, Average = 150ms
```

그림 8.18 PC0에서 PC4로 Ping 수행 결과

EIGRP 라우팅 프로토콜의 설정 확인에서는 먼저 show ip route eigrp 명령어를 이용하여 확인한다. 이 명령어는 라우팅 테이블에 있는 현재 EIGRP 엔트리를 확인할 수 있다. 그림 8.19와 같이 172.16.1.0 네트워크경로를 확인할 수 있다.

```
Router1#show ip route eigrp
     172.16.0.0/24 is subnetted, 3 subnets
D       172.16.1.0 [90/2172416] via 172.16.2.1, 00:00:47, Serial0/1
```

그림 8.19 show ip route eigrp 수행 결과

그림 8.20은 show ip protocol 명령어를 수행한 결과이다. 그림 8.20에서는 라우팅 프로세스 현재 상태와 매개변수, AS번호, 필터링, 재분배 값, 관리 거리 값, 네이버 광고 네트워크 정보 등의 상세한 정보를 확인할 수 있다.

```
Router1#show ip protocols

Routing Protocol is "eigrp  22 "
  Outgoing update filter list for all interfaces is not set
  Incoming update filter list for all interfaces is not set
  Default networks flagged in outgoing updates
  Default networks accepted from incoming updates
  EIGRP metric weight K1=1, K2=0, K3=1, K4=0, K5=0
  EIGRP maximum hopcount 100
  EIGRP maximum metric variance 1
Redistributing: eigrp 22
  Automatic network summarization is not in effect
  Maximum path: 4
  Routing for Networks:
     172.16.0.0
  Routing Information Sources:
    Gateway         Distance      Last Update
    172.16.2.1      90            262675134
  Distance: internal 90 external 170
```

그림 8.20 show ip rpotocols 명령 수행 결과

그림 8.21은 EIGRP 라우팅 프로토콜 동작에서 네이버의 정보를 확인하는 결과를 보여준다. Router1 라우터의 네이버 주소는 172.16.2.1이다.

```
Router1#show ip eigrp neighbors
IP-EIGRP neighbors for process 22
H   Address          Interface      Hold Uptime     SRTT   RTO   Q   Seq
                                    (sec)           (ms)         Cnt Num
0   172.16.2.1       Se0/1          13   00:02:14   40     1000  0   4
```

그림 8.21 show ip eigrp neighbors 수행 결과

SRTT(Smooth Round Trip Time)은 해당 네이버에게 패킷을 전송하고 확인(ack)받기까지 평균시간을 나타내며 RTO(ReTransmission timeOut)는 네이버에게 패킷을 전송했을 때 확인(ack)을 받지 못한 경우 재전송을 위해 기다리는 시간으로 ms 단위를 사용한다.

이 외에도 show ip eigrp topology 명령어를 이용하면 EIGRP 토폴로지 테이블 등에 관한 정보도 확인할 수 있다. 마지막으로 debug ip eigrp 명령어와 debug ip eigrp packets 명령어를 활용하면 패킷 분석도 가능하다.

EIGRP 라우팅 프로토콜은 로드 밸런싱 기능을 제공한다. 이 기능은 라우터에서 하나의 네트워크로 전송되는 트래픽 양을 줄이기 위하여 여러 인터페이스로 나누어 전송할 수 있는 기능이다. 여기서 트래픽 양을 동일하게 균등 분배하기 위해서는 EIGRP 비용을 계산하는데 여기에 메트릭을 적용하여 계산한다. 메트릭은 주로 대역폭과 지연의 두 가지 값을 근거로 하여 계산한다. 대역폭은 송신지와 수신지 사이에 가장 작은 대역폭을 이용하고 지연은 경로에서 마이크로초의 시간 지연 값을 이용한다. 그 외에는 신뢰성과 부하의 기준도 있지만 권장하지는 않는다. 그림 8.20에서 보면 maximum-paths [maximun path]가 있다. 이 값은 기본적으로 4개까지 같은 비용에서 로드 밸런싱을 적용한다는 의미이며 이 명령어를 설정하면 라우팅 테이블에서 최대 16개까지의 같은 비용경로 정보가 저장 가능하다. 만약 maximum-paths 1로 설정하면 로드 밸런싱 기능은 활성화되지 않는다. 트래픽을 비균등 분배할 경우에는 variance 명령어를 사용할 수 있다.

마지막으로 EIGRP 라우팅 프로토콜에서 네이버 인증에 관하여 기술한다. EIGRP에서는 기본적으로 인증을 하지는 않으나 MD5(Message-Digest algorithm 5)을 이용하여 인증이 가능하다. EIGRP MD5 인증은 송수신 라우터에 인증 키와 키 식별자(ID) 설정하게 되면 허가되지 않는 출발지 또는 잘못된 라우팅 메시지를 차단할 수 있다.

8.4 EIGRP 구축 및 실습

그림 8.22의 네트워크 모델에 표 8.3의 상세 IP 주소를 설정하여 EIGRP 라우팅 프로토콜을 구현 실습할 것이다. 여기서 PCA, PCB, PCC가 서로 통신이 되게 EIGRP 라우팅 프로토콜을 설정하여 네트워크의 통신 가능함을 확인해야 한다.

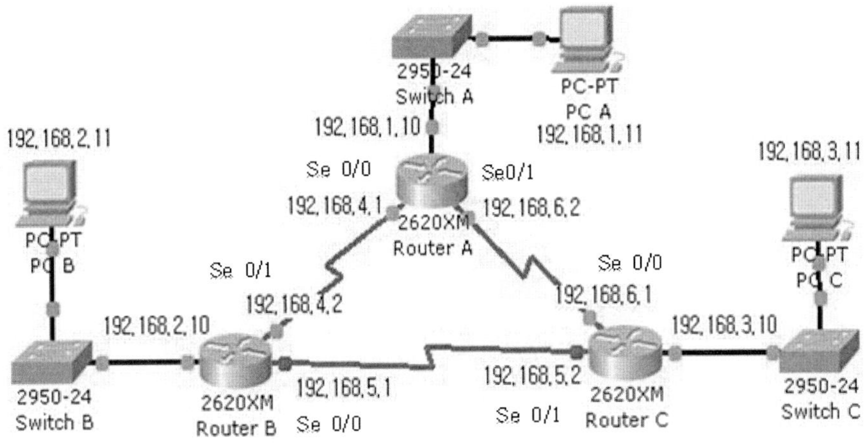

그림 8.22 EIGRP 네트워크 모델

표 8.3 그림 8.22의 상세 IP 주소

장치명	인터페이스	IP 주소	서브넷 마스크	게이트웨이 주소
Router A	Fa 0/0	192.168.1.10	255.255.255.0	N/A
	Serial 0/0	192.168.4.1	255.255.255.0	N/A
	Serial 0/1	192.168.6.2	255.255.255.0	N/A
Router B	Fa 0/0	192.168.2.10	255.255.255.0	N/A
	Serial 0/0	192.168.5.1	255.255.255.0	N/A
	Serial 0/1	192.168.4.2	255.255.255.0	N/A
Router C	Fa 0/0	192.168.3.10	255.255.255.0	N/A
	Serial 0/0	192.168.6.1	255.255.255.0	N/A
	Serial 0/1	192.168.5.2	255.255.255.0	N/A
PC A	NIC	192.168.1.11	255.255.255.0	192.168.1.10
PC B	NIC	192.168.2.11	255.255.255.0	192.168.2.10
PC C	NIC	192.168.3.11	255.255.255.0	192.168.3.10

표 8.3의 IP 주소를 참조하여 네트워크의 인터페이스에 기본 설정을 먼저 수행한다. 본 실습에서는 기본 설정은 생략하고 EIGRP 라우팅 프로토콜을 설정에 대한 내용을 기술한다.

1 먼저, EIGRP 라우팅 프로토콜를 설정하기 전에 각 PC들이 서로 통신이 가능한지를 확인해보자. 그림 8.23과 같이 Ping 테스트를 수행한다. 기본적인 IP 설정만 되어 있어 직접 연결된 네트워크가 아닌 경우 Ping 테스트는 실패한다(그림 8.23 참조). 서로 간의 통신에서 응답이 전혀 없음을 알 수 있다.

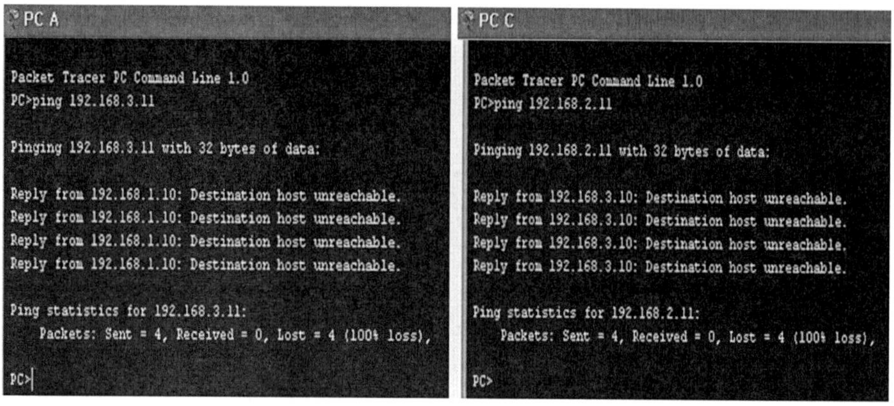

그림 8.23 PCA에서 PCC로, PCC에서 PCB로 Ping 수행 결과

2 각 RouterA, RouterB, RouterC에 EIGRP 프로토콜을 이용하여 직접 연결되어 있는 네트워크 또는 IP 주소를 이용하여 광고할 수 있다.

RouterA에는 2개의 시리얼라인 인터페이스와 1개의 이더넷이 있다. 네트워크를 연결할 때는 서브넷 마스크를 사용하는데 본 예에서는 특정 IP 주소를 라우팅하여 연결하였다. AS번호는 100이다. AS는 인터넷에서 관리적 측면에서 동일한 라우팅 정책을 사용하는 네트워크 또는 네트워크 그룹을 의미한다. 나머지 RouterB, RouterC도 같은 AS를 사용하여 EIGRP 프로토콜을 설정한다.

```
Router(config)#router eigrp 100
Router(config-router)#network 192.168.1.10
Router(config-router)#network 192.168.4.1
Router(config-router)#network 192.168.6.2
Router(config-router)#
```

3 RouterB에서도 EIGRP 라우팅 설정을 하여야 한다. RouterB는 3개의 시리얼 인터페이스와 1개의 이더넷이 연결되어 있다. 각 인터페이스에 해당하는 IP 주소를 라우팅한다.

```
Router(config)#router eigrp 100
Router(config-router)#network 192.168.2.10
Router(config-router)#network 192.168.4.2
Router(config-router)#network 192.168.5.1
Router(config-router)#
```

4 RouterC에서도 EIGRP 라우팅 프로토콜을 설정한다. RouterC도 역시 3개의 시리얼 인터페이스와 1개의 이더넷이 연결되어 있으므로 각 인터페이스에 해당하는 IP 주소를 광고한다.

```
Router(config)#router eigrp 100
Router(config-router)#network 192.168.6.1
Router(config-router)#network 192.168.5.2
Router(config-router)#network 192.168.3.10
Router(config-router)#
```

EIGRP 라우팅 프로토콜 설정을 완료하였다면 각 라우터에 설정 내용을 show running-config 명령어를 이용하여 확인할 수 있다. EIGRP 프로토콜은 기본(default)값이 자동 축약 기능(auto-summary)이다. 만약 가변길이 서브넷 마스크 값을 사용해야 한다면 반드시 자동 축약 기능을 해제(no auto-summary)하는 것을 기억한다.

본 실습 예제에서는 상기와 같이 자동 축약 기능을 해제하지 않았으므로 기본적인 자동 축약 기능이 설정되어 있다. 이는 show running-config 명령어를 이용하여 각 라우터의 설정환경을 확인할 수 있다.

5 각 라우터의 라우팅 프로토콜 설정을 완료한 후 확인한 결과는 다음과 같다. 다음은 RouterA의 라우팅 프로토콜 설정을 확인한 것이다. 자동 축약이 되어 있는 것을 확인할 수 있다.

```
router eigrp 100
 network 192.168.1.0
 network 192.168.4.0
 network 192.168.6.0
 auto-summary
```

다음은 Router B의 라우팅 프로토콜 설정을 확인한 것이다. 마찬가지로 자동 축약이 되어 있는 것을 확인할 수 있다.

```
router eigrp 100
 network 192.168.2.0
 network 192.168.4.0
 network 192.168.5.0
 auto-summary
```

마지막으로 Router C의 라우팅 프로토콜 설정을 확인한 것이다. 역시 자동 축약이 되어 있는 것을 확인할 수 있다.

```
router eigrp 100
 network 192.168.3.0
 network 192.168.6.0
 network 192.168.5.0
 auto-summary
```

자동 축약에 대하여 궁금하다면 8.1절, (1) EIGRP 설정과정을 참조하길 바란다.

6 마지막으로 종단 간에 구축되어 있는 PC 사이 네트워크 연결에 대하여 확인토록 한다. 그림 8.24는 EIGRP 라우팅 프로토콜로 구축된 네트워크의 검증을 위해 PCB에서 PCA로 Ping의 확인 결과와 PCB에서 PCC로 Ping 확인 결과이다. 종단 간 PC이 연결이 성공적임을 확인할 수 있다.

```
PC>ping 192.168.1.11

Pinging 192.168.1.11 with 32 bytes of data:

Reply from 192.168.1.11: bytes=32 time=141ms TTL=126
Reply from 192.168.1.11: bytes=32 time=140ms TTL=126
Reply from 192.168.1.11: bytes=32 time=141ms TTL=126
Reply from 192.168.1.11: bytes=32 time=156ms TTL=126

Ping statistics for 192.168.1.11:
    Packets: Sent = 4, Received = 4, Lost = 0 (0% loss),
Approximate round trip times in milli-seconds:
    Minimum = 140ms, Maximum = 156ms, Average = 144ms

PC>ping 192.168.3.11

Pinging 192.168.3.11 with 32 bytes of data:

Request timed out.
Reply from 192.168.3.11: bytes=32 time=140ms TTL=126
Reply from 192.168.3.11: bytes=32 time=156ms TTL=126
Reply from 192.168.3.11: bytes=32 time=156ms TTL=126

Ping statistics for 192.168.3.11:
    Packets: Sent = 4, Received = 3, Lost = 1 (25% loss),
Approximate round trip times in milli-seconds:
    Minimum = 140ms, Maximum = 156ms, Average = 150ms
```

그림 8.24 PC B에서 PC A, PC C로 ping 테스트 수행 결과

EIGRP 라우팅 프로토콜 설정에 대한 확인방법은 다양하다. show ip route의 라우팅 테이블 확인과 Ping 테스트 외에도 다양한 확인 검증방법이 있다. EIGRP의 동작을 확인하는 방법으로는 show ip eigrp protocols, show ip eigrp interface, show ip eigrp heighbors 그리고 debug ip eigrp 등의 명령어를 수행하여 확인하길 바란다.

8.3절에서는 링크 상태 라우팅을 지원하는 OSPF 라우팅 프로토콜에 대하여 학습할 것이다.

8.5 OSPF

IETF(Internet Engineering Task Force)에서는 기존의 라우팅 프로토콜이 대규모의 이질적인 네트워크 사이의 라우팅을 수행하기에는 부족한 것으로 판단하고 SPF(Shortest Path First) 알고리즘에 기반하여 인터넷에 적용하기 쉬운 IP 라우팅 알고리즘으로 OSPF(Open Shortest Path First)를 만들었다. OSPF는 링크 상태 라우팅 프로토콜이며 클래스리스(classless) 형태의 IGP 중의 하나이다. 링크 상태는 해당 인터페이스에 대한 설명이며 인터페이스의 IP 주소, 서브넷 마스크, 네트워크의 종류 그리고 라우터의 대한 링크 정보를 모아 링크 상태 데이터베이스를 만든다.

OSPF에서는 30분마다 라우터 상태 변경에 대한 정보를 광고하기 위해 LSA(Link State Advertisement) 패킷을 전송한다. 이러한 LSA 정보를 토대로 SPF 알고리즘에 의해 최적경로가 산출되는 것이다.

OSPF는 AS(Autonomous System) 개념으로 관리되는 라우팅 기술로써 공통적인 라우팅 전략을 공유하고 하나의 관리체제로 관리되는 네트워크들의 집합으로 정의된다. 이 AS는 다시 여

러 개의 에어리어(area)으로 나누어지는데, 이는 연속적인 네트워크 및 접속된 시스템들의 집합으로 표현된다. 하나의 AS 내에서 이러한 에어리어(area 0)를 연결해 주는 네트워크를 백본(backbone) 에어리어라 하고, 계층적으로 구성된다.

OSPF 라우팅 프로토콜로 구성된 네트워크에서 사용되는 용어의 개념에 대하여 살펴본다(그림 8.25 참조).

- 라우터 1은 백본 라우터는(area 0)이며 다른 에어리어를 연결하는 역할을 수행한다.
- 라우터 3, 라우터 4, 라우터 5, 라우터 6은 영역 경계 라우터(ABR: Area Border)로서 다른 에어리어로의 연결 상태 데이터베이스를 관리한다.
- 라우터 7, 라우터 8, 라우터 9는 내부 라우터로써 에어리어 내의 토폴로지와 에어리어 내 링크상태 데이터베이스를 관리한다.
- 라우터 2는 AS 경계 라우터(ASBR: AS Boundary Router)로서 외부 네트워크에서 RIP과 같은 OSPF가 아닌 라우팅 프로토콜과의 연결 역할을 수행한다.

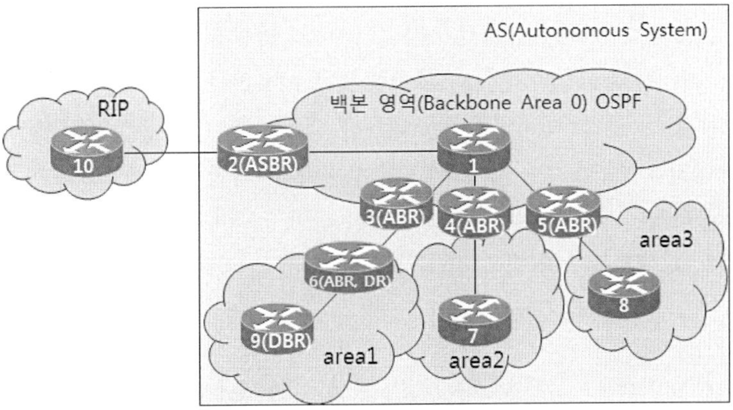

그림 8.25 OSPF 개념과 네트워크 구조

백본 에어리가 아닌 에어리어로는 스텁 에어리어(SA: Stub Area), TSA(Totally Stubby Area), NSSA(Not So Stubby Area)가 있다. OSPF에서는 에어리어별 동작이 다르다. 먼저 스텁 에어리어는 OSPF 종단 네트워크로써 다른 에어리어의 모든 라우팅 정보가 차단되어 라우팅 테이블의 크기를 줄여주는 에어리어이다. TSA는 스텁 에어리어와 같은 구조로써 외부 라우팅 정보의 처리 방법이 다르다. 즉 ABR에 의해 요약 정보가 들어오면 디폴트 루트로 전송한다. NSSA는 스텁 네트워크에서 외부 네트워크로 확장되었을 때 사용되는 개념이다. 그림 8.25에서 스텁 에어리어는 라우터 7과 라우터 8이다. NSSA는 라우터 10의 경우에 해당된다.

OSPF는 네트워크를 에어리어 개념으로 구분하여 상기와 같이 다양한 에어리의 동작방법을 통해 라우팅 정보의 양을 감소시켜 라우터 성능 향상과 대역폭 절감 효과를 가져온다. 또한 링크의 변화 시에 해당 변경 정보만을 즉시 모든 라우터로 전달되어 네트워크의 수렴이 빠르다. OPSF는 대역폭 토대로 비용(cost) 메트릭을 사용하고 가변길이 서브넷 마스크(VLSM) 기능을 제공한다.

그림 8.25에서 DR(Designated Router)과 BDR(Backup Designated Router) 대하여 살펴본다. DR은 에어리어를 대표하는 라우터로써 라우팅 정보를 분배하는 역할을 수행하며 DR이 정상적인 동작을 하지 못할 때는 BDR이 DR로 대체된다. DR의 선출 방법은 제일 높은 우선순위(priority)를 가진 라우터가 DR로 선출된다. 두 번째 우선순위를 가진 라우터가 BDR이 된다. 우선순위가 같은 경우에는 라우터 ID가 높은 라우터가 선출된다. 우선순위는 show interface 명령어를 통해 확인 가능하다.

그림 8.26은 OSPF 버전(version) 2의 프로토콜 패킷 구조를 보여주고 있다. OSPF에서 Hello 패킷을 주고받음으로 네이버를 인식하고 라우팅관련 정보를 교환하기 시작한다. 이 과정을 통해 네이버 라우터가 정상인지도 판단 가능하다. 앞서 살펴보았듯이 에어리어의 대표로서 라우팅 정보를 분배하는 DR과 BDR 정보식별이 가능하고 Hello 패킷을 주고받을 때 DR과 BDR 선출도 자동으로 이루어진다. 여기서 한 가지 기억할 것은 만약 라우터에 루프백 인터페이스가 설정이 되어 있다면 루프백 주소를 DR로 선출한다. 만약 루프백 주소가 두 개가 설정되어 있다면 그중 높은 숫자의 주소가 선택된다.

OSPF 패킷은 그림 8.26와 같이 메시지 타입이 1에서 타입 5까지의 다섯 가지의 종류가 있다. 타입 1은 Hello 패킷을 주고받아 네이버 관리를 위해 사용한다. 타입 2는 데이터베이스 기술에 관한 것으로 이 정보는 SPF 데이터베이스 내용을 의미한다. 타입 3은 연결 상태 요청에 관한 것으로 SPF 데이터베이스의 내용을 요청할 때 사용한다. 타입 4는 타입 3의 연결 요청에 대한 응답에 사용하는 타입이며 타입 5는 타입 4에 대한 확인 응답에 사용되는 메시지이다. 그림 8.26은 OSPF 프로토콜 패킷 구조인데 그림 8.26에서 상세히 설명되고 있으니 참조하길 바란다.

0 7 15 31

<table>
<tr><td>Version 2</td><td>Type(1-5 패킷)</td><td colspan="2">Packet Length(패킷 전체 길이)</td></tr>
<tr><td colspan="4">Router 식별자(라우터 ID)</td></tr>
<tr><td colspan="4">Area 식별자 (area number)</td></tr>
<tr><td colspan="2">Checksum(손상 점검)</td><td colspan="2">Authentication Type(인증 형태)</td></tr>
<tr><td colspan="4">Authentication (인증 정보)</td></tr>
<tr><td colspan="4">Network Mask(인터페이스 서브넷 마스크)</td></tr>
<tr><td colspan="2">HelloInterval
(Hello 패킷 전송 간격, 초 단위)</td><td>Options
(필요시 선택)</td><td>Router Pri
(라우터 우선순위, 디폴트값 1)</td></tr>
<tr><td colspan="4">Router Deadinterval(라우터의 dead 간격)</td></tr>
<tr><td colspan="4">DR(Designated Router, DR의 IP 주소)</td></tr>
<tr><td colspan="4">BDR(Backup Designated Router, BDR의 IP 주소)</td></tr>
<tr><td colspan="4">Neighbor (타당한 hello 패킷 보낸 라우터 ID)</td></tr>
</table>

그림 8.26 OSPF 프로토콜 패킷 헤더

(1) SPF 알고리즘

OSPF 라우팅 프로토콜은 SPF(Shortest Path First) 알고리즘을 적용하여 최단거리를 산출한다. SPF는 다익스트라 알고리즘을 사용하는데, 노드의 누적 비용(cost)을 토대로 목적지까지 최단거리에 해당하는 경로를 산출하는 것이다. OSPF 라우팅 프로토콜의 링크 상태를 알리는 LSA는 플러딩되어 같은 에어리어의 라우터는 모두 같은 토폴로지 데이터베이스를 가지게 되고 라우터는 트폴로지 데이터베이스의 정보를 통해서 최단경로 트리를 만든다. 그런 다음에 생성된 트리를 토대로 최단거리가 생성된다.

그림 8.27은 라우터 1의 관점에서 네트워크의 경로를 산출한다. 첫 번째 경로는 라우터 1, 2, 3을 거쳐 라우터 5에 도달하고 두 번째는 라우터 1, 4를 거쳐 라우터 5로 도달하는 것이다. 적은 비용으로 도달 가능한 최단경로는 첫 번째 경로이다. 토폴로지 내의 각 라우터 관점에서 최단거리 경로를 선정한다.

OSPF의 메트릭 비용은 인터페이스를 통해 패킷을 전송하는데 필요한 오버헤드를 나타낸다. 인터페이스 비용은 대역폭이 높으면 낮은 비용이 산출되므로 대역폭에 반비례된다.

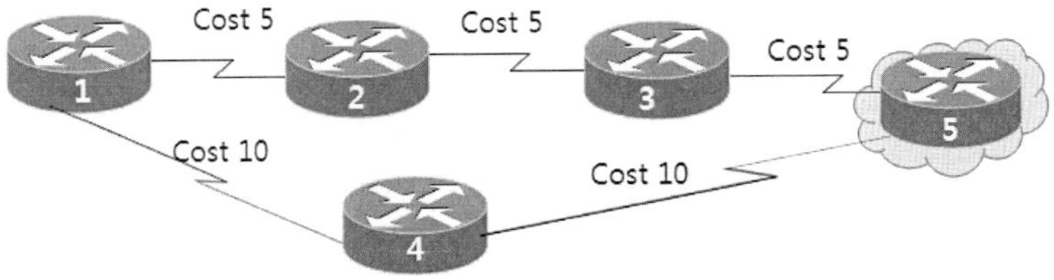

그림 8.27 SPF 알고리즘의 경로 선택과정

OSPF 비용산출에 사용되는 계산식은 다음과 같으며 참조 대역폭은 10^8이다.

$$\text{비용} = \text{참조 대역폭} / \text{인터페이스 대역폭(bit per second)}$$

만약 100Mbps 패스트 이더넷의 비용은 $10^8/10^8$으로 1이 되며 T1(1.544Mbps)의 비용은 10^8/1,544,000이 되어 64가 산출된다.

(2) OSPF 설정

OSPF 라우팅 프로토콜은 확장성이 뛰어나 대규모 망에 적용 가능하다. 거리 벡터 라우팅 프로토콜 RIP이 가지고 있는 여러 단점을 해결하고 있으나, 그 프로토콜 자체가 복잡하다는 단점도 있다. 대규모 IP 네트워크에서는 OSPF 라우팅 프로토콜 설정이 일반화되고 있고 이더넷 스위치의 보급으로 인하여 상대적으로 라우터의 중요성과 역할이 줄어들고는 있지만 외부 네트워크를 연결하는 라우터의 특성상 네트워크들을 연결하기 위해서는 라우터가 필요하다. 따라서 OSPF는 IGP 라우팅 프로토콜로써 어떤 라우팅 프로토콜보다도 장점이 있어 주도적 역할을 수행할 것으로 판단된다.

그림 8.28은 단일 에어리어에서 OSPF 라우팅 프로토콜 설정을 위한 네트워크 모델이다. OSPF 라우팅 프로토콜 설정방법을 살펴보도록 한다.

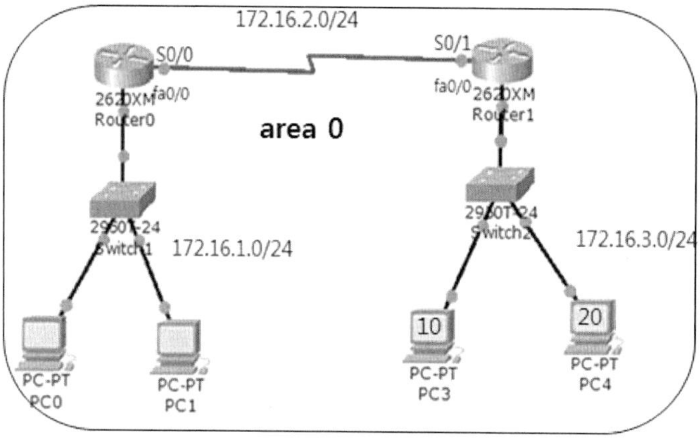

그림 8.28 단일 에어리어에서 OSPF 네트워크 모델

그림 8.28의 네트워크 모델을 구축하고 기본적인 인터페이스 설정을 한 후 OSPF 라우팅 프로토콜을 설정할 수 있다. OSPF 라우팅 프로토콜의 설정 명령은 router ospf [process ID]이다. process ID값은 OSPF 네트워크임을 식별하는 구분자이며 값의 범위는 1에서 65535 사이 값을 임의 선택이 가능하다. Router0 라우터에 연결된 시리얼 네트워크는 172.16.2.0이며 이더넷 네트워크는 172.16.3.0이다. OSPF 라우팅 프로토콜 설정 명령은 [network 네트워크 주소 와일드카드 마스크 area 번호]이다. 와일드카드(wildcard) 마스크는 서브넷 마스크의 반대로 적용하면 가능하다.

Router0 라우터에서 설정은 다음과 같다.

```
Router0(config)#router ospf 10
Router0(config-router)#network 172.16.1.0 0.0.0.255 area 0
Router0(config-router)#network 172.16.2.0 0.0.0.255 area 0
Router0(config-router)#end
```

Router1 라우터에서 OSPF 라우팅 프로토콜 설정은 다음과 같다. Router1 라우터에 연결된 네트워크는 시리얼라인 172.16.2.0 네트워크와 이더넷 172.16.3.0 네트워크이며 이를 라우팅 방법은 다음과 같다.

```
Router1(config)#router ospf 10
Router1(config-router)#network 172.16.2.0 0.0.0.255 area 0
Router1(config-router)#network 172.16.3.0 0.0.0.255 area 0
Router1(config-router)#end
```

OSPF 라우팅 프로토콜에 대한 설정이 모두 수행되었다. 다른 네트워크와 다양하게 연결되어 있다 하더라도 해당 라우터에 연결된 네트워크를 광고하면 된다. OSPF의 특징과 장점 그리고 사용방법을 숙지토록 하자.

기본적인 설정 이외에 OSPF 우선순위 값을 설정할 수 있다. 우선순위 값은 0에서 255 사이 설정이 가능하여 DR이나 BDR로 선출되지 않게 할 수 있다. 설정한 후에는 clear ip ospf 명령어를 수행하거나 전원을 리셋시켜야 한다. 방법은 다음과 같다.

```
Router0(config)#int s0/0
Router0(config-if)#ip ospf priority 3
Router0(config-if)#exit
Router0(config)#router ospf 10
Router0(config-router)#clear ip ospf
```

마지막으로 OSPF 네트워크에서는 라우터의 신뢰성을 높이고 식별을 위해 라우터 식별자(ID: InDentifier)를 사용한다. 라우터 식별자는 운영체제(IOS)에 의해 선택되는데 라우터 루프백 인터페이스를 설정하게 되면 가장 높은 라우터 식별자(ID)보다 우선하게 된다는 것을 기억하길 바란다. OSPF 네트워크에서 루프백 인터페이스를 사용하는 이유는 DR/BDR 선출을 위해서이다. 루프백 인터페이스는 논리적 인터페이스이므로 설정과 동시에 인터페이스는 활성화(active) 상태가 된다. 그 과정은 다음과 같다.

```
Router0(config)#interface loopback 0
Router0(config-if)#ip address IP 주소 172.16.10.1 255.255.255.255.0
Router0(config-if)#exit
```

(3) OSPF 확인

그림 8.28 네트워크 모델을 이용하여 단일 에어리어에서 OSPF 라우팅 프로토콜을 설정하였다. Router0의 라우팅 테이블의 내용을 확인해보자.

```
Router0#sh ip route
Codes: C - connected, S - static, I - IGRP, R - RIP, M - mobile, B - BGP
       D - EIGRP, EX - EIGRP external, O - OSPF, IA - OSPF inter area
       N1 - OSPF NSSA external type 1, N2 - OSPF NSSA external type 2
       E1 - OSPF external type 1, E2 - OSPF external type 2, E - EGP
       i - IS-IS, L1 - IS-IS level-1, L2 - IS-IS level-2, ia - IS-IS inter area
       * - candidate default, U - per-user static route, o - ODR
       P - periodic downloaded static route

Gateway of last resort is not set

     172.16.0.0/24 is subnetted, 3 subnets
C       172.16.1.0 is directly connected, FastEthernet0/0
C       172.16.2.0 is directly connected, Serial0/0
O       172.16.3.0 [110/65] via 172.16.2.2, 00:48:33, Serial0/0
```

그림 8.29 OSPF 설정 후 Router0의 라우팅 테이블 내용

그림 8.29에서 show ip route 명령어를 수행하여 네트워크의 모두 연결되었음을 확인할 수 있다. 라우팅 테이블 확인에서 O는 OSPF 라우팅 프로토콜이 설정되어 있다는 것을 의미하여 172.16.3.0 네트워크까지 172.176.2.2를 경유하여 도달 가능하다는 것이다. 그리고 [110/64]에

서 110은 OSPF의 관리 거리(AD) 값이며 65는 메트릭 값으로 상기에서 살펴본 OSPF 비용 산출을 참고하길 바란다.

```
Router1#sh ip route
Codes: C - connected, S - static, I - IGRP, R - RIP, M - mobile, B - BGP
       D - EIGRP, EX - EIGRP external, O - OSPF, IA - OSPF inter area
       N1 - OSPF NSSA external type 1, N2 - OSPF NSSA external type 2
       E1 - OSPF external type 1, E2 - OSPF external type 2, E - EGP
       i - IS-IS, L1 - IS-IS level-1, L2 - IS-IS level-2, ia - IS-IS inter area
       * - candidate default, U - per-user static route, o - ODR
       P - periodic downloaded static route

Gateway of last resort is not set

     172.16.0.0/24 is subnetted, 3 subnets
O       172.16.1.0 [110/65] via 172.16.2.1, 00:52:09, Serial0/1
C       172.16.2.0 is directly connected, Serial0/1
C       172.16.3.0 is directly connected, FastEthernet0/0
Router1#
```

그림 8.30 OSPF 설정 후 Router1의 라우팅 테이블 내용

그림 8.30는 Router1의 라우팅 테이블 내용이다. O는 OSPF 라우팅 프로토콜이 설정되어 있다는 것을 의미하여 172.16.1.0 네트워크까지 172.176.2.1을 경유하여 도달 가능하다는 것이다. 그리고 [110/64]에서 110은 OSPF의 관리 거리(AD) 값이며 65는 OSPF 비용 산출을 참고하길 바란다. 이로써 OSPF 네트워크가 구축되었다. 이제 구축된 네트워크의 연결 확인을 수행해 보자. 그림 8.31은 PC0에서 PC4와의 연결을 확인하기 위해서 Ping 유틸리티를 수행한 결과이다. 첫 번째 연결시도에서는 타임아웃이지만 두 번째부터는 연결이 성공적임을 보인다. 송신 패킷 수와 응답 패킷 수 그리고 손실률이 정확하게 반영되어있음을 확인할 수 있다.

```
PC>ping 172.16.3.20

Pinging 172.16.3.20 with 32 bytes of data:

Request timed out.
Reply from 172.16.3.20: bytes=32 time=90ms TTL=126
Reply from 172.16.3.20: bytes=32 time=90ms TTL=126
Reply from 172.16.3.20: bytes=32 time=100ms TTL=126

Ping statistics for 172.16.3.20:
    Packets: Sent = 4, Received = 3, Lost = 1 (25% loss),
Approximate round trip times in milli-seconds:
    Minimum = 90ms, Maximum = 100ms, Average = 93ms

PC>
```

그림 8.31 PC0에서 PC4의 Ping 수행 결과

그림 8.28을 토대로 OSPF 라우팅 프로토콜 설정을 수행하고 확인하였다. 더 상세한 결과의 확인을 위해서 그림 8.32와 같이 show ip protocols 명령을 통해 라우터 ID와 다양한 네트워크 정보를 확인할 수 있다.

```
Router0#sh ip protocols

Routing Protocol is "ospf 10"
  Outgoing update filter list for all interfaces is not set
  Incoming update filter list for all interfaces is not set
  Router ID 172.16.2.1
  Number of areas in this router is 1. 1 normal 0 stub 0 nssa
  Maximum path: 4
  Routing for Networks:
    172.16.1.0 0.0.0.255 area 0
    172.16.2.0 0.0.0.255 area 0
  Routing Information Sources:
    Gateway         Distance      Last Update
    172.16.2.2           110      00:14:22
  Distance: (default is 110)

Router0#
```

그림 8.32 show ip protocols 명령 수행 결과

그림 8.33에서는 show ip ospf 명령어를 수행한 결과를 보여주고 있다. 이 명령을 통해서는 라우터 ID뿐만 아니라 에어리어 정보 그리고 타이머 정보를 확인할 수 있고 SPF 알고리즘이 실행된 시간 등의 정보를 확인 가능하다.

```
Router0#show ip ospf
 Routing Process "ospf 10" with ID 172.16.2.1
 Supports only single TOS(TOS0) routes
 Supports opaque LSA
 SPF schedule delay 5 secs, Hold time between two SPFs 10 secs
 Minimum LSA interval 5 secs. Minimum LSA arrival 1 secs
 Number of external LSA 0. Checksum Sum 0x000000
 Number of opaque AS LSA 0. Checksum Sum 0x000000
 Number of DCbitless external and opaque AS LSA 0
 Number of DoNotAge external and opaque AS LSA 0
 Number of areas in this router is 1. 1 normal 0 stub 0 nssa
 External flood list length 0
    Area BACKBONE(0)
        Number of interfaces in this area is 2
        Area has no authentication
        SPF algorithm executed 3 times
        Area ranges are
        Number of LSA 2. Checksum Sum 0x01fdfe
        Number of opaque link LSA 0. Checksum Sum 0x000000
        Number of DCbitless LSA 0
        Number of indication LSA 0
        Number of DoNotAge LSA 0
        Flood list length 0

Router0#
```

그림 8.33 show ip ospf 명령 수행 결과

그림 8.34은 show ip ospf neighbor 명령어를 수행했을 때의 결과이다. 이 명령을 통해서는 인터페이스별로 OSPF 네이버의 정보를 요약하여 확인할 수 있다. Router0에서는 172.16.3.1 네이버를 확인할 수 있고 Router1에서는 172.16.2.1 네이버에 대한 정보를 확인할 수 있다. 특정한 네이버에 대해 더 상세한 정보를 얻고자 한다면 show ip ospf neighbor [IP 주소] 명령어를 활용할 수 있다.

```
Router0#show ip ospf neighbor

Neighbor ID     Pri   State           Dead Time   Address         Interface
172.16.3.1        0   FULL/  -        00:00:33    172.16.2.2      Serial0/0
Router0#
```

```
Router1#show ip ospf neighbor

Neighbor ID     Pri   State           Dead Time   Address         Interface
172.16.2.1        3   FULL/  -        00:00:38    172.16.2.1      Serial0/1
Router1#
```

그림 8.34 show ip ospf neighbor 명령 수행 결과

그림 8.35는 show ip ospf database 명령어를 수행한 결과이다. 이 명령은 에어리어 상에서 연결 정보를 보여주고 있다.

```
Router0#show ip ospf database
            OSPF Router with ID (172.16.2.1) (Process ID 10)

                Router Link States (Area 0)

Link ID         ADV Router      Age         Seq#       Checksum Link coun
172.16.2.1      172.16.2.1      1759        0x80000004 0x00feff 3
172.16.3.1      172.16.3.1      1759        0x80000004 0x00feff 3
Router0#
```

그림 8.35 show ip ospf database 명령 수행 결과

OSPF 라우팅 프로토콜로 구성된 OSPF 네트워크의 확인과 검증을 할 수 있는 명령어들에 대하여 살펴보았다. 이외에도 네트워크를 구성하고 인터페이스에 대한 상세한 정보도 확인할 수 있다. 그림 8.36는 show ip ospf interface 명령어를 수행한 결과이다. 이 명령을 수행하면 가장 높은 주소로 설정되는 라우터 ID를 확인할 수 있고 루프백 주소가 설정되어 있다면 라우터 ID가 루프백 주소로 변경되어 있음을 확인할 수 있을 것이다. 그리고 Hello 메시지 간격과 타이머 정보 그리고 인접하고 있는 네이버의 정보도 확인 가능하다.

```
Router0#show ip ospf interface
FastEthernet0/0 is up, line protocol is up
  Internet address is 172.16.1.1/24, Area 0
  Process ID 10, Router ID 172.16.2.1, Network Type BROADCAST, Cost: 1
  Transmit Delay is 1 sec, State DR, Priority 1
  Designated Router (ID) 172.16.2.1, Interface address 172.16.1.1
  No backup designated router on this network
  Timer intervals configured, Hello 10, Dead 40, Wait 40, Retransmit 5
    Hello due in 00:00:00
  Index 1/1, flood queue length 0
  Next 0x0(0)/0x0(0)
  Last flood scan length is 1, maximum is 1
  Last flood scan time is 0 msec, maximum is 0 msec
  Neighbor Count is 0, Adjacent neighbor count is 0
  Suppress hello for 0 neighbor(s)
Serial0/0 is up, line protocol is up
  Internet address is 172.16.2.1/24, Area 0
  Process ID 10, Router ID 172.16.2.1, Network Type POINT-TO-POINT, Cost: 64
  Transmit Delay is 1 sec, State POINT-TO-POINT, Priority 3
  No designated router on this network
  No backup designated router on this network
  Timer intervals configured, Hello 10, Dead 40, Wait 40, Retransmit 5
    Hello due in 00:00:05
  Index 2/2, flood queue length 0
  Next 0x0(0)/0x0(0)
  Last flood scan length is 1, maximum is 1
  Last flood scan time is 0 msec, maximum is 0 msec
  Neighbor Count is 1 , Adjacent neighbor count is 1
    Adjacent with neighbor 172.16.3.1
  Suppress hello for 0 neighbor(s)
Router0#
```

그림 8.36 show ip ospf interface 명령 수행 결과

OSPF 네트워크의 디버그 명령어도 있다. debug ip ospf packet 명령어를 사용하여 수신 패킷의 정보, OSPF 버전, 라우터 ID, 라우터 에어리어, 인증 정보, 그리고 순서번호도 확인 가능하다. 이러한 과정을 분석함으로써 트러블슈팅이 가능하다.

OSPF 네트워크의 로드밸런싱 기능의 기본은 네 개이고 같은 비용에서 최대 여섯 개까지 지원한다. maximum-path [number]로 지정 가능하다.

마지막으로 OPSF 네트워크는 인증 기능을 제공한다. 평문 인증과 MD5 암호화 인증 기능을 제공한다. 인증에 관한 확인은 show ip ospf neighbor 명령어와 show ip route 명령어를 통해 확인 가능하다. 상기의 본문 내용과 실습을 통해 확인해 보길 바란다.

8.6 OSPF 구축 및 실습

OSPF는 RIP과 비교 했을 때 첫 번째가 수렴시간(convergence time)의 차이이다. 수렴시간이란 라우터 간에 서로 변경된 정보를 주고받는데 걸리는 시간이다. 예를 들어 어떤 인터페이스가 신호가 끊겼을 때(dead) 이 정보가 모든 라우터에 전송되는데 걸리는 시간으로 라우팅 업데이트 시간을 의미한다. 상기에서도 살펴보았듯이 RIP의 수렴시간이 크다. OSPF는 변화가 감지되었을 때, 즉시 전달하여 수렴되기에 시간이 짧다. 그러므로 대규모 네트워크에 활용 가능성이 높다는 것이다. 또한 OSPF는 영역(area) 개념을 도입하여 전체 OSPF 네트워크를 작은 영역으

로 나누어 관리하기 때문에 효율적인 관리가 가능하다. 경로 산출에 관해 OSPF는 대역폭을 기반으로 비용(cost) 메트릭을 적용하여 최저의 비용을 산출한다. 최저의 비용을 산출하여 최단경로 즉 최적경로를 선택하기 때문에 정확한 경로 선택이 가능하다.

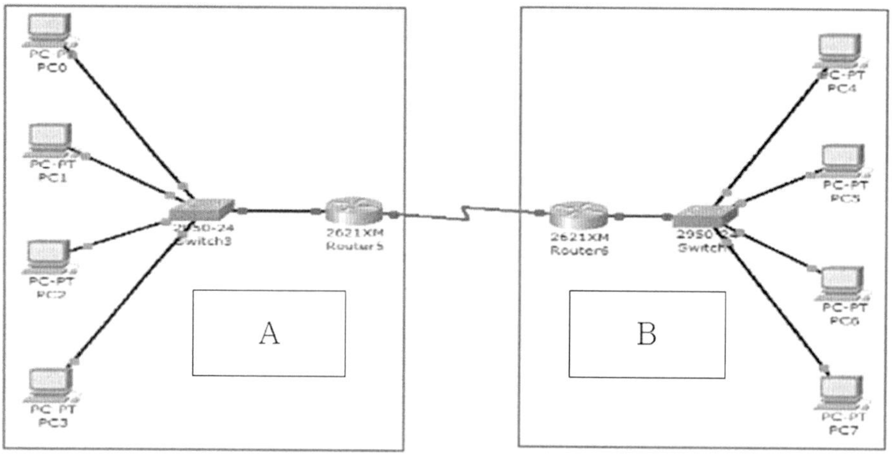

그림 8.37 OSPF 네트워크 구축 모델

그림 8.37의 네트워크 모델에 OSPF 라우팅 프로토콜을 이용하여 두 부서 간 연결이 가능한 OSPF 네트워크 구축을 실습한다. A 부서에 연결된 PC들이 B 부서에 연결된 PC들 사이 데이터의 송수신이 가능토록 OSPF 네트워크를 구축 실습할 것이다.

1 OSPF 실습을 위해 그림 8.37의 OSPF 네트워크 모델은 표 8.4를 적용하여 인터페이스에 IP 주소 및 기본 설정이 되어 있다고 가정한다.

표 8.4 그림 8.36의 상세 IP 주소

장치명	인터페이스	IP 주소	서브넷 마스크	게이트웨이 주소
Router A	Fa 0/0	192.168.10.5	255.255.255.240	N/A
	Se 0/0	192.168.10.17	255.255.255.240	N/A
Router B	Fa 0/0	192.168.10.33	255.255.255.240	N/A
	Se 0/0	192.168.10.18	255.255.255.240	N/A
PC 0	NIC	192.168.10.1	255.255.255.240	192.168.10.5
PC 1	NIC	192.168.10.2	255.255.255.240	192.168.10.5
PC 2	NIC	192.168.10.3	255.255.255.240	192.168.10.5
PC 3	NIC	192.168.10.4	255.255.255.240	192.168.10.5
PC 4	NIC	192.168.10.34	255.255.255.240	192.168.10.33
PC 5	NIC	192.168.10.35	255.255.255.240	192.168.10.33
PC 6	NIC	192.168.10.36	255.255.255.240	192.168.10.33
PC 7	NIC	192.168.10.37	255.255.255.240	192.168.10.33

인터페이스에 기본 설정만 된 상태에서는 직접 연결된 네트워크이 아닌 경우는 통신 불가능하다. 그림 8.37에서 A 부서와 B 부서의 각 PC 사이 통신은 가능하지 않음을 확인할 수 있다. OSPF 라우팅 프로토콜을 설정하여 네트워크 간 라우팅이 설정되어야만 각 부서의 종단 PC들이 서로 통신 가능할 것이다.

2 각 라우터의 연결된 인터페이스에 대해 OSPF 라우팅 프로토콜을 이용하여 라우팅 설정을 한다.

OSPF 라우팅 설정방법은 학습한 바와 같이 Router A의 경우에 Router A와 연결된 모든 인터페이스의 네트워크 주소를 알려줘야 한다. Router A의 인터페이스는 이더넷(Fa 0/0) 시리얼(Serial 0/0)이므로 인터페이스의 직접 연결된 네트워크 주소를 OSPF 프로토콜을 통해 라우팅되도록 광고한다. OSPF의 프로세스 식별자(Process-ID)는 1로 설정하고 에어리어는 백본 에어리어 0을 설정한다. 아래와 같이 설정토록 한다. Router B도 아래 내용을 참조하여 라우팅을 설정한다(그림 8.38 참조).

```
Router(config)#router ospf 1

Router(config-router)#network 192.168.10.0 0.0.0.15 area 0

Router(config-router)#network 192.168.10.16 0.0.0.15 area 0
Router(config-router)#
```

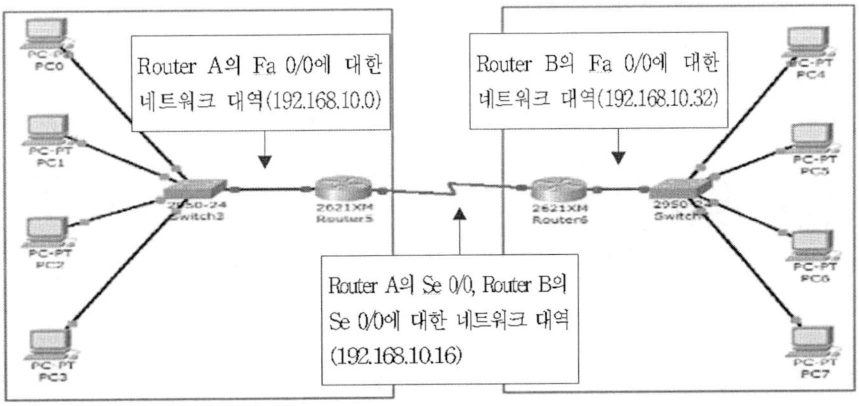

그림 8.38 해당 인터페이스의 네트워크 주소

3 설정 내용을 show ip protocols 명령어로 확인한다.

```
Router#show ip protocols

Routing Protocol is "ospf 1"
  Outgoing update filter list for all interfaces is not set
  Incoming update filter list for all interfaces is not set
  Router ID 192.168.10.17
  Number of areas in this router is 1. 1 normal 0 stub 0 nssa
  Maximum path: 4
  Routing for Networks:
    192.168.10.0 0.0.0.15 area 0
    192.168.10.16 0.0.0.15 area 0
  Routing Information Sources:
    Gateway         Distance      Last Update
    192.168.10.17        110      00:19:12
    192.168.10.33        110      00:19:13
  Distance: (default is 110)

Router#
```

그림 8.39 Router A에서 show ip protocols 실행 결과

4 PC1에서 PC7까지 종단 간에 연결을 테스트한다. 그림 8.40을 보면 25%의 손실(loss)이 발생했지만 처음 해당 경로로 연결(Ping) 테스트할 때 일어나는 현상이다. 테스트를 두 번째 하면 손실(loss) 값없이 정상적으로 성공하는 것을 확인할 수 있다.

```
PC>ping 192.168.10.37

Pinging 192.168.10.37 with 32 bytes of data:

Request timed out.
Reply from 192.168.10.37: bytes=32 time=156ms TTL=126
Reply from 192.168.10.37: bytes=32 time=156ms TTL=126
Reply from 192.168.10.37: bytes=32 time=125ms TTL=126

Ping statistics for 192.168.10.37:
    Packets: Sent = 4, Received = 3, Lost = 1 (25% loss),
Approximate round trip times in milli-seconds:
    Minimum = 125ms, Maximum = 156ms, Average = 145ms

PC>
```

그림 8.40 Router A의 PC1에서 Router B의 PC7 사이 Ping 수행 결과

실습과제

1 주어진 네트워크 모델에 제시한 조건들을 설정하여 완전한 네트워크를 구축하시오.

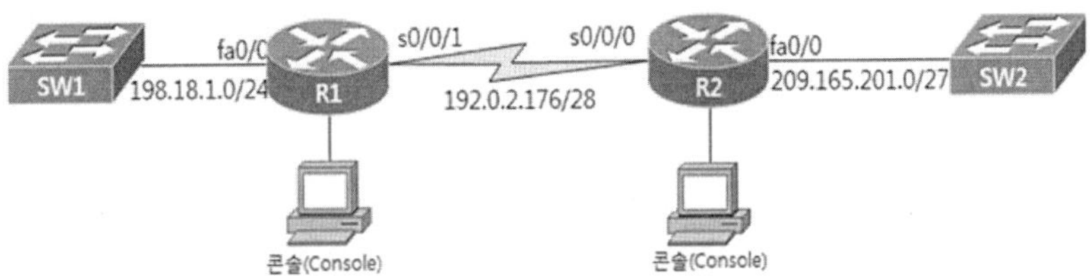

조건:

- 라우팅 프로토콜은 RIPV2를 이용하여 설정한다.
- 라우터 R1의 이더넷 인터페이스 주소는 198.18.1.0/24 네트워크의 첫 번째 호스트 주소를 할당
- 라우터 R1의 시리얼 인터페이스 주소는 192.0.2.176/28 네트워크의 첫 번째 호스트 주소를 할당
- 라우터 R2의 이더넷 인터페이스 주소는 209.165.201.0/27 네트워크의 네 번째 호스트 주소를 할당
- 라우터 R2의 시리얼 인터페이스 주소는 192.0.2.176/28 네트워크의 마지막 호스트 주소를 할당

2 EIGRP

주어진 아래의 네트워크 모델에 제시한 IP 주소를 설정하여 완전한 EIGRP 네트워크를 구축하시오.

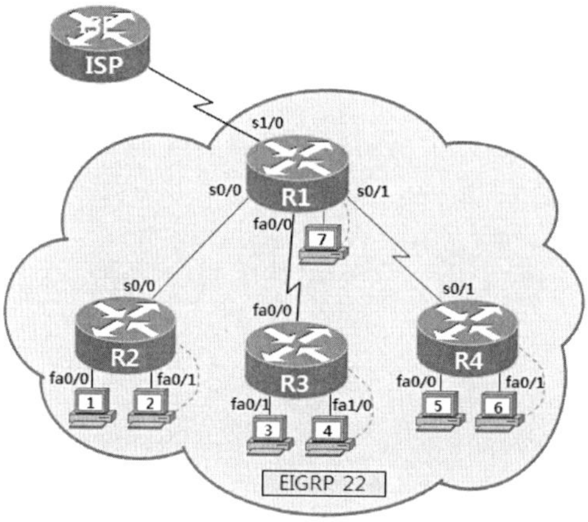

라우터	IP 주소		
R1	Fa0/0	192.168.77.33	255.255.255.252
	S0/0	192.168.36.13	255.255.255.252
	S0/1	192.168.60.25	255.255.255.252
	S1/0	192.0.18.6	255.255.255.0
R2	Fa0/0	192.168.77.34	255.255.255.252
	Fa0/1	192.168.60.65	255.255.255.240
	Fa1/0	192.168.60.81	255.255.255.240
R3	Fa0/0	192.168.60.97	255.255.255.240
	Fa0/1	192.168.60.113	255.255.255.240
	S0/0	192.168.36.14	255.255.255.252
R4	Fa0/0	192.168.60.129	255.255.255.240
	Fa0/1	192.168.60.145	255.255.255.240
	S0/1	192.168.60.26	255.255.255.252
R5	S1/0	192.0.18.5	255.255.255.0

3 OSPF

주어진 아래의 네트워크 모델은 복수의 에어리어로 구성된 OSPF 네트워크이다. 실습에서는 외부 라우팅 프로토콜 RIP과의 연동에 대한 라우팅을 또한 실습한다. 그림에서 제시하고 있는 IP를 설정하고 완전한 네트워크가 되도록 설정하시오.

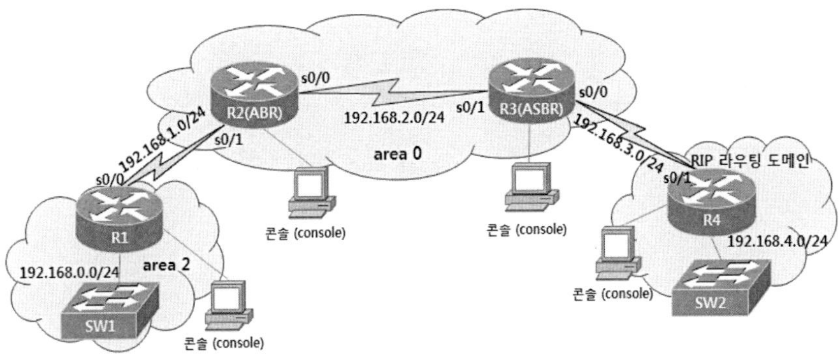

- ASBR 설정방법

```
R3(config)#router ospf 10
R3(config-router)#network 192.168.2.0 0.0.0.15 area 0
R3(config-router)#redistribute rip
R3(config-router)#exit
R3(config)#router rip
R3(config-router)#network 192.168.3.0
R3(config-router)#redistribute ospf
R3(config-router)#end
```

Chapter 09

스위치 기술과 VLAN

8장에서 기술된 라우팅 프로토콜들은 네트워크 계층에서 동작한다. 9장에서는 데이터링크 계층에서 동작하는 스위치와 관련된 전반적인 내용에 대하여 기술된다. 먼저 STP와 RSTP의 스위치 기술에 대하여 학습하고 두 번째는 VLAN 기술의 특징과 설정방법을 익혀 VLAN에 대하여 실습할 것이다. 마지막으로 VTP에 대하여도 다룬다.

9.1 스위치 기술

스위치의 기능을 활용하여 네트워크의 확장 문제와 처리량 증대 그리고 보안의 기능도 향상시킬 수 있다. 스위치는 하드웨어기반에서 프레임의 하드웨어 주소를 참조하여 동작하기 때문에 고속으로 처리가 가능하다. 스위치와 브리지는 기능은 같으나 브리지는 소프트웨어기반에서 동작하는 것이 그 차이이며 현재 대부분은 스위치 사용되고 있다.

스위치는 다음의 세 가지 기능을 가진다.

- 어드레스 학습 기능
- 포워드 기능과 필터링 기능
- 루프 방지 기능

어드레스 학습기능은 스위치의 개별포트가 어떠한 포트의 호스트와 연결되었는지 하드웨어 주소를 기억한다는 것이다. 스위치의 초기 상태는 스위치에서 관리되는 주소테이블이 비어 있어 전송을 원하는 호스트가 있다면 전송을 원하는 호스트의 목적지 주소를 찾기 위해 모든 포트에게 연결된 호스트가 목적지 주소임을 묻는 브로드캐스트 트래픽을 보낸다. 이 과정을 통해 스위치의 주소 테이블이 생성되며 이 기능이 어드레스 학습(MAC Address) 기능이다.

포워드 기능과 필터링 기능은 스위치의 어드레스 학습으로 인해 스위치의 주소테이블이 생성되어 있기 때문에 전송을 원하는 호스트는 주소테이블을 참조하여 해당 목적지 주소에게만 프레임이 전송(forwarding)되어 다른 포트로 트래픽이 전송되는 것을 방지(filtering)할 수 있는 기능을 의미한다.

스위치는 고장 또는 작동이 멈추는 장애를 대비하여 스위치의 이중화를 지원한다. 스위치의 이중화 기능은 유용한 기능이라 볼 수 있다. 그러나 이중화된 스위치는 루프(loop)라는 문제를 발생시킬 수 있다. 스위치는 유니캐스트, 멀티캐스트, 브로드캐스트 전송방식을 지원한다. 멀티캐스트와 브로드캐스트는 자신을 제외한 모든 포트로 프레임을 전달하지만 유니캐스트는 프레임전송할 때 주소 테이블과 비교하여 목적지 포트가 있으면 해당 포트로만 전송하고 목적지 포트가 없다면 모든 포트로 프레임을 전달하는 브로드캐스트 방식(unicast flood)을 사용한다. 스위치 루프는 스위치가 이중화되어 있을 때, 전송을 원하는 프레임의 목적지 주소가 어드레스 테이블에 없다면 계속적으로 모든 포트로 프레임을 전달하는 것으로 지속적인 전달로 인해 브로드캐스트 스톰(storm) 현상이 만들어지며 결국, 스위치가 정상적인 동작을 못하게 하는 현상이다. 멀티캐스트와 브로드캐스트 프레임 전달에서는 어드레스가 학습되지 않기 때문이다.

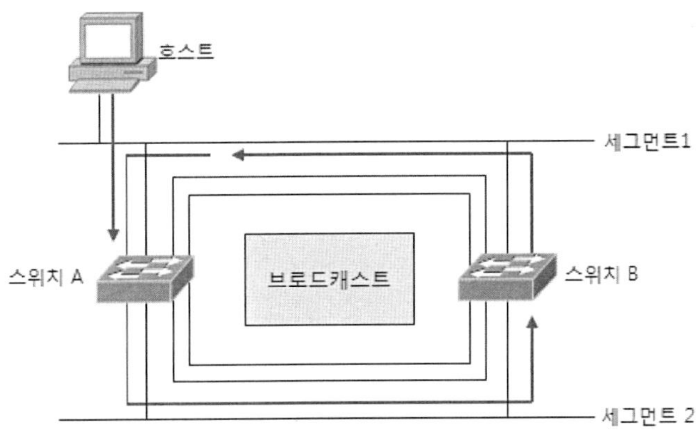

그림 9.1 브로드캐스트 스톰(storm)

브로드캐스트와 멀티캐스트 프레임은 지정된 수신 하드웨어 주소를 가지지 않는다. 수신지 주소가 모두 1은 브로드캐스트 주소이고 선택된 지정된 네트워크 주소의 호스트가 모두 1인 경우는 멀티캐스트 주소이다.

스위치의 이중화 지원으로 발생할 수 있는 루프 문제를 해결하는 프로토콜이 STP(Spanning Tree Protocol)과 RSTP(Rapid STP)이다. STP와 RSTP 기술은 주요한 기능이므로 잘 익혀두길 바란다.

(1) STP

STP(Spanning Tree Protocol)는 지속적인 네트워크 모니터링을 통하여 루프의 발생을 차단하는 기능을 수행하는 프로토콜이다. 루프를 차단하여 프레임을 전달하기 위해 루트 브리지를 선정하는 방법은 다음과 같다.

- 루트 브리지 선출
- 비루트 브리지에서 루트 포트 선출
- 각 세그먼트에서 지정 포트 선출

네트워크에는 하나의 루트 브리지만을 선출하여 프레임 전달경로로 사용한다. 그 기준은 그림 9.2에서와 같이 각 스위치의 우선순위(priority) 값과 MAC 주소이며 스위치에 부여되어 있는 우선순위 값은 낮은 값이 그리고 MAC 주소 역시 낮은 값의 스위치가 루트 브리지로 선택된다. 그림 9.2와 같이 스위치의 우선순위는 1,900A와 1,900B 스위치가 같으므로 스위치의 더 낮은 MAC 주소를 가진 1,900A 스위치가 루트 브리지로 선출된다. 루트 브리지의 모든 포트는 지정된 포트(designagted port)가 되고 포워딩(forwaring) 상태에서 프레임을 전달할 수 있다. 그 외의 다른 스위치는 비루트 브리지(non bridge)라 부르며 비루트 브리지의 포트 중에서 가장 높은 연결 대역폭 즉 최저 비용(cost)에 연결된 포트가 루트(root) 포트가 되어 프레임을 전달할 수 있다(그림 9.2 참조).

STP 프로토콜을 사용하는 스위치는 인접 스위치와 2초의 간격으로 BPDU(Bridge Protocol Data Unit) 정보를 교환한다. BPDU 정보는 BID(Bridge ID)를 포함하여 스위치 환경 설정 메시지를 멀티캐스트방식으로 전송한다. 스위치는 고유한 BID를 가진다. BID의 구성은 우선순위 값 2바이트와 MAC 주소 6바이트로 구성된다. 기본 우선순위 값은 802.1D에 따라 32768, 16진수로 0X8000이며 가장 낮은 BID를 가진 스위치가 루트 브리지가 된다. 그림 9.2에서는 1,900A가 우선순위 값은 같지만 MAC 주소가 낮아 루트 브리지로 선출된다.

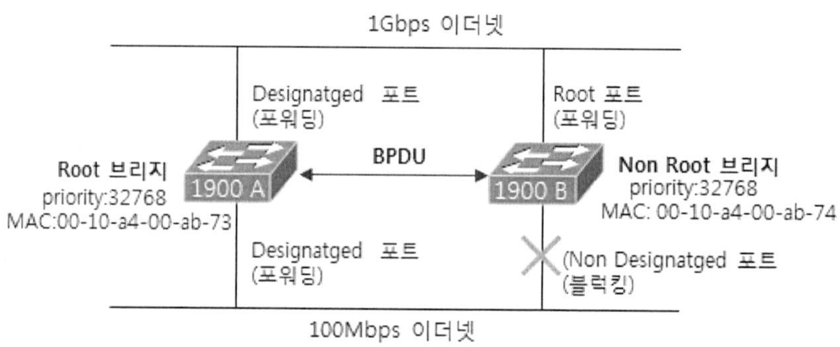

그림 9.2 STP의 동작과 루트 브리지 선출 방법

그리고 1,900B의 스위치에서 1Gbps로 연결된 대역이 최저 비용이 되어 루트 포트로써 프레임을 전달하며 반대편의 100Mbps의 포트는 차단된다. 이러한 방법을 통해 스위치 이중화에서 루프를 방지하는 것이다.

STP의 포트 상태는 다음 다섯 가지로 구분된다.

- 차단(blocking) 상태
- 청취(listening) 상태
- 학습(learning) 상태
- 전달(forwarding) 상태
- 비활성(disable) 상태

스위치의 전원이 들어오면 스위치가 동작하게 되는데 설정이 정상적이면 자동으로 BPDU 정보에 의해 프레임 차단 상태 또는 프레임 전달 상태가 된다. 스위치에 문제가 생겨 정상적인 작동이 어려울 때 포트들은 차단 상태에서 청취 상태 다음에 학습 상태가 될 수 있으며 BPDU 정보교환에 의해 루트 브리지 선출과 루트 포트로 선정 된다. 이러한 과정으로 다시 전달 상태 또는 차단 상태로 안정화된다. 차단 상태에서 전달 상태로의 상태 변화 즉 차단 상태에서 청취 상태, 청취 상태에서 학습 상태, 그리고 학습 상태에서 전달 상태까지의 과정을 수렴(convergence)된다고 하며 802.1D STP에서 이러한 수렴단계까지의 소요되는 시간은 30에서 50초 정도가 소요된다.

루트 브리지와의 연결에서 프레임 전달을 위한 포트를 결정할 때 연결 대역폭에 대한 경로비용 즉 이더넷 네트워크 기준비용은 표 9.1과 같다. 네트워크 대역폭이 클수록 적은 비용 산출이 가능하다.

표 9.1 대역폭당 비용

대역폭	IEEE802.1d	IEEE 표준 기준
10Gbps	2	1
1Gbps	4	1
100Mbps	19	10
10Mbps	100	100

스위치의 이중 구성에서 루프를 방지하는 STP 프로토콜에 대하여 학습하였다. 그림 9.3 루트 브리지 선출 모델을 참조하여 루트 브리지를 선출하여 보자. 루트 브리지를 선출하는 첫 번째는 BID 정보에 포함된 우선순위 값을 확인하는 것이다. 가장 적은 우선순위 값을 가지는 스위치가 루트 브리지로 선출되는데 그림 9.3에서는 스위치 3이 가장 우선순위 값이 낮아 루트 브리지로 선출되었다.

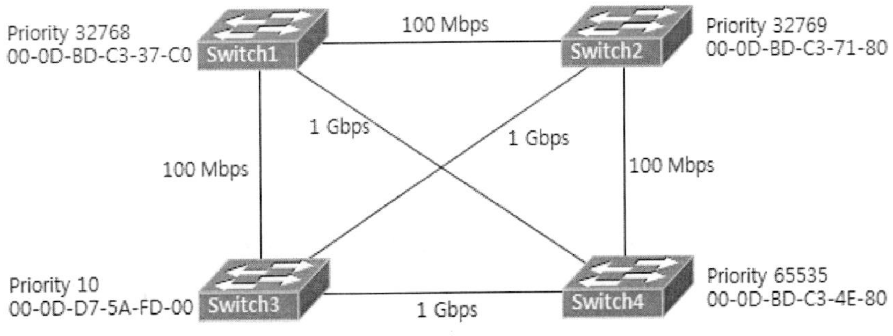

그림 9.3 루트 브리지 선출 모델

그림 9.4는 STP 스위치 모델이다. 주어진 STP 스위치 모델에서 루트 브리지를 선출하고 루트 포트와 지정된 포트 그리고 차단 포트를 찾아보도록 한다. 연결 링크의 대역폭은 모두 같은 것으로 가정한다.

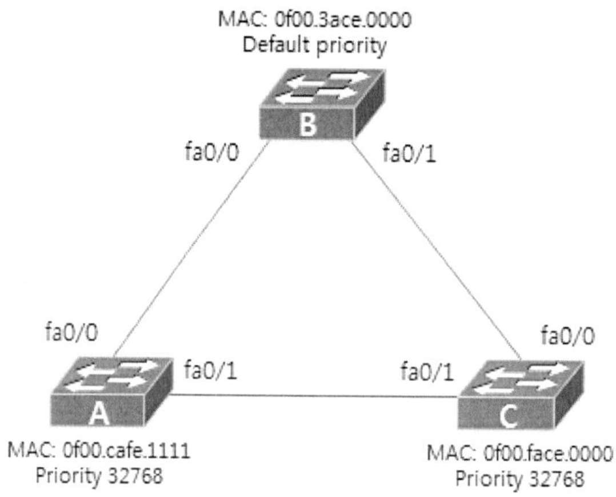

그림 9.4 STP 스위치 모델

그림 9.4에서 루트 브리지를 선출하기 위해 BID 정보의 우선순위 값과 MAC 주소를 살펴본다. 우선순위 값이 32768은 표준 값이므로 모든 스위치가 같은 값이다. 그럼 MAC 주소를 비교해 보면 가장 낮은 MAC 주소는 스위치 B이다. 그러므로 루트 브리지는 스위치 B가 된다. 스위치 B와 연결된 포트는 루트 포트가 될 수 있다. 그러면 스위치 A와 스위치 C 중에서 루트 포트는 더 낮은 MAC 주소의 스위치가 될 것이다. 그러므로 스위치 A가 루트 포트가 된다. 지정된 포트를 찾아보자. 루트 브리지의 모든 포트는 지정된 포트이다. 그러므로 스위치 B의 fa0/0와 fa0/1 포트는 지정된 포트가 된다. 그리고 세그먼트당 하나의 지정된 포트를 가진다. 스위치 A와 스위치 C의 연결 구간 세그먼트에서 우선순위와 MAC 주소가 낮은 스위치의 포트가 지정 포트가 된다. 그러므로 스위치 A의 fa0/1이 지정 포트가 되는 것이다(그림 9.4 참조). 모든 지정 포트와 루트 포트의 상태는 전달 상태로 안정화된다. 정리하면 다음과 같다.

루트 브리지: 스위치 B

루트 포트: 스위치 A와 fa0/0, 스위치 C의 fa0/0

지정 포트: 스위치 B의 fa0/0와 fa0/1, 스위치 A의 fa0/1

차단 포트, 비지정 포트: 스위치 C의 fa0/1

STP의 느린 수렴시간을 단축하기 위해 데이터링크 계층의 인터페이스에 스패닝 트리 포트패스트(portfast)를 적용할 수 있다. 학습 상태를 건너뛰어 차단 상태에서 전달 상태로 바로 변경되게 하는 것이다. 허나 포트패스트는 액세스 포트에서만 사용할 수 있으며 포트패스트 활성화는 스패닝 트리의 루프를 발생시킬 가능성이 있다.

(2) RSTP

RSTP(Rapid STP)는 STP의 네트워크 토폴로지 변화에 따른 차단 상태에서 전달 상태로의 변화의 수렴시간을 단축시킨 것이다. STP는 차단 상태에서 전달 상태로 50초 그리고 BPDU 정보의 교환에는 2초가 소요된다. 이러한 느린 수렴시간은 네트워크의 변화에 즉각 대응이 어려운 문제점이 있다. 기본적인 동작은 802.1D STP와 호환성을 유지하면서 802.1w RSTP는 몇 가지의 기능의 개선을 통해 상태변화의 시간을 현격히 단축시켰다.

RSTP에서 추가된 포트는 대체(alternate) 포트이고 또 다른 하나는 백업(backup) 포트이다. 대체 포트는 루트 포트가 가지고 있는 경로와 다른 루트 브리지에 대한 대체경로이다. 백업 포트는 이중 연결을 제공하는 점대점 연결에서 사용 가능한 포트이다. 그리고 STP의 상태 변화를 RSTP에서는 세 가지 상태로 간략화시켰다. 세 가지 상태는 폐기(discarding) 상태, 학습(learning) 상태, 전달(forwarding) 상태이다. 따라서 네트워크 장애 시에도 스위치의 빠른 안정화가 가능하게 되었다. RSTP는 STP의 차단 상태와 청취 상태를 폐기 상태로 대응시키고 학습 상태는 학습 상태로 유지되며 전달 상태는 전달 상태 그대로 유지시키고 있다. RSTP의 폐기 상태에서는 BPDU 정보를 수신하지 않는 것이 차이점이다. 이러한 과정을 통해 현격히 빠른 수렴이 가능하게 된다. RSTP 설정은 다음과 같다.

- PVRST+를 활성화한다.
- 루트 브리지 선출한다.
- 백업 루트 브리지 선출한다.

PVRST+(Per VLAN Rapid Spanning Tree Plus)는 802.1w 표준으로 각 VLAN당 하나의 RSTP를 구체화할 수 있는 스패닝 트리 프로토콜이다. 이는 802.1D STP보다 현격히 빠른 수렴 시간을 제공한다. PVST(Per VLAN Rapid Spanning Tree)는 802.1D STP를 사용하는 기본 서비스방식에서 STP 수렴시간을 개선시켰다. 루트 브리지의 선출은 STP의 기존 선출 방법과 동일하다. 백업 포트는 허브와의 연결에서 사용한다.

그림 9.5는 RSTP 프로토콜을 적용한 스위치 모델이다. 그림 9.5를 보고 루트 브리지를 선출하고 루트 포트와 지정 포트 그리고 대체 포트를 살펴보도록 하자. 연결된 모든 대역폭은 동일하다고 가정한다.

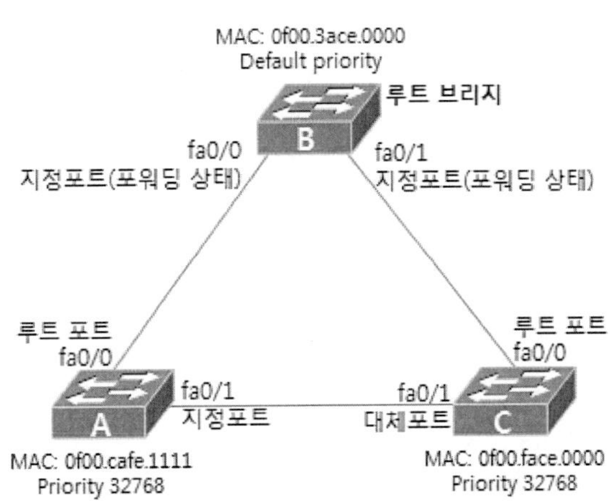

그림 9.5 RSTP 스위치 모델

그림 9.5에서는 우선순위 값은 모두 같다. 따라서 MAC 주소를 비교한다. MAC 주소가 가장 낮은 스위치 B가 루트 브리지로 선출된다. 루트 브리지의 모든 포트는 지정 포트로서 스위치 B의 fa0/0와 fa0/1이며 또 하나는 세그먼트당 지정되는 스위치 A와 스위치 C 연결에서 MAC 주소가 더 낮아 선출되는 스위치A의 fa0/1 포트이다. 루트 포트는 스위치 A의 fa0/0와 스위치 C의 fa0/0이다. RSTP의 대체 포트는 바로 스위치 C의 fa0/1이 된다. 지정포트는 모두 포워딩 상태가 된다. 대체 포트는 스위치에서 문제 발생한다면 루트 포트로 변경 가능하다.

루트 브리지: 스위치 B

루트 포트: 스위치 A와 fa0/0, 스위치 C의 fa0/0

지정 포트: 스위치 B의 fa0/0와 fa0/1, 스위치 A의 fa0/1

대체 포트: 스위치 C의 fa0/1

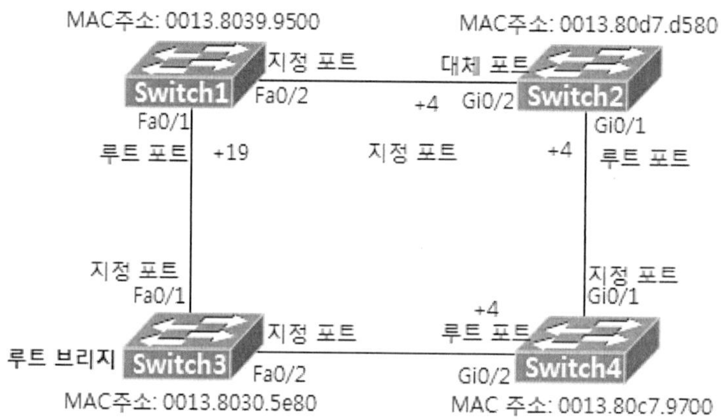

그림 9.6 포트 구별 위한 RSTP 스위치 모델

그림 9.6의 스위치 모델은 우선순위가 같다는 가정에서 MAC 주소가 낮은 스위치 3이 루트 브리지로 선출된다. 지정 포트는 루트 브리지의 모든 포트이고 그리고 세그먼트당 하나의 지정 포트를 가진다. 스위치 1과 스위치 4가 루트 브리지와 연결되어 루트 포트로 선출된다. 스위치 2는 표 9.1과 같이 연결의 대역폭을 기반으로 비용(cost)이 계산된다. 스위치 2의 Gi0/2는 루트 브리지로부터 23에 해당하는 비용이 소요되고 Gi0/1는 루트 브리지로부터 8에 해당하는 비용이 소요되므로 Gi0/2포트가 대체포트가 되며 이 포트는 차단된다.

그림 9.7은 RSTP를 적용한 네트워크 모델 예이다. 액세스(Access) 계층의 대체 경로에서 폐기 포트 역할을 수행하는 스위치를 찾아보자.

스위치 3과 스위치 4에서 스위치 3이 더 낮은 MAC 주소를 가져 전달(forwarding) 상태가 되고 스위치 4가 대체 경로가 된다. 그런데 경로가 이중화가 되어있다. 이때 하나의 경로가 대체 경로로 선택되고 나머지 경로는 폐기(discard)된다. 그 기준은 포트의 인덱스값을 참조한다. 예를 들면 fa0/12가 fa0/1 보다 인덱스가 낮다는 것이다. 그러므로 스위치 4의 fa0/11가 대체경로가 되어 폐기(discard)된다.

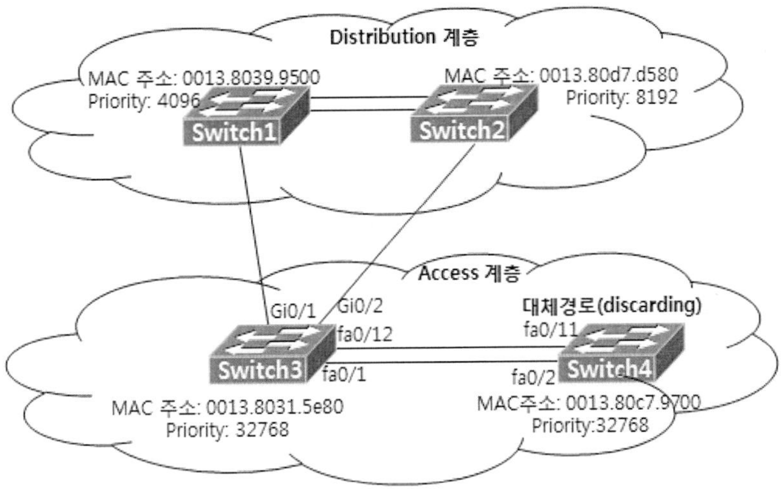

그림 9.7 대체경로 이중화에서 폐기 포트

단일 연결에서는 STP와 RSTP는 같은 기능을 수행한다. 그러나 이중으로 연결되었을 때는 BPDU 정보를 주고받아 더 낮은 비용의 좋은 값을 수신한 BPDU 포트를 전달 포트로 변경하여 사용한다.

(3) 스위치의 프레임 처리 모드

그림 9.10은 스위치에서 처리되는 프레임의 헤더 형식이다. 스위치에서 프레임을 처리하는 모드는 프레임의 헤더와 관련이 있다. 프레임의 헤더의 구조를 기준으로 프레임을 처리하는 모드가 3가지가 있다.

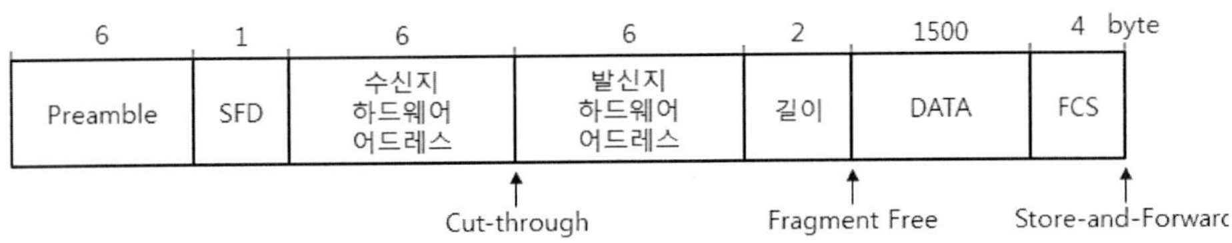

그림 9.8 스위치 프레임 헤더 형식과 프레임 처리 모드

- 저장 후 전달(Store and Forward)
  스위치에 들어온 프레임의 전체 정보를 모두 점검한 후 오류가 없을 경우에 전달한다.
- 컷 스루(Cut Through)
  스위치가 수신지 하드웨어 주소만을 확인한 후 즉시 전달한다.
- 프래그먼트 프리(FragmentFree)
  저장 후 전달과 컷 스루 방법의 복합적인 방법으로 프레임의 처음 64바이트를 확인한 후 이상이 없을 경우 전달한다.

(4) 이더 채널

이더 채널(EtherChannel)이란 많은 대역폭을 요구하는 응용을 위해 물리적인 이더넷의 여러 개를 묶어 하나의 논리적인 대역폭으로 서비스를 가능토록 하는 개념이다. 이더 채널은 전이중 방식을 지원하므로 예를 들어 6개 포트를 가지는 패스트 이더넷은 1.2Gbps의 데이터전송이 가능하다.

9.2 VLAN

(1) VLAN 기술

LAN(Local Area Network)이란 동일한 브로드캐스트(Broadcast) 도메인을 가지는 노드들에 대한 하나의 네트워크를 의미한다. 동일한 브로드캐스트(Broadcast) 도메인에서 모든 멤버들이 브로드캐스트 정보를 받아 볼 수 있다 브로드캐스트 정보를 필요로 하지 않는 노드에게는 트래픽의 부하만 가중하게 된다. 브로드캐스트를 차단하는 방법은 네트워크를 분리하는 방법이다. 네트워크를 분리하기 위하여 라우터를 사용해야 하며 라우터의 사용보다는 스위치를 이용하여 프레임을 처리하는 것이 효율적인 방법이 된다. 라우터를 대신하여 LAN을 분리하기 위한 방법이 VLAN(Virtual LAN) 기술이다. VLAN 기술은 물리적으로 같은 스위치에 연결되어 있거나 같은 지역에 있지 않아도 된다. 논리적인 개념으로 여러 개의 LAN으로 구분하여 나눌 수 있고 묶을 수도 있다.

VLAN 장점으로는 네트워크 분리로 인하여 향상된 대역폭, 논리적인 네트워크로 구성하였으므로 물리적인 네트워크의 형태의 제약이 극복될 수 있다는 것이고 브로드캐스트 트래픽의 분리 또한 큰 장점이다. 따라서 회사의 업무 기능을 VLAN 기술을 이용하여 편리하게 분리할 수 있다. 그리고 VLAN을 사용하면 스위치 포트에 연결된 사용자들에 대해 유연성을 확보할 수 있고 다른 VLAN에는 접근이 불가능하니 자체가 안전성을 가지고 있으나 보안성은 반드시 검토되어야 한다. VLAN은 장점이 많은 기술이지만 단점은 네트워크 설계가 잘못되었을 경우에 VLAN 기술을 적용할 경우 네트워크 관리자의 유지보수 관리가 복잡해지는 점과 VLAN 사이 통신을 위해 라우터 장비 같은 네트워크 장비가 필요하다는 점이다. 그림 9.9는 VLAN의 개념도이다.

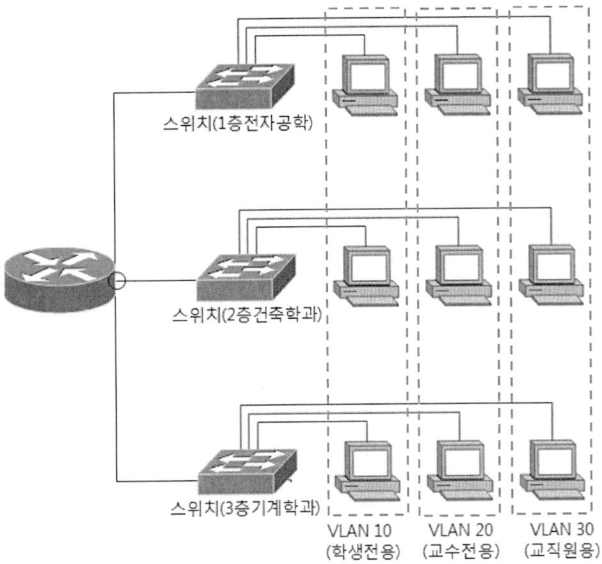

그림 9.9 VLAN 개념도

그림 9.9는 물리적으로는 같은 네트워크이나 VLAN 구성에 의해 완전히 구분되는 네트워크로 구성될 수 있고 다른 VLAN 간의 통신을 위해서는 라우터를 거쳐야만 통신이 가능하다는 것을 기억하자.

그림 9.9에서 VLAN으로 구성되기 전에는 하나의 브로드캐스트 도메인이지만 VLAN으로 구성된 후에는 세 개의 브로드캐스트 도메인으로 구분되었다. VLAN으로 구성되어 네트워크의 이동과 추가 그리고 삭제의 변경이 쉬운 특성이 있다.

(2) 트렁킹

그림 9.10과 같이 서로 다른 VLAN이 구축되었을 경우, 복수의 스위치 상에서 다른 VLAN 간의 통신을 가능하게 하려면 트렁킹(trunking) 또는 태깅(tagging, VLAN ID)이 필요하다

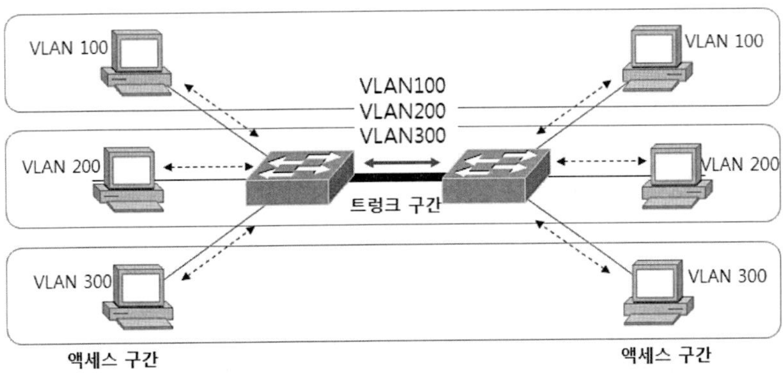

그림 9.10 VLAN 트렁킹

VLAN 구간은 액세스 구간(access link)과 트렁크 구간(trunk link)으로 나뉜다. 액세스 구간은 하나의 VLAN에 소속되고 같은 VLAN 사이는 통신이 가능하나 다른 VLAN과는 통신이 불가능하다. 통신이 가능하려면 라우팅해주는 라우터 장비가 필요하다.

트렁크 구간은 하나의 구간을 통해서 다중의 VLAN을 전달할 수 있다. 스위치와 스위치 연결 그리고 스위치와 라우터 연결도 가능하다. 프레임이 트렁크 링크 사이를 통과할 때 태깅이 부여되고 트렁크 구간을 빠져 나오면 태깅이 제거된다. 트렁크 구간에서 서로 다른 VLAN을 식별하는 방법은 인캡슐레이션 방법이다. 캡슐화 방법으로는 ISL과 IEEE 802.1q의 두 가지 방법이 있다.

(3) IEEE 802.1q

그림 9.11 ISL(Inter-Switch Link)은 VLAN 식별을 위한 시스코사에서 만든 것으로 VLAN 정보를 이더넷 프레임에 26바이트로 구성되어 헤더에 캡슐화되는 구조를 보여주고 있다. ISL 헤더의 태깅을 통해 단일 트렁크 구간에서 복수의 VLAN을 교환할 수 있다.

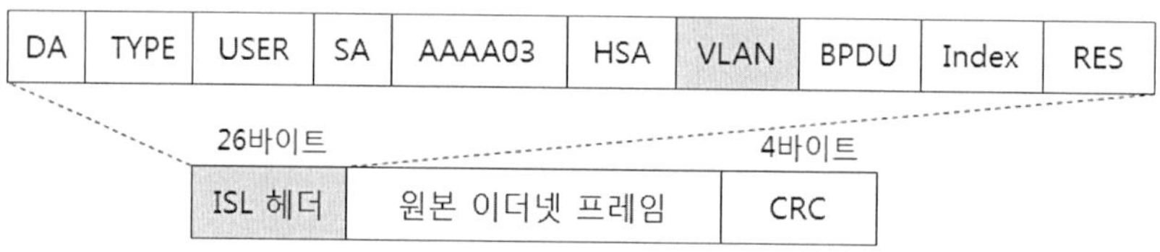

그림 9.11 ISL 헤더 구조

ISL은 시스코사의 장비에만 동작 가능하기 때문에 이질적인 환경에서 사용이 가능하도록 트렁크구간 식별을 위해 IEEE 802.1q 표준이 발표되어 사용되고 있다(그림 9.12 참조).

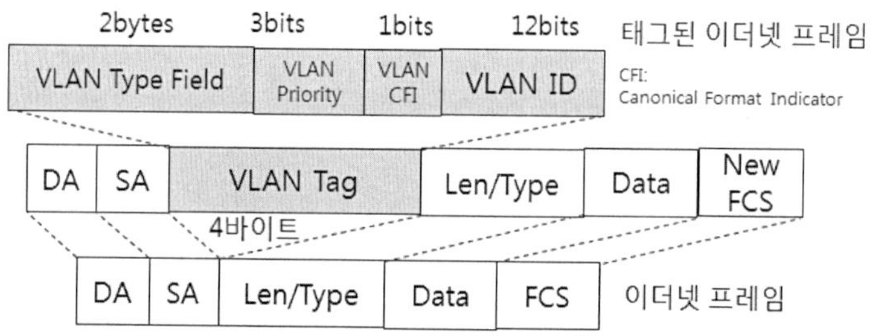

그림 9.12 IEEE 802.1q 구조

IEEE 802.1q 표준에서는 VLAN 식별을 위해 그림 9.12에서 음영 부분과 같이 VLAN ID를 이더넷 프레임에 넣어 캡슐화됨을 보인다.

트렁킹 구간에서는 동시에 VLAN 1에서 VLAN 1005까지 VLAN 정보를 전송할 수 있다. IEEE 802.1q 표준 인캡슐레이션 방법에는 네이티브(native) VLAN이 있다. 네이티브 VLAN은 VLAN 1을 의미한다. 네이티브 VLAN은 트렁크 구간에서 VLAN ID가 태깅되지 않는 VLAN 정보가 전송될 경우 VLAN 1로 인식되어 전송되는 기능이다. 사용자가 설정 가능한 범위는 VLAN은 2에서 1005까지이다. VLAN 1은 관리용으로 VLAN에서 기본 설정되어 있다.

(4) VLAN 설정

VLAN의 특징과 헤더 그리고 트렁킹에 대한 개념에 대하여 살펴보았다. VLAN의 설정과 트렁킹에 대한 설정방법을 학습하도록 한다.

그림 9.13 VLAN 설정 모델을 이용하여 VLAN 부여하고 동일한 VLAN 통신과 각기 다른 VLAN 통신 그리고 트렁크 구간의 설정에 대하여 살펴본다.

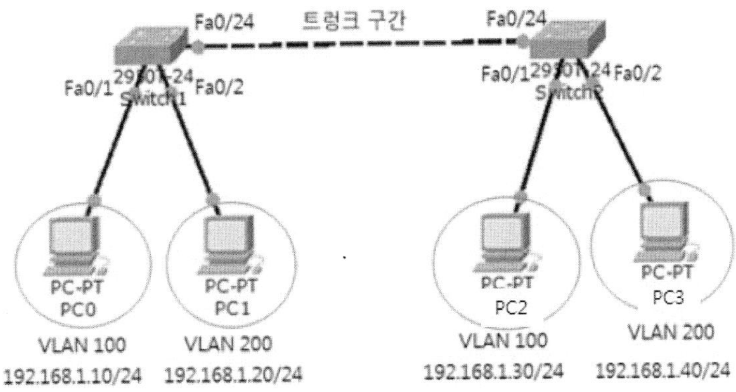

그림 9.13 VLAN 설정 모델

그림 9.13을 보고 각 인터페이스에 기본적인 설정을 한다. PC0에서 PC3까지의 설정은 스위치 각 포트에 직접 연결되어 있기 때문에 게이트웨이 설정은 필요 없다. 주어진 IP를 설정하고 Ping 테스트를 수행하면 각 PC들은 성공적으로 통신이 가능하다.

각 PC들에 VLAN 번호를 부여한다. PC0는 VLAN 100, PC1는 VLAN 200, 그리고 PC3는 VLAN 100, PC4는 VLAN 200을 설정한다. 또한 각 PC가 스위치의 어떤 포트에 연결되어 있는지 확인한다. PC0은 Fa0/1, PC1은 Fa0/2 그리고 PC3은 Fa0/1, PC 4은 Fa0/2에 연결됨을 그림 9.13에서 확인 가능하다. VLAN 설정을 위해서는 포트의 형태(mode)를 결정해야 한다. PC와 스위치까지의 연결은 액세스 모드(access mode)이고 스위치와 스위치 사이는 트렁크 모드(trunk mode)이다. 스위치의 특정 인터페이스 사이 네트워크 설계에 따라 switchport문을 사용하여 액세스 모드인지 트렁크 모드인지 설정해 주어야 한다. Switch1에서 VLAN 설정 형식은 다음과 같다.

```
switch(config)#interface [fa0/1]  //인터페이스
Switch(config-if)#switchport mode [access]  //access or trunk 설정
Switch(config-if)#switchport  access vlan [100]  // VLAN 번호 설정
```

스위치는 데이터링크 계층장비이고 라우터는 네트워크 계층의 장비이다. 그러나 스위치의 사용법은 라우터의 설정 사용법과 거의 동일하다. 라우터의 사용법은 충분히 학습되었기 때문에 스위치도 사용할 수 있을 것이다. 유저 모드, 특권모드, 구성 모드 등을 기억하면 된다. 다음 그림 9.13의 Switch1에 접근하여 PC0과 PC1이 연결된 이더넷 인터페이스에 VLAN을 설정하는 방법이다.

```
Switch1#conf t
Enter configuration commands, one per line.  End with CNTL/Z.
Switch1(config)#int fa0/1
Switch1(config-if)#switchport mode access
Switch1(config-if)#switchport  access vlan 100
% Access VLAN does not exist. Creating vlan 100
Switch1(config)#int fa0/2
Switch1(config-if)#switchport mode access
Switch1(config-if)#switchport  access vlan 200
% Access VLAN does not exist. Creating vlan 200
```

설정을 한 후 Switch1에 show running-config 명령어를 수행하면 각 이더넷에 VLAN이 설정되었음을 확인 가능하다(그림 9.14 참조).

```
Switch1#show running-config
Building configuration...

Current configuration : 1114 bytes
!
version 12.1
no service timestamps log datetime msec
no service timestamps debug datetime msec
no service password-encryption
!
hostname Switch1
!
!
!
interface FastEthernet0/1
 switchport access vlan 100
 switchport mode access
!
interface FastEthernet0/2
 switchport access vlan 200
 switchport mode access
!
interface FastEthernet0/3
 --More--
```

그림 9.14 VLAN 설정 후 show running-config 결과

Switch2의 PC2와 PC3에도 해당 인터페이스에 VLAN을 설정한다.

Switch1에 VLAN을 설정하고 PC0에서 PC1로 Ping을 수행하면 통신이 가능하지 않다. VLAN을 설정하기 전에는 통신이 수행되었으나 VLAN을 설정한 후에는 다른 LAN으로 분리되었기 때문이다. 그림 9.15 같이 VLAN이 설정된 Switch2에 PC2와 PC3의 통신 확인을 위해 Ping을 수행하면 역시 통신이 되지 않음을 알 수 있다. 왜냐하면 Switch1과 Switch2 사이 트렁크 구간의 트렁킹 설정이 되어 있지 않기 때문이다. 이제 트렁크 구간의 트렁킹 설정을 하여 보도록 하자. 트렁킹을 설정하면 다른 스위치에 설정된 같은 VLAN 사이 통신이 가능하다. 그림 9.15를 통해 확인 가능하다. 트렁킹을 설정하는 방법은 다음과 같다.

```
Switch1#conf t
Switch1(config)#int fa0/24
Switch1(config-if)#switchport mode trunk
```

그림 9.15는 트렁킹이 설정된 후 PC0에서 PC2까지 같은 VLAN 100 사이 통신 가능함을 확인할 수 있다. 그러나 PC0에서 PC3 사이 즉, VLAN 100과 VLAN 200은 통신 불가능함을 확인 가능하다. 서로 다른 VLAN 사이 통신에는 라우터 장비가 필요하다.

```
PC>ping 192.168.1.30

Pinging 192.168.1.30 with 32 bytes of data:

Reply from 192.168.1.30: bytes=32 time=188ms TTL=128
Reply from 192.168.1.30: bytes=32 time=93ms TTL=128
Reply from 192.168.1.30: bytes=32 time=94ms TTL=128
Reply from 192.168.1.30: bytes=32 time=93ms TTL=128

Ping statistics for 192.168.1.30:
    Packets: Sent = 4, Received = 4, Lost = 0 (0% loss),
Approximate round trip times in milli-seconds:
    Minimum = 93ms, Maximum = 188ms, Average = 117ms

PC>ping 192.168.1.40

Pinging 192.168.1.40 with 32 bytes of data:

Request timed out.
Request timed out.
Request timed out.
Request timed out.

Ping statistics for 192.168.1.40:
    Packets: Sent = 4, Received = 0, Lost = 4 (100% loss),
```

그림 9.15 VLAN 트렁킹 설정 전과 후의 통신 결과

그림 9.16은 설정된 VLAN에 대한 확인으로 show VLAN을 수행한 결과이다. VLAN 1이 default로 설정되어 있으며 네이티브 VLAN이다. 그리고 VLAN 100과 VLAN 200이 활성화되어 있음을 확인 가능하다. show vlan brief 명령어를 통해 요약한 VLAN 정보를 확인할 수 있다. 그림 9.17은 VLAN DB 생성과 VTP 도메인 이름 설정과정을 보인다.

```
Switch1#show vlan

VLAN Name                             Status    Ports
---- -------------------------------- --------- -------------------------------
1    default                          active    Fa0/3, Fa0/4, Fa0/5, Fa0/6
                                                Fa0/7, Fa0/8, Fa0/9, Fa0/10
                                                Fa0/11, Fa0/12, Fa0/13, Fa0/14
                                                Fa0/15, Fa0/16, Fa0/17, Fa0/18
                                                Fa0/19, Fa0/20, Fa0/21, Fa0/22
                                                Fa0/23, Gig1/1, Gig1/2
100  VLAN0100                         active    Fa0/1
200  VLAN0200                         active    Fa0/2
1002 fddi-default                     act/unsup
1003 token-ring-default               act/unsup
1004 fddinet-default                  act/unsup
1005 trnet-default                    act/unsup

VLAN Type  SAID       MTU   Parent RingNo BridgeNo Stp  BrdgMode Trans1 Trans2
---- ----- ---------- ----- ------ ------ -------- ---- -------- ------ ------
1    enet  100001     1500  -      -      -        -    -        0      0
100  enet  100100     1500  -      -      -        -    -        0      0
200  enet  100200     1500  -      -      -        -    -        0      0
1002 fddi  101002     1500  -      -      -        -    -        0      0
```

그림 9.16 Show VLAN 명령 수행 결과

```
Switch1#vlan database
% Warning: It is recommended to configure VLAN from config mode,
  as VLAN database mode is being deprecated. Please consult user
  documentation for configuring VTP/VLAN in config mode.

Switch1(vlan)#vtp domain sales
Changing VTP domain name from NULL to sales
Switch1(vlan)#vtp password cisco
Setting device VLAN database password to cisco
Switch1(vlan)#vlan 100 name officeman
VLAN 100 modified:
    Name: officeman
Switch1(vlan)#vlan 200 name customer
VLAN 200 modified:
    Name: customer
Switch1(vlan)#exit
APPLY completed.
Exiting....
```

그림 9.17 VLAN DB 생성과 VTP 도메인 이름 설정

9.3 VLAN 라우팅

앞서 서로 다른 VLAN 사이는 통신이 되지 않음이 학습되었다. OSI 참조모델 데이터링크 계층의 스위치 장비를 이용하여 네트워크를 나누고 분리하기 위해 VLAN 기술을 사용하였다. 허나 서로 다른 VLAN 통신을 위해서는 네트워크 분리기능과 연결기능의 장비가 필요하고 적절한 설정이 이루어져야 한다. 본 절에서는 VLAN 통신을 위한 VLAN 라우팅에 대하여 학습한다. 서로 다른 VLAN 사이 통신에 대한 방법을 구체적으로 살펴볼 것이다. 하나의 VLAN은 완전한 논리적 네트워크로 보기 때문에 네트워크를 분리하고 연결하는 3계층 장비 라우터가 필요하다.

네트워크 장비 라우터가 없으면 VLAN 사이 통신은 불가능하며 라우터에서 논리적인 서브인터페이스 설정을 통해 서로 다른 VLAN 간의 통신을 가능하게 한다.

(1) VLAN 설정

그림 9.18은 서로 다른 VLAN 사이에서 통신 가능함을 보이기 위한 모델이다. 라우터 한 대와 스위치 두 대 그리고 PC 네 개로 구성된 모델이다. 스위치1에는 PC0과 PC1을 연결되어 있고 VLAN 100을 할당한다. Switch2에는 PC2와 PC3에 연결되어 있고 VLAN 200을 할당한다. Switch1에는 192.168.1.0 네트워크, Switch2에는 192.168.2.0 네트워크가 설정되어 있다. VLAN 100과 VLAN 200의 통신을 위해서는 게이트웨이 주소가 필요하다. PC0과 PC1의 게이트웨이 주소는 192.168.1.1로 설정하고 PC2와 PC3은 192.168.2.1로 설정한다. 스위치 사이에는 트렁크 구간으로 설정해야 한다. Switch2와 Router1을 제외한 모든 설정을 완료한다. 라우터 온 어 스틱(router on a stick)은 Router1과 연결된 트렁크 구간의 코어 Switch2 사이의 설정을 의미한다. 라우터 온 어 스틱은 각 VLAN에 대한 서브 인터페이스 설정하고 트렁크 구간에는 802.1q로 인캡슐레이션한다.

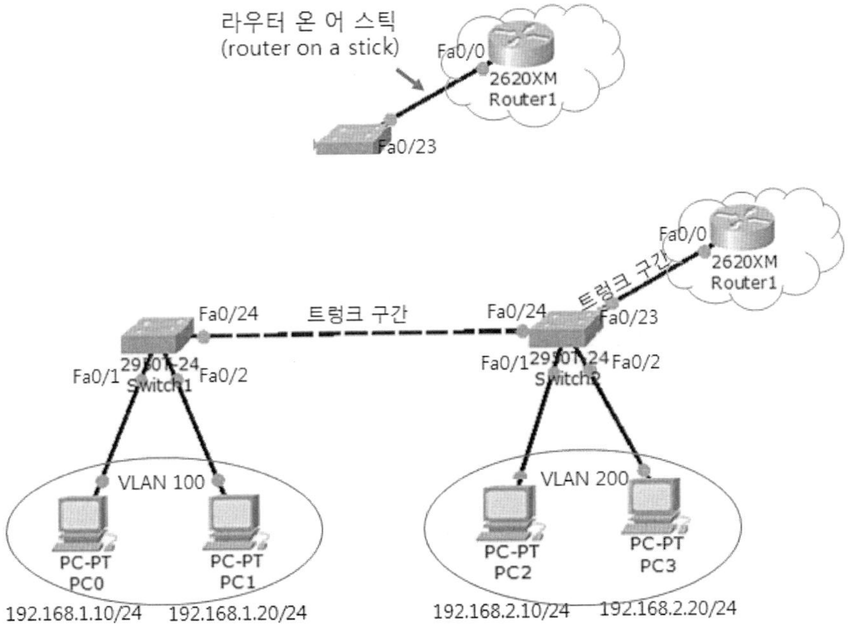

그림 9.18 VLAN 통신 모델

그림 9.18의 모델을 이용하여 VLAN 100과 VLAN 200 사이 통신 가능함을 보이기 위해 Switch2와 Router1을 다음과 같이 설정한다.

```
Switch2>en
Switch2#conf t
Switch2(config)#int fa0/23
Switch2(config-if)#switchport mode trunk
Switch2(config-if)#exit
```

Switch2의 fa0/23 포트가 트렁크 모드로 설정되었다. 이제 Router1에 대하여 설정한다. Router1에 트렁크 구간으로 연결된 fa0/0 인터페이스는 다음과 같이 특정 IP 주소 설정 없이 활성화한다. 반드시 수행해야 한다.

```
Router1#
Router1#configure terminal
Enter configuration commands, one per line.  End with CNTL/Z.
Router1(config)#int fa0/0
Router1(config-if)#no shutdown
```

그리고 Router1에는 논리적인 서브(sub) 인터페이스를 설정한다. VALN 설정 수만큼 서브 인터페이스를 설정할 수 있다. 그리고 서브 인터페이스를 이용하는 프레임 데이터는 IEEE 802.1q로 인캡슐레이션되어야 한다. 802.1q로 캡슐화하는 방법은 다음과 같다.

```
Router(config)#int [fa0/0.1]  //인터페이스 fa0/0의 서브 인터페이스
Router(config-subif)#encapsulation dot1Q [100]  // VLAN 생성 번호
```

현재 두 개의 VLAN이 있으므로 두 개의 서브 인터페이스를 다음과 같이 설정한다.

```
Router#configure terminal
Router(config)#int fa0/0.1
Router(config-subif)#encapsulation dot1Q 100
Router(config-subif)#ip address 192.168.1.1 255.255.255.0
Router(config-subif)#exit

Router(config)#int fa0/0.2
Router(config-subif)#encapsulation dot1Q 200
Router(config-subif)#ip address 192.168.2.1 255.255.255.0
Router(config-subif)#exit
Router(config)#
```

이렇게 설정이 완료되었으면 show running-config 명령어를 수행하여 정확하기 설정이 되었는지 확인해 보고 VLAN 간 통신을 확인해 본다.

(2) VLAN 확인

그림 9.18 VLAN 통신 모델의 PC0과 PC1의 VLAN 100 사이 Ping 확인과 Pc2와 PC3의 VLAN 200 사이 Ping 확인한다. Ping이 수행되지 않는다면 네트워크 설정에 오류가 있는 것이므로 다시 트러블슈팅을 해야 한다. 마지막으로 VLAN 100과 VLAN 200의 PC0에서 PC2 사이 Ping을 수행한다. 그림 9.19은 PC0의 VLAN 100과 PC2의 VLAN 200 사이 통신이 성공함을 보인다.

```
PC>ping 192.168.2.10

Pinging 192.168.2.10 with 32 bytes of data:

Reply from 192.168.2.10: bytes=32 time=111ms TTL=127
Reply from 192.168.2.10: bytes=32 time=156ms TTL=127
Reply from 192.168.2.10: bytes=32 time=141ms TTL=127
Reply from 192.168.2.10: bytes=32 time=156ms TTL=127

Ping statistics for 192.168.2.10:
    Packets: Sent = 4, Received = 4, Lost = 0 (0% loss),
Approximate round trip times in milli-seconds:
    Minimum = 111ms, Maximum = 156ms, Average = 141ms
```

그림 9.19 PC0의 VLAN 100과 PC2의 VLAN 200 사이 Ping 결과

그림 9.20은 VLAN 간 통신 모델(그림 9.18)의 코어 Switch2에서 show mac-address-table 명령어를 수행한 결과이다. Switch2에 연결되어 있는 MAC 주소와 VLAN 정보를 확인 가능하다.

```
Switch2#show mac-address-table
          Mac Address Table
-------------------------------------------

Vlan    Mac Address       Type        Ports
----    -----------       --------    -----

   1    0050.0f4c.1618    DYNAMIC     Fa0/24
   1    00d0.ff10.b0ca    DYNAMIC     Fa0/23
 100    0050.0f4c.1618    DYNAMIC     Fa0/24
 100    00d0.ff10.b0ca    DYNAMIC     Fa0/23
 200    0050.0f4c.1618    DYNAMIC     Fa0/24
 200    00d0.ff10.b0ca    DYNAMIC     Fa0/23
Switch2#
```

그림 9.20 show mac-address-table 수행 결과(Switch2)

그림 9.21는 마찬가지로 VLAN 간 통신 모델(그림 9.18)의 Switch2에서 show interface trunk 명령어를 수행했을 때의 결과이다.

```
Switch2#show interface trunk
Port        Mode         Encapsulation  Status        Native vlan
Fa0/23      on           802.1q         trunking      1
Fa0/24      on           802.1q         trunking      1

Port        Vlans allowed on trunk
Fa0/23      1-1005
Fa0/24      1-1005

Port        Vlans allowed and active in management domain
Fa0/23      1,100,200
Fa0/24      1,100,200

Port        Vlans in spanning tree forwarding state and not pruned
Fa0/23      1,100,200
Fa0/24      1,100,200
```

그림 9.21 show interface trunk 명령 결과(Switch2)

Switch2는 VLAN 200의 액세스 모드이기도 하고 Switch1과 트렁크 구간이며 Router1과의 라우터 온 어 스틱 구간의 코어 스위치 역할이다. 그림에서와 Fa0/23과 Fa0/24는 트렁킹으로 802.1q로 캡슐화 되어 있다. 트렁크 구간에서 허용하는 VLAN 번호가 1에서 1005임도 알 수 있으며 네이티브 VLAN 1인 것도 확인 가능하다.

그림 9.22에서는 show interface switchport 명령어를 수행한 결과이다. 코어 Switch2에 연결된 모든 포트들이 하나씩 확인되고 있다. 그림 9.22에서는 Fa0/1에 대한 내용만 캡처되었다. Switch2의 모든 포트들의 대한 내용은 동일하기 때문이다. 그림 9.22와 같이 Switch2의 Fa0/1은 정적 VLAN으로 표준 dot1q로 트렁킹 캡슐화되었고 VLAN 액세스 모드는 200이며 네이티브 VLAN이 운영되고 있음을 보인다. VLAN 가지치기는 VLAN 2에서 VLAN 1001 범위에서 가능함이 또한 확인 가능하다. 그림 9.22를 참조하길 바란다.

```
Switch2#show interface switchport
Name: Fa0/1
Switchport: Enabled
Administrative Mode: static access
Operational Mode: static access
Administrative Trunking Encapsulation: dot1q
Operational Trunking Encapsulation: native
Negotiation of Trunking: Off
Access Mode VLAN: 200 (VLAN0200)
Trunking Native Mode VLAN: 1 (default)
Voice VLAN: none
Administrative private-vlan host-association: none
Administrative private-vlan mapping: none
Administrative private-vlan trunk native VLAN: none
Administrative private-vlan trunk encapsulation: dot1q
Administrative private-vlan trunk normal VLANs: none
Administrative private-vlan trunk private VLANs: none
Operational private-vlan: none
Trunking VLANs Enabled: All
Pruning VLANs Enabled: 2-1001
Capture Mode Disabled
Capture VLANs Allowed: ALL
Protected: false
Appliance trust: none
```

그림 9.22 show interface switchport 명령 결과(Switch2)

9.4 스위치 보안

일반적으로 네트워크 차원에서는 네트워크 시스템의 보안을 강화한다. 실제로 데이터링크 계층의 보안은 크게 고려되지 않고 있는 것이 사실이다. 보안의 문제가 더욱 중요하게 다루어지고 있는 현재에서 데이터링크 계층 장비인 스위치 보안도 중요한 문제이다. 스위치 보안을 위해서는 스위치 시스템의 접근 암호를 지정하고 암호 설정 시 복잡성도 고려되어야 한다. 또한 유지보수를 위한 콘솔 접근도 접근 보안이 강화되어야 하며 원격 접근은 SSH(Secure SHell) 등의 접근 보안으로 강화되어야 한다. 스위치 시스템으로 웹 접근을 비활성화하고 불필요한 서비스 억제 그리고 스위치 시스템으로 접근 시에는 강력한 경고 메시지로 주지시켜야 한다.

스위치 보안방법에는 스위치 핵심 프로토콜인 STP 프로세스를 보호해야하고 데이터링크 계층의 CDP(Cisco Discovery Protocol) 프로토콜에 대한 관리도 필요하다. 그리고 사용하지 않는 포트의 억제, 물리적 접근 억제 그리고 지속적인 모니터링이 강화되어야 할 것이다.

본 절에서는 스위치 포트 보안에 대하여 학습 한다. 포트 보안에는 정적(static) 설정방법과 동적(dynamic) 설정방법이 있다. 본 절에서는 정적 설정방법에 대하여 살펴보고 동적 설정방법은 주요 개념만 살펴보기로 한다. 해당 포트가 포트 보안이 설정 적용되는지 확인하는 명령은 show port-security 명령어이다. 먼저, 포트 보안을 위해 그림 9.18의 VLAN 라우팅 모델에서 Switch2와 Router1을 연결하는 스위치의 인터페이스 Fa0/23에 포트 보안을 설정하여 보자.

```
Switch2#show int fa0/23
FastEthernet0/23 is up, line protocol is up (connected)
  Hardware is Lance, address is 000a.f36e.3117 (bia 000a.f36e.3117)
 BW 100000 Kbit, DLY 1000 usec,
     reliability 255/255, txload 1/255, rxload 1/255
  Encapsulation ARPA, loopback not set
  Keepalive set (10 sec)
```

그림 9.23 포트 보안 인터페이스 이더넷 주소 확인

Fa/23 포트는 코어 스위치 역할을 담당하므로 주요한 포트이기 때문이다. 먼저 Fa0/23 인터페이스의 이더넷 주소를 확인한다(그림 9.23 참조).

상세한 설정방법은 다음과 같다. 포트 보안을 적용할 인터페이스에서 먼저 switchport port-security를 선언하고 Fa0/23 이더넷 주소를 직접 지정해준다. 이것이 정적 포트 보안 설정방법이다.

```
Switch2#conf t
Switch2(config)#interface fa0/23
Switch2(config-if)#switchport port-security
Switch2(config-if)#switch port-security mac-address 000a.f36e.3117
Switch2(config-if)#end
```

포트 보안을 설정한 후에 설정이 적용되었는지 확인하는 명령어는 show port-security 이다. 그림 9.24와 같이 Fa0/23에 포트 보안이 적용되었음을 확인할 수 있다. 여기에서 기억해야 할 것이 있다. 특히 포트 보안에 등록 가능 주소(MaxSecureAddr) 수, 현재 등록 중인 주소(CurrentAddr) 수, 보안 침해 횟수(SecurityViolation), 위반 시 동작모드(protect, retrict, shutdown)이다. 포트 보안의 기본 값이 shutdown이다.

```
Switch2#show port-security
Secure Port MaxSecureAddr CurrentAddr SecurityViolation Security Action
               (Count)       (Count)       (Count)
-----------------------------------------------------------------------
      Fa0/23          1           1                1         Shutdown
-----------------------------------------------------------------------
```

그림 9.24 포트 보안 설정 후 show port-security 명령 수행 결과

그림 9.24보다 그림 9.25은 포트 보안 설정 후의 더 자세한 결과를 보인다. 포트 보안이 설정된 이더넷 주소까지 확인 가능하고 포트 보안(port security)이 설정(enable)되어 있음이 확인된다. 포트 보안이 최대 등록 가능한 수(Maximum MAC Addresses)가 1로 설정됨이 보인다. 구성된 주소(Configured MAC Addresses) 1은 직접(static) 설정된 포트 보안임을 알려준다. 포트 보안 설정 후 저장 명령어(copy running-config startup-config)를 꼭 수행하여 NVRAM에 저장해야 한다. 이 외에도 show running-config를 수행하여 포트 보안 상태의 확인이 또한 가능하다. 그림 9.25를 보면 Fa0/23 포트가 보안되어 있음을 확인 가능하다.

```
Switch2#show port-security address
                    Secure Mac Address Table
-------------------------------------------------------------------------------
Vlan    Mac Address       Type                    Ports               Remaining Age
                                                                      (mins)
----    -----------       ----                    -----               -------------
1       000A.F36E.3117    SecureConfigured        FastEthernet0/23
-------------------------------------------------------------------------------
Total Addresses in System (excluding one mac per port)     : 0
Max Addresses limit in System (excluding one mac per port) : 1024
Switch2#show port-security interface fa0/23
Port Security              : Enabled
Port Status                : Secure-shutdown
Violation Mode             : Shutdown
Aging Time                 : 0 mins
Aging Type                 : Absolute
SecureStatic Address Aging : Disabled
Maximum MAC Addresses      : 1
Total MAC Addresses        : 1
Configured MAC Addresses   : 1
Sticky MAC Addresses       : 0
Last Source Address:Vlan   : 00D0.FF10.B0CA:1
Security Violation Count   : 1
```

그림 9.25 포트 보안 설정 후 show port-security address 수행 결과

```
interface FastEthernet0/23
 switchport mode trunk
 switchport port-security
 switchport port-security mac-address 000A.F36E.3117
!
interface FastEthernet0/24
 switchport mode trunk
```

그림 9.26 포트 보안 확인: show running-config 수행 결과

정적 포트 보안 설정을 삭제하는 방법은 다음과 같다. 해당 명령 앞에 no를 추가하면 삭제 가능하다. 삭제 후 삭제가 정상적으로 수행되었는지 확인 명령을 통해 확인해야 한다.

```
Switch2#conf t
Switch2(config)#int fa0/23
Switch2(config-if)#no switchport port-security
Switch2(config-if)#no switch port-security mac-address 000a.f36e.3117
Switch2(config-if)#end
Switch2#
```

상기와 같이 정적 포트 보안에 대하여 살펴보았다 정적 포트는 포트의 추가 시 관리자가 직접 설정해야 하므로 포트 보안의 수가 증가하면 관리 작업이 많아진다. 이때 동적 포트 보안 방법을 사용한다. 설정한 포트 수에 따라 동적으로 보안 포트로 추가된다는 의미이다. 동적인 포트 보안 방법에서 주요한 몇 가지 설정방법이 있다.

switchport port-security maximum 8 명령어의 의미는 포트 보안을 설정할 최대 포트 수를 정해놓은 것이다(그림 9.25 참조). 아래와 같이 해당 인터페이스로 들어가서 설정하면 최대 8개까지 자동으로 보안 포트에 추가 가능하게 된다.

```
Switch2#conf t
Switch2(config)#int fa0/23
Switch2(config-if)#switchport port-security maximum 8
```

다음 설정은 그림 9.25를 참조하여 보안 위반 시 동작 모드가 restrict으로 설정됨을 보이고 있다.

```
Switch2(config-if)#switchport port-security violation ?
   protect   Security violation protect mode
   restrict  Security violation restrict mode
   shutdown  Security violation shutdown mode
Switch2(config-if)#switchport port-security violation restrict
Switch2(config-if)#switchport port-security
```

여기서 protect는 보안 침해가 발생할 때에 시스템으로 접속을 차단하고 등록된 이더넷 주소만 허용한다는 의미이다. restrict의 기본 개념은 protect와 같으나 보안을 침해한 호스트들에 대하여 로그 기록을 남긴다는 의미에서 사고 후 대응을 위한 권장 방법이라 할 수 있다. 마지막으로 shutdown은 보안 침해사고가 발생하면 포트를 shutdown시키는 방법으로 디폴트 방법에 해당하며 세 가지 방법 중에서 가장 강경한 방법으로 분류된다. shutdown은 등록되어 사용 중인 자체 이더넷 주소도 shutdown된다는 점을 기억해야하며 다시 사용할 때는 반드시 no shutdown 시켜야한다.

동적 포트 보안은 직접 이더넷 주소를 등록하지 않아 편리한 점은 있으나 리부트했을 때 저장되어있더라도 수렴되는데 시간이 많이 걸리는 단점이 있다. 이러한 단점을 보완한 것이 sticky 방식이다. sticky 방법은 정적 포트보안과 동적 포트 보안의 복합 방법이라 볼 수 있다. 다음과 같이 sticky로 설정하면 포트 보안의 이더넷 주소를 가진 호스트들이 해당 포트에 자동으로 등록시키는 방법으로 많이 사용하는 방법이다. 설정방법은 다음과 같다.

```
Switch2(config)#int fa0/23
Switch2(config-if)#switchport port-security mac-address sticky
Switch2(config-if)#switchport port-security
```

sticky 설정 확인은 그림 9.25의 show port-security address를 수행했을 때의 결과에서 sticky mac addresse 항목을 통해 확인 가능하다.

9.5 VTP

VTP(VLAN Trunk Protocol)는 스위치와 스위치 사이 VLAN 정보의 일관성 있는 관리를 위해서 개발되었고 VTP를 사용하여 VLAN의 추가와 삭제 그리고 변경이 가능하며 모든 스위치에 전달이 가능하다. 즉, 다수개의 스위치들이 VLAN 설정 정보를 교환할 때 사용하는 프로토콜이다. VTP의 장점은 다음과 같다.

- 네트워크의 모든 스위치의 VLAN 정보를 같게 유지할 수 있다.
- 설정된 VLAN에 대한 정확한 모니터링과 추적이 가능하다.
- 추가된 VLAN의 정보를 모든 스위치에 바로 알릴 수 있다.

VTP는 세 가지 운영 모드로 운영된다. 서버(Server) 모드는 스위치의 기본 값으로 VTP 도메인 운영에는 서버가 반드시 필요하고 VLAN을 생성, 추가, 삭제 변경이 가능하며 NVRAM에 저장된다. 클라이언트(client) 모드는 VTP 서버로부터 VLAN 정보의 수신과 업데이트 정보의 송수신은 가능하나 변경은 할 수 없다. 투명(transparent) 모드는 지역적인 의미로 자체 데이터베이스를 유지하고 VLAN 추가와 삭제가 가능하고 NVRAM에 저장된다. 그러나 다른 스위치와는 자신의 정보를 공유하지 않는다. 트렁크 구간 연결을 통해 VTP 정보를 전달한다.

VTP 동작 원리는 다음과 같다.

① 스위치의 VLAN 정보가 변경되면 다른 스위치로 전송된다.

② 스위치는 VTP 설정번호(Configuration revision)를 현재 설정 값보다 1 증가시켜 다른 스위치에 전송한다.

③ VTP 정보를 수신한 스위치는 자신의 해당 VTP 번호와 비교를 수행한다. 수신한 VTP 설정 번호가 자신의 설정번호보다 높으면 새로운 VLAN 정보로 대체한다. 수신한 VTP 설정번호가 자신의 설정번호와 같을 경우에는 수신한 프레임을 무시한다. 수신한 VTP 설정번호가 자신의 설정번호보다 작을 경우에는 자신의 해당 VTP 정보를 전송한다.

VTP에 대한 설정 명령은 다음과 같다. 먼저 VTP의 3가지 모드에서 선택하여 모드를 설정하고 VTP 도메인 이름을 설정하여 패스워드를 부여한다. 그리고 VTP 가지치기(pruning) 기능에 대한 설정방법이다.

```
Swtitch(config)# vtp mode [server | client | transparent]
Swtitch(config)# vtp domain [name]
Swtitch(config)# vtp password [password]
Swtitch(config)# vtp pruning
Swtitch(config)# end
```

그림 9.27은 스위치에 설정되어 있는 VTP 정보를 확인하고 있다. VTP 상태를 확인하는 명령어는 show vtp status이다. 그림 9.27에서 리비전 번호는 0이고 서버 모드이며 도메인 이름은 설정되지 않았다. 환경 설정 리비전(revision) 번호는 서버에서 업데이트될 때마다, +1 된다. 0.0.0.0 부분은 Server 모드 스위치의 IP를 알려주는 부분이다.

```
Switch>show vtp status
VTP Version                     : 2
Configuration Revision          : 0
Maximum VLANs supported locally : 255
Number of existing VLANs        : 5
VTP Operating Mode              : Server
VTP Domain Name                 :
VTP Pruning Mode                : Disabled
VTP V2 Mode                     : Disabled
VTP Traps Generation            : Disabled
MD5 digest                      : 0x7D 0x5A 0xA6 0x0E 0x9A 0x72 0xA0 0x3A
Configuration last modified by 0.0.0.0 at 0-0-00 00:00:00
Local updater ID is 0.0.0.0 (no valid interface found)
```

그림 9.27 스위치에서 show vtp status 명령 수행 결과

그림 9.28는 VTP를 실습하기 위한 모델이다.

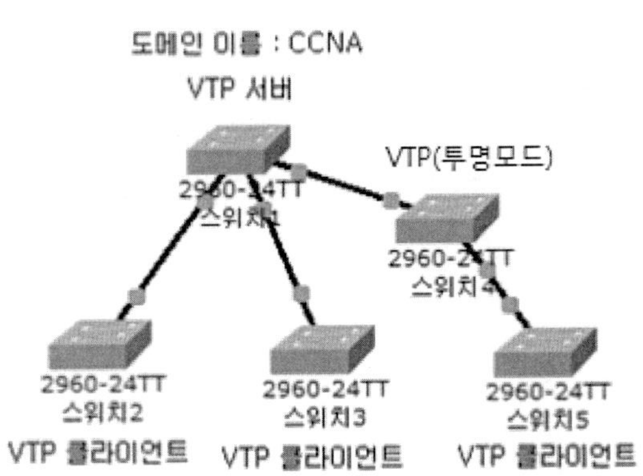

그림 9.28 VTP 실습 모델

그림 9.28 VTP 실습 모델에서 스위치1이 VTP 서버이고 스위치4가 투명 모드이며 스위치2, 3, 5는 클라이언트 모드로 동작한다. 그림 9.29은 VTP에 대한 설정을 하지 않은 경우에 show vtp status 명령의 수행 결과이다. 리비전 번호가 서버 모드와 클라이언트 모드에서 모두 0인 것을 확인할 수 있다(그림 9.29, 그림 9.30 참조). VTP가 설정되기 전이라는 것을 나타낸다. VTP 설정에 관련된 것은 리비전 번호를 통해 확인 가능하다. 도메인 이름은 CCNA로 설정되어 있다.

```
VTP Version                        : 2
Configuration Revision             : 0
Maximum VLANs supported locally : 255
Number of existing VLANs           : 5
VTP Operating Mode                 : Server
VTP Domain Name                    : CCNA
VTP Pruning Mode                   : Disabled
VTP V2 Mode                        : Disabled
VTP Traps Generation               : Disabled
MD5 digest                         : 0xB8 0x97 0x2F 0xFE 0xA
Configuration last modified by 0.0.0.0 at 0-0-00 00:00:00
Local updater ID is 0.0.0.0 (no valid interface found)
```

그림 9.29 서버 모드에서 VTP 상태 확인

```
VTP Version                        : 2
Configuration Revision             : 0
Maximum VLANs supported locally : 255
Number of existing VLANs           : 5
VTP Operating Mode                 : Client
VTP Domain Name                    : CCNA
VTP Pruning Mode                   : Disabled
VTP V2 Mode                        : Disabled
VTP Traps Generation               : Disabled
MD5 digest                         : 0xB8 0x97 0x2F 0xFE 0xA9 0x9D 0x7E 0xFC
Configuration last modified by 0.0.0.0 at 0-0-00 00:00:00
```

그림 9.30 클라이언트 모드에서 VTP 상태 확인

그림 9.28 VTP 실습 모델의 서버 모드인 스위치1에서 VTP를 설정한다. 구성 모드에서 VLAN 2를 추가하고 VTP 도메인 이름을 수정으로 하여 두 개의 내용이 추가되었다. 서버 모드와 클라이언트 모드에서 두 개의 명령어 추가 결과로 리비전 번호가 2로 업데이트되었음이 확인 가능하다. 명령을 하나 사용할 때마다 +1 된다. VLAN 수도 1 증가되었음이 확인 가능하다(그림 9.31a, 9.31b 참조).

```
Switch#show vtp status
VTP Version                     : 2
Configuration Revision          : 2
Maximum VLANs supported locally : 255
Number of existing VLANs        : 6
VTP Operating Mode              : Server
VTP Domain Name                 : CCNA
VTP Pruning Mode                : Disabled
VTP V2 Mode                     : Disabled
VTP Traps Generation            : Disabled
MD5 digest                      : 0xB9 0xC4 0xE9 0x5B 0xBF
Configuration last modified by 0.0.0.0 at 3-1-93 01:22:39
Local updater ID is 0.0.0.0 (no valid interface found)
```

그림 9.31a 서버 모드에서 VTP 상태 확인

그림 9.28의 클라이언트 모드 스위치5는 리비전 번호가 2로 업데이트됨을 확인할 수 있다(그림 9.31b 참조).

```
Switch#show vtp status
VTP Version                     : 2
Configuration Revision          : 2
Maximum VLANs supported locally : 255
Number of existing VLANs        : 6
VTP Operating Mode              : Client
VTP Domain Name                 : CCNA
VTP Pruning Mode                : Disabled
VTP V2 Mode                     : Disabled
VTP Traps Generation            : Disabled
MD5 digest                      : 0xB9 0xC4 0xE9 0x5B 0xBF
Configuration last modified by 0.0.0.0 at 3-1-93 01:22:39
```

그림 9.31b 클라이언트 모드에서 VTP 상태 확인(스위치5)

그림 9.31c는 리비전 번호가 업데이트되지 않았다. VLAN의 수도 증가되지 않았음이 확인가능하다. 투명 모드는 VTP 서버 모드로의 정보는 중계하지만 데이트를 공유하지는 않는다.

```
VTP Version                     : 2
Configuration Revision          : 0
Maximum VLANs supported locally : 255
Number of existing VLANs        : 5
VTP Operating Mode              : Transparent
VTP Domain Name                 : CCNA
VTP Pruning Mode                : Disabled
VTP V2 Mode                     : Disabled
VTP Traps Generation            : Disabled
MD5 digest                      : 0xB8 0x97 0x2F 0xFE 0xA9
Configuration last modified by 0.0.0.0 at 0-0-00 00:00:00
```

그림 9.31c 투명 모드에서 VTP 상태 확인

(1) VTP 가지치기

VTP 가지치기(Pruning)는 모든 스위치에 기본 억제(disable)되어 있다. 만약 현재 가동 중인 스위치1과 스위치2가 있다고 가정한다. 스위치2에 VLAN 10에 해당하는 포트가 없다면 스위치1이 스위치2에게 VLAN 10에 해당하는 브로드캐스트 트래픽을 전송할 필요가 없다는 것이다. 이러한 불필요한 브로드캐스트 트래픽이 트렁크 구간을 통해 전송되는 것을 차단하는 것을 VTP 가지치기라 부른다. VTP가 전송하는 트래픽 양을 감소시킬 수 있어 대역폭 절감 효과가 있다. VLAN 1은 관리용으로 사용되므로 VTP 가지치기 대상은 될 수 없다.

9.6 VLAN 구축 및 실습

VLAN 구축과 실습에서는 먼저 간단한 VLAN 모델을 구축하여 실습하고 트렁크 구간 연결과 VLAN 통신 모델을 적용하여 VLAN 실습을 한다. 먼저 간단한 VLAN 모델은 한 대의 스위치를 이용하여 마치 여러 대의 분리된 LAN으로 사용할 수 있도록 실습한다.

실습 1 VLAN 기초 실습

그림 9.32 모델을 보고 A 영역의 PC0과 PC1, 그리고 B 영역의 PC2와 PC3에 대한 기본 설정을 수행하고 VLAN을 설정하여 브로드캐스트 도메인으로 나누어 보도록 한다.

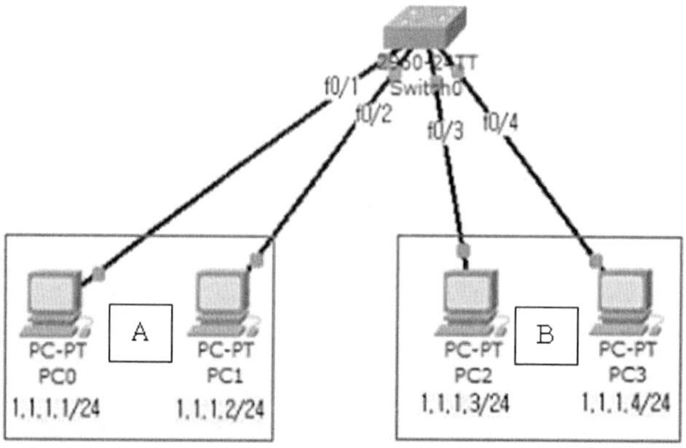

그림 9.32 VLAN 기초 모델

1 간단한 VLAN 모델에서 PC0에서 PC2로 Ping 명령을 수행해 보면 정상적인 연결 상태를 보인다.

```
PC>ping 1.1.1.3

Pinging 1.1.1.3 with 32 bytes of data:

Reply from 1.1.1.3: bytes=32 time=94ms TTL=128
Reply from 1.1.1.3: bytes=32 time=62ms TTL=128
Reply from 1.1.1.3: bytes=32 time=62ms TTL=128
Reply from 1.1.1.3: bytes=32 time=62ms TTL=128

Ping statistics for 1.1.1.3:
    Packets: Sent = 4, Received = 4, Lost = 0 (0% loss),
Approximate round trip times in milli-seconds:
    Minimum = 62ms, Maximum = 94ms, Average = 70ms

PC>
```

그림 9.33 PC0에서 PC2로 ping 테스트

2 이제 A 영역 컴퓨터들과 B 영역 컴퓨터들을 서로 다른 브로드캐스트 도메인으로 나누기 위해 Switch0와 PC0과 연결된 Fa0/1 포트에 다음과 같은 액세스 모드로 설정한 후 ③ VLAN 10으로 설정한다.

```
Switch(config)#interface fa0/1
Switch(config-if)#switchport mode access
Switch(config-if)#

Switch(config-if)#switchport access vlan 10
% Access VLAN does not exist. Creating vlan 10
Switch(config-if)#
```

VLAN 다음에 설정되는 번호는 임의로 선택하여 설정하는 것으로 앞서 학습하였듯이 2에서 1001 사이에서 설정 가능하다. VLAN 1002에서 1005까지는 예약된 번호이므로 설정할 수 없다. VLAN 번호에 따라 완전히 다른 VLAN 도메인으로 설정된다.

3 Fa0/1의 설정을 수행하고 PC1과 연결되어 있는 Fa0/2 포트로 접근해서 VLAN을 설정한다. ②과 같은 방법으로 설정한다.

```
Switch(config)#interface fa0/2
Switch(config-if)#switchport mode access
Switch(config-if)#switchport access vlan 10
Switch(config-if)#
```

4 PC2와 연결된 Fa0/3 포트에 접속하여 위와 같은 방법으로 VLAN을 설정해야 한다. PC2는 VLAN 20으로 설정한다. PC3과 연결된 Fa0/4도 같은 방법으로 VLAN 20을 설정한다.

```
Switch(config)#interface fa0/3
Switch(config-if)#switchport mode access
Switch(config-if)#switchport access vlan 20
% Access VLAN does not exist. Creating vlan 20
```

5 스위치에서 설정된 VLAN에 대하여 show running-config 명령어를 이용하여 VLAN 설정에 대한 확인을 수행한다. Fa0/1과 Fa0/2 포트에는 VLAN 10, Fa0/3과 Fa0/4는 VLAN 20이 설정됨을 확인 가능하다.

```
interface FastEthernet0/1
 switchport access vlan 10
 switchport mode access
!
interface FastEthernet0/2
 switchport access vlan 10
 switchport mode access
!
interface FastEthernet0/3
 switchport access vlan 20
 switchport mode access
!
interface FastEthernet0/4
 switchport access vlan 20
 switchport mode access
```

그림 9.34 VLAN 설정 후 show running-config 결과

6 마지막으로 그림 9.35와 같이 A 영역의 PC0에서 B 영역의 PC3으로 Ping을 수행하여 확인한다. VLAN 설정 전과는 달리 Ping 명령이 수행되지 않음이 확인되어 VLAN 설정이 성공되었음을 알 수 있다.

```
PC>ping 1.1.1.3

Pinging 1.1.1.3 with 32 bytes of data:

Request timed out.
Request timed out.
Request timed out.
Request timed out.

Ping statistics for 1.1.1.3:
    Packets: Sent = 4, Received = 0, Lost = 4 (100% loss),
```

그림 9.35 VLAN 설정 후 PC0에서 PC3으로 ping 결과

실습 2 VLAN 라우팅 실습

실습 2에서는 VLAN 라우팅에 대하여 실습한다.

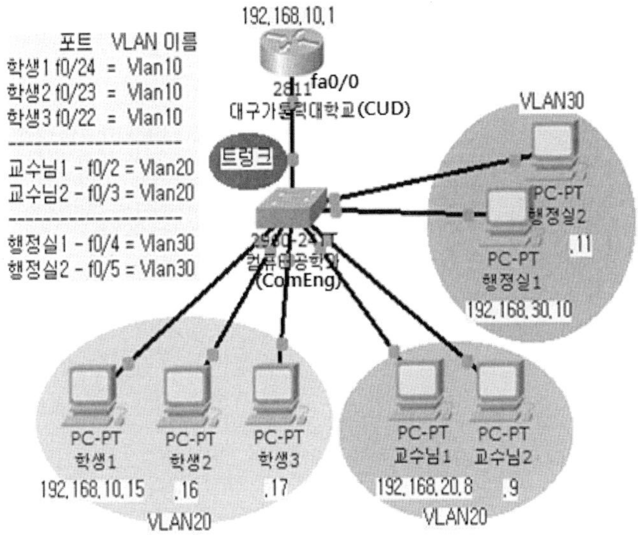

그림 9.36 VLAN 간 통신 실습 모델

그림 9.36은 VLAN 실습을 위한 모델이다. 그림 9.36을 참조하여 기본적인 IP, 게이트웨이, 서브넷 마스크를 설정하도록 한다.

VLAN이란 2계층 장비인 스위치 시스템을 이용하여 하나의 브로드캐스트 영역을 논리적인 여러 개의 브로드캐스트 영역으로 분리하는 것으로 저렴한 비용으로 자원의 효율적 사용이 가능하다. 하나의 네트워크 영역은 하나의 브로드캐스트 영역이 되므로 VLAN 추가/삭제에 의해 각기 다른 네트워크의 형태로 관리가 가능하다.

1 학생1, 학생2, 학생3의 IP, 서브넷 마스크, 게이트웨이 주소를 설정한다.

학생1 PC의 IP는 192.168.10.15, 서브넷 마스크는 255.255.255.0 그리고 게이트웨이 주소 192.168.10.1을 CUD 라우터 인터페이스 fa0/0 포트에 설정한다.

학생2 PC의 IP는 192.168.10.16, 서브넷 마스크는 255.255.255.0 그리고 게이트웨이 주소 192.168.10.1을 CUD 라우터 인터페이스 fa0/0 포트에 설정한다.

학생3 PC의 IP는 192.168.10.17, 서브넷 마스크는 255.255.255.0 그리고 게이트웨이 주소 192.168.10.1을 CUD 라우터 인터페이스 fa0/0 포트에 설정한다.

2 교수1, 교수2의 IP, 서브넷 마스크, 게이트웨이 주소를 설정한다.

교수1 PC의 IP는 192.168.20.8, 서브넷 마스크는 255.255.255.0 그리고 게이트웨이 주소 192.168.20.1을 CUD 라우터 인터페이스 fa0/0 포트에 설정한다.

교수2 PC의 IP는 192.168.20.9, 서브넷 마스크는 255.255.255.0 그리고 게이트웨이 주소 192.168.20.1을 CUD 라우터 인터페이스 fa0/0 포트에 설정한다.

3 행정용1, 행정용2의 IP, 서브넷 마스크, 게이트웨이 주소를 설정한다.

행정용1 PC의 IP는 192.168.30.10, 서브넷 마스크는 255.255.255.0 그리고 게이트웨이 주소 192.168.30.1을 CUD 라우터 인터페이스 fa0/0 포트에 설정한다.

행정용2 PC의 IP는 192.168.30.11, 서브넷 마스크는 255.255.255.0 그리고 게이트웨이 주소 192.168.30.1을 CUD 라우터 인터페이스 fa0/0 포트에 설정한다.

기본적인 게이트웨이 인터페이스는 CUD 라우터 인터페이스 fa0/0 포트 하나인데 각 네트워크의 게이트웨이 주소로 이용 가능한 것은 서로 다른 VLAN의 통신을 위해 논리적 서브 인터페이스로 설정되었기 때문이다.

컴퓨터공학 스위치(ComEng)에서 VLAN을 설정하는 과정이다.

VLAN 실습 모델(그림 9.36)에서 네트워크를 논리적으로 분할하는 VLAN 설정방법을 실습한다.

4 스위치(ComEng)로써 라우터(CUD) 사이 트렁크 구간 연결을 설정한다.

```
ComEng(config)#int fa0/1
ComEngconfig-if)#switchport mode trunk
```

5 학생1, 학생2, 학생3의 Fa0/22에서 Fa0/24까지 범위를 VLAN 10으로 설정한다.

```
ComEng(config)#interface range fa0/22-24
ComEng(config-if-range)#switchport access vlan 10
```

6 교수1, 교수2의 Fa0/2에서 Fa0/23까지 범위를 VLAN 20으로 설정한다.

```
ComEng(config-if-range)#interface range fa0/2-3
ComEng(config-if-range)#switchport access vlan 20
```

7 행정용1, 행정용2의 Fa0/4에서 Fa0/5까지 범위를 VLAN 30으로 설정한다.

```
ComEng(config-if-range)#interface range fa0/4-5
ComEng(config-if-range)#switchport access vlan 30
ComEng(config-if-range)#end
```

①에서 ⑦까지의 설정을 통해 스위치(ComEng)에서 VLAN10, VLAN20, VLAN30을 설정 완료하였다. 확인을 위해 show vlan brief 명령어를 수행한 결과이다. 할당된 인터페이스 포트와 VLAN 번호가 일치하는지 확인한다.

```
ComEng#show vlan brief

VLAN Name                             Status    Ports
---- -------------------------------- --------- -------------------------------
1    default                          active    Fa0/6, Fa0/7, Fa0/8, Fa0/9
                                                Fa0/10, Fa0/11, Fa0/12, Fa0/13
                                                Fa0/14, Fa0/15, Fa0/16, Fa0/17
                                                Fa0/18, Fa0/19, Fa0/20, Fa0/21
                                                Gig1/1, Gig1/2
10   VLAN0010                         active    Fa0/22, Fa0/23, Fa0/24
20   VLAN0020                         active    Fa0/2, Fa0/3
30   VLAN0030                         active    Fa0/4, Fa0/5
1002 fddi-default                     active
1003 token-ring-default               active
1004 fddinet-default                  active
1005 trnet-default                    active
ComEng#
```

그림 9.37 show VLAN brief 명령 결과

VLAN이 설정된 이후에 학생1에서 교수1로 Ping을 행하면 통신이 되지 않음을 확인할 수 있다. 학생 PC와 교수 PC 그리고 행정용 PC는 각기 다른 VLAN으로 설정되어 있기 때문이다. 그러나 같은 VLAN 사이는 통신이 원활히 수행됨을 확인할 수 있다. 학생 PC 사이 Ping은 통신이 성공적임을 보인다(그림 9.38 참조). 실습하면서 확인해보길 바란다.

```
PC>ping 192.168.10.16

Pinging 192.168.10.16 with 32 bytes of data:

Reply from 192.168.10.16: bytes=32 time=30ms TTL=128
Reply from 192.168.10.16: bytes=32 time=40ms TTL=128
Reply from 192.168.10.16: bytes=32 time=40ms TTL=128
Reply from 192.168.10.16: bytes=32 time=40ms TTL=128

Ping statistics for 192.168.10.16:
    Packets: Sent = 4, Received = 4, Lost = 0 (0% loss),
Approximate round trip times in milli-seconds:
    Minimum = 30ms, Maximum = 40ms, Average = 37ms

PC>ping 192.168.20.8

Pinging 192.168.20.8 with 32 bytes of data:

Request timed out.
Request timed out.
Request timed out.
Request timed out.
```

그림 9.38 VLAN 간 Ping 결과

8 VLAN 사이 통신을 위해 먼저 라우터(CUD)의 트렁크 인터페이스를 활성화한다.

```
Router(config)#hostname CUD
CUD(config)#int fa0/0
CUD(config-if)#no ip address
CUD(config-if)#no shutdown
```

9 VLAN 사이 통신이 가능하게 라우터에 서브인터페이스 설정한다.

서로 다른 VLAN의 통신은 스위치(ComEng)에서 통신이 이루어지는 것이 아니라, 출발지 PC에서 스위치(ComEng)로 전달되고 그리고 트렁크 구간을 통해 라우터(CUD)로 전달된다. 라우터(CUD)에 설치되는 서브인터페이스의 도움을 받아야 한다. 스위치(ComEng)와 라우터(CUD) 사이 트렁크(trunk)가 설정되어 있지 않다면 VLAN의 통신은 불가능하다.

```
CUD#conf t
CUD(config)#int fa0/0.10
CUD(config-subif)#encapsulation dot1Q 10
CUD(config-subif)#ip address 192.168.10.1 255.255.255.0
CUD(config-subif)#exit

CUD(config)#int fa0/0.20
CUD(config-subif)#encapsulation dot1Q 20
CUD(config-subif)#ip address 192.168.20.1 255.255.255.0
CUD(config-subif)#exit

CUD(config)#int fa0/0.30
CUD(config-subif)#encapsulation dot1Q 30
CUD(config-subif)#ip address 192.168.30.1 255.255.255.0
CUD(config-subif)#end
```

상기의 설정을 확인하기 위해 show running-config 명령어의 결과이다(그림 9.39 참조). 서브인터페이스는 dot1q로 인캡슐레이션되어 해당 게이트웨이 주소가 설정되어 있음이 확인 가능하다. 이더넷 인터페이스(Fa0/0)에 서브인터페이스(예: Fa0/0.10)로 부여되는 숫자 값은 임의 설정이 가능하다.

```
interface FastEthernet0/0.10
 encapsulation dot1Q 10
 ip address 192.168.10.1 255.255.255.0
!
interface FastEthernet0/0.20
 encapsulation dot1Q 20
 ip address 192.168.20.1 255.255.255.0
!
interface FastEthernet0/0.30
 encapsulation dot1Q 30
 ip address 192.168.30.1 255.255.255.0
!
```

그림 9.39 show running-config 명령으로 서브인터페이스 설정

그림 9.40은 트렁크 구간의 설정을 확인하기 위해 show interface trunk 명령을 수행한 결과이다. Fa0/1은 802.1q로 캡슐화되어 트렁킹 가능 상태임을 나타낸다. 각 VLAN들이 트렁크 포트에 의해 전달됨을 확인 가능하다.

```
ComEng#show interfaces trunk
Port        Mode          Encapsulation  Status        Native vlan
Fa0/1       on            802.1q         trunking      1

Port        Vlans allowed on trunk
Fa0/1       1-1005

Port        Vlans allowed and active in management domain
Fa0/1       1,10,20,30

Port        Vlans in spanning tree forwarding state and not pruned
Fa0/1       1,10,20,30
ComEng#
```

그림 9.40 show interface trunk 명령 결과

VLAN 라우팅에 대한 설정이 마무리되었다. 마지막으로 확인과정을 수행하여 본다. 학생1의 PC에서 교수1 PC로 Ping을 수행한 결과를 그림 9.41을 통해 확인 가능하다. 통신이 성공적임을 확인 가능하다.

```
PC>ping 192.168.10.17

Pinging 192.168.10.17 with 32 bytes of data:

Reply from 192.168.10.17: bytes=32 time=14ms TTL=128
Reply from 192.168.10.17: bytes=32 time=10ms TTL=128
Reply from 192.168.10.17: bytes=32 time=7ms TTL=128
Reply from 192.168.10.17: bytes=32 time=5ms TTL=128

Ping statistics for 192.168.10.17:
    Packets: Sent = 4, Received = 4, Lost = 0 (0% loss),
Approximate round trip times in milli-seconds:
    Minimum = 5ms, Maximum = 14ms, Average = 9ms
```

그림 9.41 VLAN 사이 Ping 수행 결과

학생1의 PC에서 행정용 PC로 Ping을 수행한 결과를 그림 9.42을 통해 확인할 수 있다. 서로 다른 VLAN 사이 통신 가능함을 보인다.

```
PC>ping 192.168.20.8

Pinging 192.168.20.8 with 32 bytes of data:

Request timed out.
Reply from 192.168.20.8: bytes=32 time=19ms TTL=127
```

```
PC>ping 192.168.30.10

Pinging 192.168.30.10 with 32 bytes of data:

Request timed out.
Reply from 192.168.30.10: bytes=32 time=14ms TTL=127
```

그림 9.42 VLAN 사이 Ping 수행 결과

실습과제

1 스위치 기술(STP, RSTP)에 대하여 정리하시오.

2 VLAN 사용하는 이유에 대하여 설명하시오.

3 VLAN 라우팅의 인캡슐레이션에 대하여 설명하시오.

4 스위치 보안의 개념과 사용 명령에 대하여 정리하시오.

5 VTP의 개념에 대하여 설명하시오.

Chapter 10

네트워크 보안

본 장에서는 네트워크 보안에서 대하여 학습한다. 네트워크 시스템인 라우터에서 접근 통제 목록(ACL: Access Control List)의 개념과 설정방법에 대하여 학습하고 NAT(Network Address Translation)에 대하여 살펴본다.

10.1 ACL

ACL은 접근을 통제하는 조건들의 목록으로 네트워크에서 허용하는 트래픽과 허용하지 않는 트래픽을 분류하고 조건을 적용하여 해당 인터페이스 지정된 방향(in/out)에서 필터링하는 도구이다. ACL은 네트워크 트래픽(packet)들을 통제하는 보안 접근 정책의 역할을 수행하여 네트워크 보안을 위한 주요한 트래픽 관리의 방안으로 사용된다.

(1) ACL 개념

ACL 동작과정은 인바운드(inbound) 정책인지 아웃바운드(outbound) 정책인지 먼저 결정해야한다. 해당 인터페이스에 들어온 패킷을 인바운드(inbound) 적용조건이라면 라우팅되기 전에 조건(rule)을 적용하는데 만약 페기조건이라면 라우팅 전에 폐기하기 때문에 라우터의 부하를 줄일 수 있어 효율적이라 할 수 있다. 만약 아웃바운드(outbound) 정책이라면 라우팅을 수행한 후에 조건에 따라 즉, 허용인지 폐기인지에 따라 적용하면 되는 것이다.

해당 인터페이스로 유입된 패킷에 ACL 적용을 위해 먼저 패킷의 분류한다. 이때 인바운드 ACL의 경우에는 ACL의 조건들을 순차적으로 적용한다. 가장 마지막에는 묵시적으로 deny all이 조건 없이 적용됨을 기억해야 한다.

ACL의 종류는 표준(Standard) ACL과 확장(Extended) ACL의 두 가지 종류가 있다. 아웃바운드 ACL은 다음과 같이 적용한다. 기본 ACL의 경우는 패킷의 수신지 인터페이스에 가까운 곳에 설정하고 확장 ACL의 경우에는 패킷의 송신지 인터페이스에 가까운 곳에 설정한다.

표준 ACL은 1에서 99까지의 범위 내의 숫자를 사용하며, 출발지 IP 주소의 허용 또는 차단을 ACL의 조건으로 설정한다. ACL조건을 설정할 때 기억해야 할 세 가지 예약어가 있다. 하나는 any인데 any는 모든 트래픽에 대한 허용 또는 차단 조건을 설정할 때 사용한다. 두 번째는 host이다. host는 특정 호스트의 IP 주소와 동일하게 일치하는 경우에 사용한다. 마지막으로 와일드카드 마스크 사용법은 네트워크나 서브 네트워크를 지정하기 위해 사용된다. ACL 명령 다음의 형식에서 { }은 선택의 의미이며 [ ]는 반드시 기재되어야 함을 나타낸다.

- 표준 ACL 형식

```
Router(config)#access-list [목록번호] {deny|permit} [송신지 IP 주소] [와일드카드 마스크]
```

예를 들면 다음과 같다.

```
Router(config)#access-list 10 deny 192.168.10.0 0.0.0.255
//access-list 10은 192.168.10.0/24 네트워크를 차단한다.

Router(config)#access-list 1 permit 192.168.10.1 0.0.0.0
//access-list 1은 192.168.10.1에 해당하는 호스트 주소를 허용한다.

Router(config)#access-list 1 permit 192.168.20.1 0.0.0.15
//access-list 1은 192.168.20.0/14 네트워크를 허용한다.

Router(config)#access-list 10 permit any
//access-list 10은 어떤 트래픽도 허용한다.

Router(config)#access-list 10 permit 0.0.0.0 255.255.255.255
//access-list 10은 어떤 트래픽도 허용한다.
```

- Interface 적용 형식

```
Router(config)#interface {FastEthernet|Serial} [적용할 포트]
Router(config-if)#ip access-group {목록 번호|이름} {in|out}
```

예를 들면 다음과 같다.

```
Router(config)#interface Fa0/0
Router(config-if)#ip access-group 10 in
```

확장 ACL은 100에서 199까지 범위 내의 숫자를 사용한다. 표준 ACL과 확장 ACL의 차이점은 다음과 같다. 표준 ACL은 출발지 IP 주소만을 적용하여 허용 또는 차단조건을 적용하여 필터링을 적용하는 것이고 확장 ACL은 출발지 주소뿐만 아니라 목적지 주소 등의 조건들을 적용할 수 있고 프로토콜, 포트번호 등도 적용할 수 있어 다양한 네트워크 구성 요인들이 적용된 ACL 정책을 생성할 수 있다.

- 확장 ACL 형식

```
Router(config)#interface Fa0/0
Router(config-if)#ip access-group 10 in
```

예를 들면 다음과 같다.

```
Router(config)#access-list 100 deny tcp any host 192.168.10.1 eq 23
//access-list 100은 수신지 주소로의 192.168.10.1 텔넷 접속을 차단한다.

Router(config)#access-list 120 deny tcp host 192.168.10.1 host 172.16.10.8 eq ftp
//access-list 120은 192.168.10.1 호스트가 호스트 172.16.10.8로의 FTP 접근을 차단한다.
```

```
Router(config)#access-list 120 permit ip 10.0.0.0 0.0.0.255 30.0.0.0 0.0.0.255
//access-list 120은 10.0.0.0/24 네트워크에서 30.0.0.0/24로 IP 트래픽을 허용한다.

Router(config)#access-list 100 permit ip any 0.0.0.0 255.255.255.255
//access-list 100은 어떤 트래픽도 허용한다. any any는 동일하다.

Router(config)#access-list 100 deny icmp any any
//access-list 100은 송신지가 어떤 네트워크이든 icmp를 차단한다.

Router(config)#access-list 100 permit tcp any gt 1023 any
//access-list 100은 송신지가 어떤 네트워크이든 tcp 포트 1023이상을 허용한다.
```

- Interface 적용 형식

```
Router(config)#interface [FastEthernet|Serial] [적용할 포트]
Router(config-if)#ip access-group [목록 번호|이름] [in|out]
```

예를 들면 다음과 같다.

```
Router(config)#interface Fa0/0
Router(config-if)#ip access-group 100 out
```

표준 ACL 정책 또는 확장 ACL 정책이 만들어지면 인터페이스 당 하나의 인바운드 또는 아웃바운드에 ACL 정책을 적용시켜야 한다. ACL 사용법에는 숫자 외에 이름을 사용하여 ACL 정책 생성도 가능하다.

ACL을 생성할 때는 구체적인 조건이 가장 먼저 적용되도록 기술해야 한다. ACL을 생성한 후에 삭제하고 싶다면 ACL의 조건을 하나만을 삭제할 수 없다. 조건 하나를 삭제해도 ACL 전체가 삭제되므로 다시 설정하면 된다. 또한 ACL의 조건이 deny 조건만 설정했다면 묵시적으로 ACL 정책의 마지막은 deny all이므로 모든 패킷들이 무시될 수 있음을 기억해야한다. 인터페이스가 다운된 것과 같은 결과가 될 수 있다는 것이다. 그러므로 deny 조건이 설정되었다면 후에는 permit any조건이 반드시 적용되어야 한다. ACL 정책을 적용할 때는 조건들을 세심하게 검토해야 오류를 피할 수 있다.

(2) ACL 설정 및 확인

1) 확장 ACL

본 절에서는 ACL 설정 모델(그림 10.1 참조)을 통해서 표준 ACL과 확장 ACL 설정방법을 익혀보도록 한다. 그림 10.1을 참조하여 각 라우터와 스위치 그리고 PC와 서버의 기본적인 IP 설정을 수행하고 라우팅 알고리즘을 수행해야 한다. 그 위에서 ACL 정책 적용을 살펴본다.

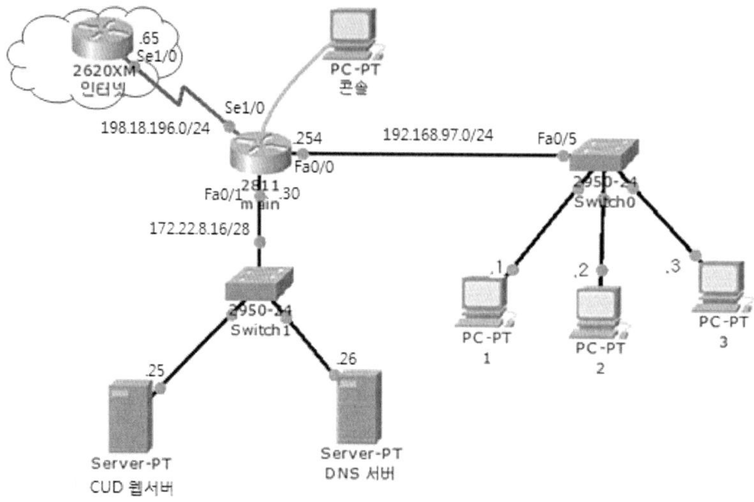

그림 10.1 확장 ACL 모델

ACL 설정을 위한 조건은 다음과 같다. main 라우터에 ACL 보안을 적용한다(그림 10.1 참조).

- 스위치0의 192.168.97.0/24 네트워크의 PC3을 172.22.8.16/28 네트워크의 CUD 웹 서버에게 웹 접근을 허락한다.
- 스위치0의 192.168.97.0/24 네트워크의 다른 PC들은 172.22.8.16/28 네트워크의 CUD웹 서버로 웹 접근을 허락하지 않는다.
- 모든 다른 트래픽들은 허용한다.

위의 조건을 적용하여 확장 ACL 100을 다음과 같이 설정한다.

```
main(config)#access-list 100 permit tcp host 192.168.97.3 host 172.22.8.25 eq 80
main(config)#access-list 100 deny tcp any host 172.22.8.25 eq 80
main(config)#access-list 100 permit ip any any
main(config)#
```

상기와 같이 확장 ACL조건이 설정한다. 그리고 ACL을 main 라우터의 아웃바운드 Fa0/0에 적용한다.

```
main#conf t
main(config)#int fa0/1
main(config-if)#ip access-group 100 out
main(config-if)#end
```

확장 ACL의 설정과 적용이 정확히 수행되었는지 PC3에서 CUD 웹 서버에게 웹브라우저를 통해 접근을 시도해본다. 웹브라우저를 이용하여 PC3에서 CUD 웹 서버에게 접근은 성공적임을 보인다(그림 10.2a 참조). 다른 PC에서는 그림 10.2b와 같이 CUD 웹 서버로 접근이 차단되고 있음이 확인 가능하다.

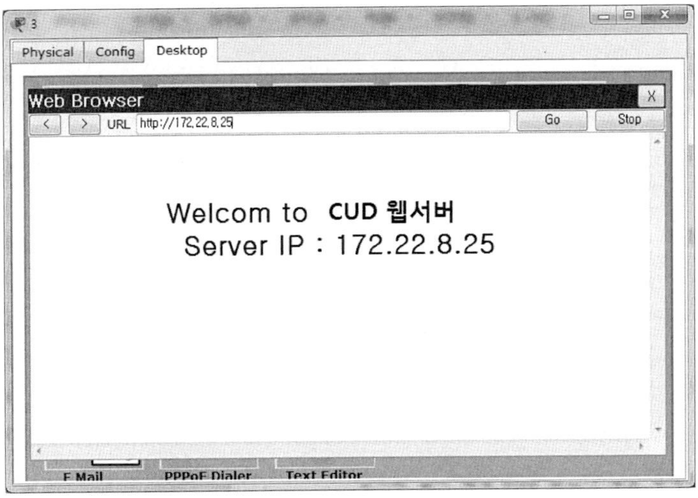

그림 10.2a CUD 웹 서버로 접근 허용 결과

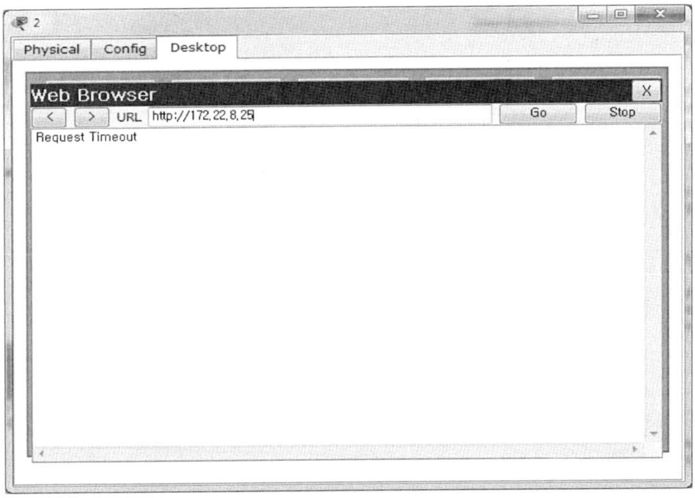

그림 10.2b CUD 웹 서버로 접근 차단 결과

마지막으로 모든 트래픽을 허용한다는 ACL조건을 확인한다. PC3에서 CUD 웹 서버에게 그리고 PC2에서 CUD 웹 서버에게 Ping을 수행했을 때는 모두 성공적으로 통신이 수행됨을 확인 가능하다(그림 10.3 참조).

```
Packet Tracer PC Command Line 1.0
PC>ping 172.22.8.25

Pinging 172.22.8.25 with 32 bytes of data:

Reply from 172.22.8.25: bytes=32 time=15ms TTL=127
Reply from 172.22.8.25: bytes=32 time=15ms TTL=127
Reply from 172.22.8.25: bytes=32 time=21ms TTL=127
Reply from 172.22.8.25: bytes=32 time=16ms TTL=127

Ping statistics for 172.22.8.25:
    Packets: Sent = 4, Received = 4, Lost = 0 (0% loss),
Approximate round trip times in milli-seconds:
    Minimum = 15ms, Maximum = 21ms, Average = 16ms

PC>
```

그림 10.3 PC2와 PC3에서 CUD 웹 서버로 Ping 결과

ACL의 확인 모니터링을 하는 명령어들은 다음과 같다.

- show access-list //라우터에 적용된 또는 모든 액세스 리스트를 보여준다. 허나 어떤 인터페이스에 적용되었는지는 알 수 없다.

```
main#show access-lists
Extended IP access list 100
    permit tcp host 192.168.97.3 host 172.22.8.25 eq www (40 match(es))
    deny tcp any host 172.22.8.25 eq www (12 match(es))
    permit ip any any (8 match(es))
main#
```

그림 10.4 show access-list 결과

- show ip access-list 100 //라우터에 설정된 ACL 100에 해당하는 IP 액세스 리스트를 보여준다. show ip interface 명령어와 show running-config 명령어를 수행하여 적용된 ACL 상태를 확인할 수 있다.

2) 표준 ACL 설정 및 확인

그림 10.5를 이용하여 표준 ACL을 설정하고자 한다. 그림 10.5는 VTY Router로 192.168.100.0/24와 192.168.200.0/24의 두 개의 네트워크가 연결되어 있다. 192.168.100.0/24 네트워크만을 VTY Router로 연결을 허용하는 표준 ACL를 작성하여 실습하기 위해 그림 10.5 모델에 기본적인 인터페이스 설정한 후 라우팅 프로토콜을 수행한다. 적용될 표준 ACL 조건은 다음과 같다.

- 192.168.100.0/24 네트워크만 VTY Router로 원격 접근을 허용한다.
- 다른 네트워크 트래픽의 접근은 차단한다.

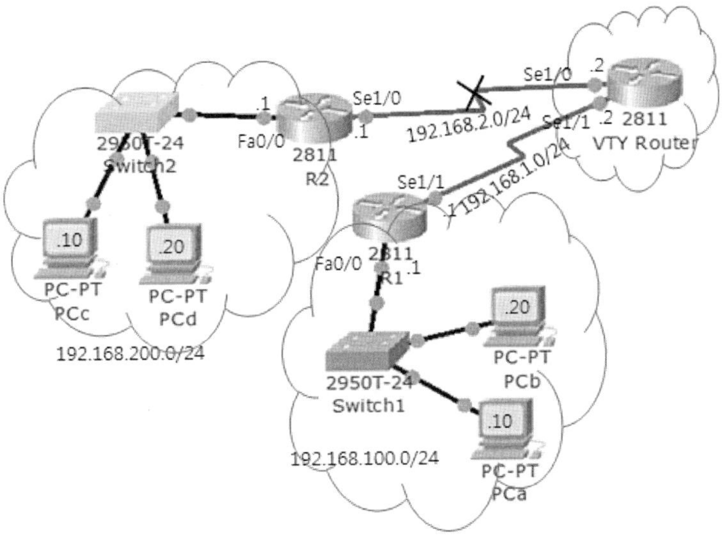

그림 10.5 VTY 접근을 위한 ACL 모델

표준 ACL을 설정하기 전에 그림 10.5의 모델의 기본 설정이 완료되어 완전한 네트워크로 구축되었는지를 확인한다. 192.168.100.10/24 주소의 PCa에서 192.168.200.20/24의 PCd로 Ping 유틸리티를 수행하여 결과를 확인해야 한다(그림 10.6과 10.7 참조).

```
PC>ping 192.168.200.20

Pinging 192.168.200.20 with 32 bytes of data:

Request timed out.
Reply from 192.168.200.20: bytes=32 time=25ms TTL=125
Reply from 192.168.200.20: bytes=32 time=19ms TTL=125
Reply from 192.168.200.20: bytes=32 time=28ms TTL=125

Ping statistics for 192.168.200.20:
    Packets: Sent = 4, Received = 3, Lost = 1 (25% loss),
Approximate round trip times in milli-seconds:
    Minimum = 19ms, Maximum = 28ms, Average = 24ms
```

그림 10.6 PCa에서 PCd로 Ping 결과

서로 다른 네트워크 대역의 PCd로 통신이 수행되고 있다. 그리고 show ip route 명령어를 사용하여 라우터의 라우팅 테이블을 확인해 보면 그림 10.7과 같이 전체 네트워크가 모두 라우팅 테이블에서 확인 가능함을 알 수 있다.

```
VTPRouter#show ip route
Codes: C - connected, S - static, I - IGRP, R - RIP, M - mobile, B - BGP
       D - EIGRP, EX - EIGRP external, O - OSPF, IA - OSPF inter area
       N1 - OSPF NSSA external type 1, N2 - OSPF NSSA external type 2
       E1 - OSPF external type 1, E2 - OSPF external type 2, E - EGP
       i - IS-IS, L1 - IS-IS level-1, L2 - IS-IS level-2, ia - IS-IS inter area
       * - candidate default, U - per-user static route, o - ODR
       P - periodic downloaded static route

Gateway of last resort is not set

C    192.168.1.0/24 is directly connected, Serial1/1
C    192.168.2.0/24 is directly connected, Serial1/0
R    192.168.100.0/24 [120/1] via 192.168.1.1, 00:00:02, Serial1/1
R    192.168.200.0/24 [120/1] via 192.168.2.1, 00:00:24, Serial1/0
VTPRouter#
```

그림 10.7 VTYRouter의 라우팅 테이블 확인

표준 ACL 설정방법을 잠시 잊었다면 7.1절을 통해 학습하길 바란다.

그림 10.5와 같이 두 네트워크 중에서 192.168.100.0/24 네트워크만 원격 접근을 허락하도록 표준 ACL을 설정하도록 한다.

```
VTYRouter#conf terminal
VTYRouter(config)#access-list 10 permit 192.168.100.0 0.0.0.255

VTYRouter(config)#line vty 0 4
VTYRouter(config-line)#password c1sc0
VTYRouter(config-line)#login
VTYRouter(config-line)#access-class 10 in
VTYRouter(config-line)#end
```

표준 ACL 적용조건에서 access-list 10은 192.168.100.0 0.0.0.255 네트워크를 허용한다. access-list 10 deny all 문장은 묵시적으로 적용되므로 생략하였다. 설정이 완료된 후 PCa에서 VTYRouter로 텔넷 접근을 하면 그림 10.8과 같이 확인 가능하다.

```
PC>telnet 192.168.1.2
Trying 192.168.1.2 ...Open


User Access Verification

Password:
VTPRouter>enable
Password:
VTPRouter#show running-config
Building configuration...
```

그림 10.8 PCa에서 VTYRouter로 Telnet 허용

그림 10.8처럼 텔넷으로 VTYRouter 접근하면 패스워드 인증 절차를 거쳐 접근을 허용한다. 그리고 프리빌리지드 모드로 접근할 때도 패스워드(secret) 인증을 거쳐 구성 모드로 접근할 수 있다. 그림 10.9는 PCd에서 VTYRouter로 텔넷 접근을 시도하지만 접근을 차단함이 보인다.

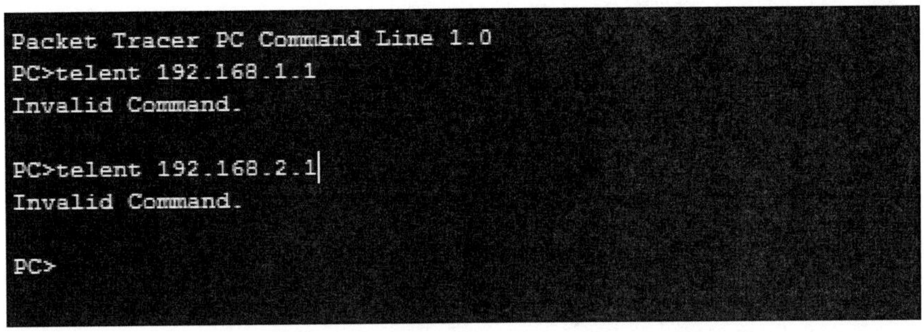

그림 10.9 PCd에서 VTYRouter로 Telnet 차단

마지막으로 기억해야 할 것은 일반적인 표준 ACL과 확장 ACL의 적용은 해당 인터페이스로 이동하여 ip access-group 명령어를 사용하지만 텔넷 접근에서의 적용은 ip access-class라는 명령어를 사용한다는 것이다. 그리고 실습에서 텔넷 접근에 대하여만 허용과 차단 조건을 수행하며 IP 트래픽은 차단되지 않음을 Ping 결과를 통해 확인할 수 있을 것이다. 7.1절에서는 표준 ACL과 확장 ACL의 모델을 제시하고 ACL을 적용하여 확인을 수행하였다. 다음 10.2절에서는 NAT에 대하여 학습한다.

10.2 NAT

(1) NAT 개념

현재의 인터넷의 주소 지정방법은 IPv4를 사용하고 있다. IPv4는 앞서 학습하였듯이 그 한계의 도달하여 주소의 고갈 문제를 일으키고 있다. 주소의 고갈 문제를 해결하는 방안으로는 NAT(Network Address Translation)와 IPv6 기술을 들 수 있다. IPv6에 대하여는 6장에서 주요 특징에 대하여 다루었다. IPv6는 128비트의 주소체계를 지원하여 주소 고갈 문제를 해결할 수 있다. NAT도 부족한 주소 문제를 해결하기 방안이다. 본 절에서는 NAT의 개념과 설정 그리고 확인 방법에 학습한다.

NAT는 내부 네트워크의 사설 IP 주소를 인터넷에서 사용하는 공인 IP 주소로 변환한다. NAT는 할당된 하나의 공인 IP를 가지고, 다수의 내부 사용자들에게 인터넷을 사용할 수 있는 환경을 제공한다. NAT 기능을 사용하면 네트워크 외부로 나가거나 내부로 들어오거나 할 때 모두 주소 변환과정을 수행하기 때문에 보안성이 향상되는 특징이 있다. 공유기가 NAT의 대표적인 예다. NAT의 종류는 정적(static) NAT, 동적(dynamic) NAT, NAT 오버로딩(overloading)의 PAT 방식의 세 가지가 있다.

정적 NAT는 관리자가 직접 사설(private) IP와 공인(public) IP를 일 대 일 연결하는 주소 변환방식이다. 동적 NAT는 공인 IP 주소의 모임(pool)을 구성하여 외부 네트워크와의 연결 시에는 사설 IP 주소가 모임(pool)의 공인 IP 주소에 자동으로 연결하여 할당되고 사용이 끝나면 공인 IP 주소 모임(pool)에 반납한다. 주소 반납의 정보가 저장되지 않을 경우 주소 변환 정보가 남아있지 않으므로 보안성이 있다.

NAT 오버로딩은 여러 개의 내부 사설 IP 주소를 하나의 공인 IP 주소로 다 대 일로 연결하는 방법으로 연결할 때마다 하나의 공인 IP를 다른 포트를 할당하여 교대로 사용하는 방식이다. NAT 오버로딩은 동적 NAT의 일종으로 PAT(Port Address Translation)으로 불리기도 한다. PAT에서는 여러 개의 사설 IP 주소를 하나의 외부 주소(public IP address)로 변환 가능하며 공유할 수 있도록 한다. 따라서 몇 개의 공인 IP 주소만으로도 많은 내부 호스트를 지원할 수 있다.

포트(port)는 16비트로 구성되어 내부적인 연결(session)수가 65,536개이다. 포트는 0에서 1,023까지는 잘 알려진 포트이고, 1,024에서 49,151까지는 등록된 포트이며 그리고 49,152에서 65,535까지는 동적 포트이다.

그림 10.10은 PAT 방식이 어떻게 동작되는지를 보여준다. 내부 네트워크의 사설 IP가 포트를 할당받아 인터넷으로 가기 위한 주소 변환과정을 보여주고 있다. 내부 네트워크는 사설 IP 주소를 공인 IP 주소로 변환하여 외부 네트워크를 이용하고 외부 네트워크에서는 공인 IP 주소를 사설 IP 주소로 변환하여 내부 네트워크를 이용하게 한다(그림 10.10 참조).

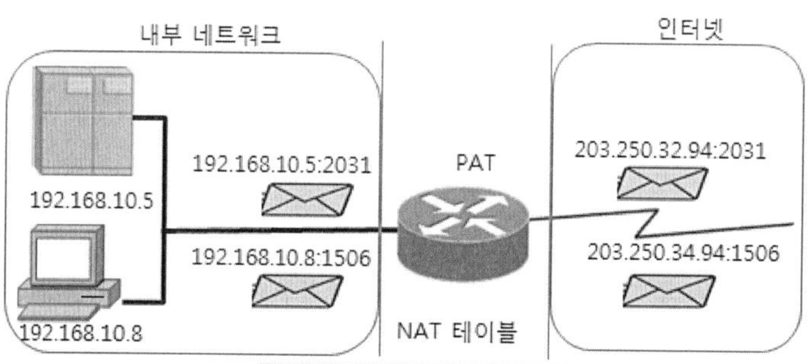

사설 IP 주소	공인 IP 주소
192.168.10.5:2031 192.168.10.8:1507	203.250.32.94:2031 203.250.32.94:1506

그림 10.10 PAT 운용 개념

PAT는 주소 부족 문제를 해결하였고 인터넷 사용 측에서는 변환된 사설 IP 주소를 확인하기 어렵고 내부 토폴로지 정보를 광고하지 않으므로 보안성이 있다. 그러나 내부 네트워크의 사설 IP의 수가 증가할 경우 주소 변환과 관련되어 속도저하를 일으킬 수 있다.

(2) NAT 설정

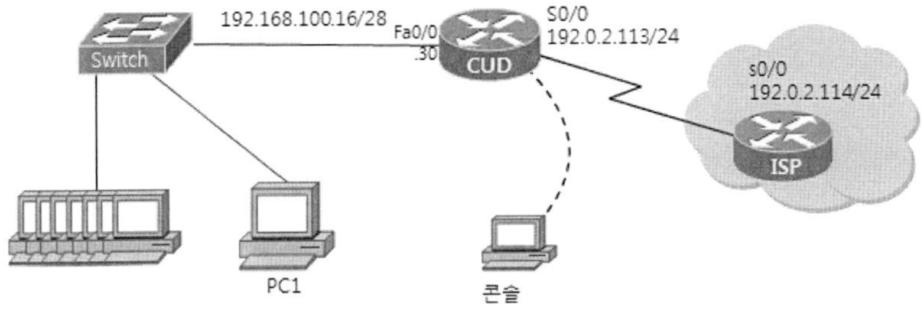

그림 10.11 NAT 실습 모델

그림 10.11은 NAT를 위한 실습 모델이다. 모델에서 CUD는 인터넷 지원을 위해 ISP로부터 198.18.184.104/29 네트워크에서 6개의 공인 IP 주소를 할당받았다. CUD는 내부 192.168.100.16/24 네트워크의 14대의 호스트가 외부 네트워크인 인터넷 접근이 필요하다(그림 10.11 참조). 기본 설정 후의 NAT에 대한 설정을 구체적으로 살펴본다.

NAT 구성을 위한 조건은 다음과 같다.

```
라우터의 이름은 CUD
내부 사설 네트워크 주소 범위: 192.168.100.16/28, 내부 호스트 수: 14
외부 공인 네트워크 주소 범위: 198.18.184.104/29
영역(pool) 이름은 ISP
```

NAT 설정과정은 다음과 같다.

- NAT를 허용할 내부 사설 IP의 주소를 표준 액세스 리스트(ACL)를 구성한다. 사설 IP 네트워크 대역의 서브넷 마스크는 /28로써 255.255.255.240이므로 와일드카드 마스크는 0.0.0.15이고 IP 네트워크 범위는 192.168.100.17에서 192.168.100.30이다.

```
구성 모드#access-list AL번호 permit 내부 사설 IP 와일드카드 마스크
CUD(config)#access-list 1 permit 192.168.100.16 0.0.0.15
```

- 인터넷 사용을 위한 네트워크 주소의 범위를 영역(pool)으로 설정한다. 그 명령은 ip nat pool이며 이어서 영역 이름을 설정한다. 공인 IP 네트워크는 198.18.184.104/29로써 198.18.184.105에서 198.18.184.110이다.

```
구성 모드#ip nat pool poolname 공인 IP 시작 주소 공인 IP 끝 주소 netmask netmask 주소
CUD(config)#ip nat pool isp 198.18.184.104 198.18.184.110 netmask 255.255.255.248
```

- 인터넷 사용을 원하는 출발지 주소가 표준 액세스 리스트와 일치하면 영역 이름으로 정의된 주소로 변환시키는 것으로 overload라는 PAT 방법을 적용한다.

다음 문장은 표준 ACL로 설정한 사설 IP 주소 범위와 공인 IP 주소 범위를 isp라는 영역 이름으로 매핑하는 것으로 동적 NAT의 하나인 PAT overload방식으로 적용된다는 의미이다.

```
구성 모드#ip nat inside source list AL번호 pool poolname overload
CUD(config)#ip nat inside source list 1 pool isp overload
```

위와 같은 방법으로 NAT의 설정은 마무리되었다. 이제 설정내용을 기반으로 해당 인터페이스에 적용토록 한다.

그림 10.11에서처럼 CUD 라우터의 Fa0/0 포트에는 외부에서 내부로 들어오는 트래픽의 주소 변환을 설정하고 그리고 S0/0 포트에는 내부에서 외부로 나가는 트래픽의 주소변환을 설정하면 NAT 설정이 마무리된다. 마지막으로 NAT 설정을 NVRAM에 저장하는 것을 잊지 말자.

```
CUD(config)#interface fastEthernet 0/0
CUD(config-if)#ip nat inside
CUD(config-if)#exit

CUD(config)#interface serial 0/0
CUD(config-if)#ip nat outside
CUD(config-if)#end

CUD#copy running-config startup-config
Destination filename [startup-config]?
Building configuration...
[OK]
CUD#
```

(3) NAT 확인

그림 10.11의 모델을 기반으로 NAT 설정이 완료되었다. 이제 확인을 검토해 보자. 먼저 PC1에서 ISP 라우터로 Ping 확인 결과는 그림 10.12에서 확인 가능하다. 통신이 성공적으로 수행됨을 보인다. 그림 10.13a에서는 show ip nat translation 명령을 수행한 결과이다. 이 명령은 PC1에서 ISP 라우터로 ICMP 프로토콜로 Ping이 수행될 때 NAT의 사설 IP 주소가 공인 IP 주소로 변환됨을 확인시켜준다. PC1의 사설 IP 주소 192.168.100.18이 공인 IP 주소 198.18.184.100으로 변역됨을 구체적으로 보여주고 있다(그림 10.13a 참조). NAT의 더 구체적인 확인은 debug ip nat 명령어이다. 그림 10.13b는 debug ip nat를 수행한 결과이다.

```
PC>ping 192.0.2.114

Pinging 192.0.2.114 with 32 bytes of data:

Reply from 192.0.2.114: bytes=32 time=13ms TTL=254
Reply from 192.0.2.114: bytes=32 time=19ms TTL=254
Reply from 192.0.2.114: bytes=32 time=16ms TTL=254
Reply from 192.0.2.114: bytes=32 time=13ms TTL=254

Ping statistics for 192.0.2.114:
    Packets: Sent = 4, Received = 4, Lost = 0 (0% loss),
Approximate round trip times in milli-seconds:
    Minimum = 13ms, Maximum = 19ms, Average = 15ms
```

그림 10.12 PC1에서 ISP 라우터로 Ping 결과

```
CUD#show ip nat translations
Pro  Inside global        Inside local          Outside local        Outside global
icmp 198.18.184.105:33 192.168.100.18:33  192.0.2.114:33       192.0.2.114:33
icmp 198.18.184.105:34 192.168.100.18:34  192.0.2.114:34       192.0.2.114:34
icmp 198.18.184.105:35 192.168.100.18:35  192.0.2.114:35       192.0.2.114:35
icmp 198.18.184.105:36 192.168.100.18:36  192.0.2.114:36       192.0.2.114:36
```

그림 10.13a Show ip nat translation 명령 결과

show ip nat translations 명령어로 정적 NAT와 동적 NAT를 확인하는 방법에는 차이가 있다. 정적 NAT는 관리자가 미리 설정해둔 상태이기 때문에 NAT 설정 후 본 명령으로 바로 확인이 가능하지만 동적 NAT는 Ping 통신을 한번 수행 후에 확인해야 한다.

그림 10.13b의 debug ip nat 명령어는 PC1에서 ISP 라우터로 Ping이 수행될 때 사설 IP 주소가 공인 IP 주소로 변환되는 과정을 콘솔로 즉시 띄워 디버깅 가능하게 한다. 내부 네트워크의 사설 IP 주소가 외부 네트워크의 공인 IP 주소로의 변환 과정과 최종 수신지의 정보도 확인 가능하다. 또한 역으로 외부 네트워크의 최종 수신지에서 외부 공인 IP 주소가 내부 네트워크의 사설 IP 주소로 변환되는 과정을 더욱 구체적으로 확인 가능하다. debug ip nat 명령어를 취소하는 명령은 no를 추가하여 no debug ip nat이다.

```
CUD#debug ip nat
IP NAT debugging is on
CUD#
NAT: s=192.168.100.18->198.18.184.105, d=192.0.2.114 [37]

NAT*: s=192.0.2.114, d=198.18.184.105->192.168.100.18 [29]

NAT: s=192.168.100.18->198.18.184.105, d=192.0.2.114 [38]

NAT*: s=192.0.2.114, d=198.18.184.105->192.168.100.18 [30]

NAT: s=192.168.100.18->198.18.184.105, d=192.0.2.114 [39]

NAT*: s=192.0.2.114, d=198.18.184.105->192.168.100.18 [31]

NAT: s=192.168.100.18->198.18.184.105, d=192.0.2.114 [40]

NAT*: s=192.0.2.114, d=198.18.184.105->192.168.100.18 [32]
CUD#no debug ip nat
IP NAT debugging is off
CUD#
```

그림 10.13b debug ip nat 명령 수행 결과

본 10.2절에서는 NAT 모델을 기반으로 NAT 기술에 대하여 살펴보았고 또한 NAT의 설정과 확인방법에 대해 구체적으로 살펴보았다. 10.3절에서는 ACL과 정적 NAT에 대해 모델을 제시하고 실습한다.

10.3 ACL 구축 및 실습

실습 1 표준 ACL(Standard Access List)

ACL(Access Control List)이란 설정된 조건에 따라 트래픽을 필터링하는 것으로 네트워크 계층에서 접근 허용과 차단 여부의 조건을 제시한 리스트이다. 네트워크관련 자격제도에서도 많이 다루어지고 있는 부분이다.

그림 10.14는 4개의 네트워크로 구성된 모델이다. 표준 ACL 조건은 다음과 같다.

- 192.168.1.10의 IP 트래픽을 192.168.2.10로 접근을 차단한다.
- 다른 호스트들의 접근은 모두 허용하도록 표준 ACL을 설정한다.

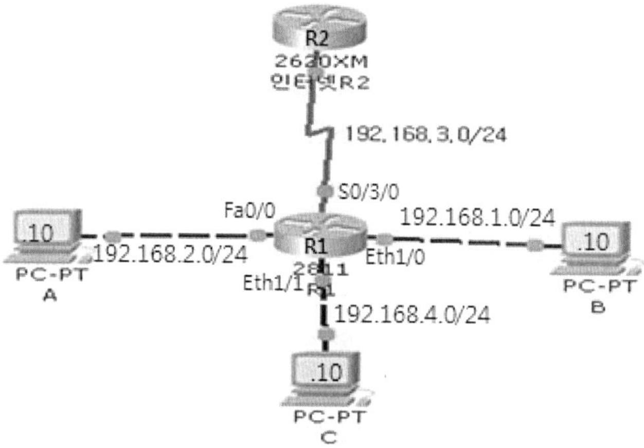

그림 10.14 표준 ACL 실습 모델

실습을 위한 모델의 PC 및 라우터는 기본적인 설정이 완료됨을 가정하고 ACL 설정에 대하여 구체적으로 살펴본다.

1 PCB(192.168.1.10)의 트래픽을 로컬 네트워크(192.168.2.0/24)의 PCA(192.168.2.10)로 접근을 차단한다. 출발지 주소는 PC B(192.168.1.10)이다.
본 예제는 간단한 예제이지만 액세스 리스트의 수가 많아지게 되면 여러 가지 경우를 고려해야 하기 때문에 복잡해질 수도 있다.

2 문제에 대한 조건을 이해하였으니 액세스 리스트를 어떤 인터페이스에 설정해야 되는지를 살펴본다.

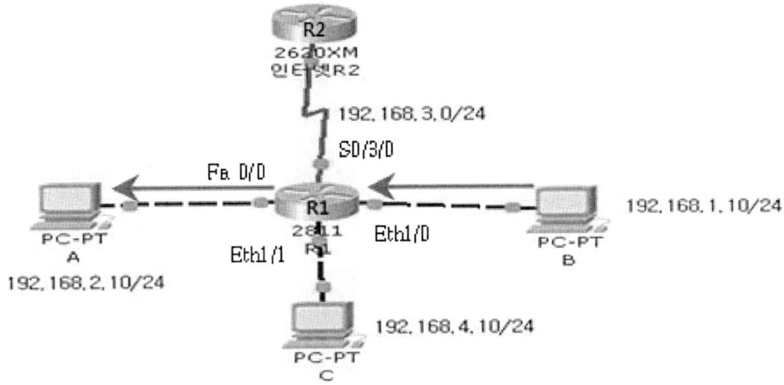

그림 10.15 표준 ACL 적용경로

그림 10.15는 그림 10.14에 대하여 PC에 설정되는 IP 주소를 구체화시켰다. 그림 10.15에서 트래픽은 화살표 방향으로 이동한다. R1 라우터의 Ethernet1/0과 Fastethernet0/0을 거쳐 트래픽이 이동되는 것을 확인할 수 있다. 여기서 Ethernet1/0은 인바운드(Inbound Access)가 되고 Fastethrnet0/0은 아웃바운드(Outbound Access)가 된다. 구체적으로는 PCB에서 PCA로 트래픽을 보낼 때는 R1 라우터의 Eth1/0으로 들어와(inbound) Fa0/0으로 나간다(outbound)는 의미이다.

본 표준 ACL의 조건은 PCB에서 PCA로의 접근을 차단하는 것으로 조건리스트는 Fa0/0에 설정한다.

3 출발지 주소와 설정할 인터페이스의 확인을 거쳐 R1 라우터에서 표준 ACL을 설정한다. R1 라우터의 구성 모드에서 access-list 명령어를 사용하여 액세스 리스트를 생성하다. 여기서 액세스 리스트 번호는 상기의 기술처럼 표준 ACL의 경우는 1에서 99 사이이므로 2을 적용하기로 한다. R1 라우터의 구성 모드에서 아래와 같이 표준 ACL을 작성한다.

```
Router(config)#access-list 2 deny 192.168.1.10 0.0.0.255
Router(config)#access-list 2 permit any
Router(config)#exit
Router#
```

여기서 주의사항이 [access-list 2 deny 192.168.1.10 0.0.0.255]를 설정해 주고 [access-list 2 permit any]를 설정해주지 않으면 자동으로 deny all 명령어가 묵시적으로 적용되게 되므로 모든 주소를 다 차단하여 해당 인터페이스 shutdown과 같은 결과가 발생하게 된다. 주의하도록 한다.

액세스 리스트의 설정이 완료되었으며 R1 라우터의 해당 인터페이스에 액세스 리스트를 적용해야 한다.

해당 인터페이스에서 다음과 같은 방법으로 적용시킬 수 있다. 해당 인터페이스에서 ip access-group 명령어를 사용하고 액세스 리스트 번호를 기술한다. 그리고 인터페이스에서 아웃바운드에서 적용한다.

```
Router(config)#interface fastEthernet 0/0
Router(config-if)#ip access-group 2 out
Router(config-if)#end
Router#
```

4 액세스 리스트 설정에서 인터페이스 적용까지 수행한 후 조건에 따라 정상적으로 차단과 허용이 되는지를 확인하기 위해 Ping 결과를 확인한다. PCB에서 PCA로 Ping 결과는 그림 10.16과 같다. ACL을 설정 전에서 정상적인 Ping 결과가 ACL 설정 후에는 차단이 되고 있는 것을 확인 가능하다.

```
PC>ping 192.168.2.10

Pinging 192.168.2.10 with 32 bytes of data:

Reply from 192.168.1.1: Destination host unreachable.
Reply from 192.168.1.1: Destination host unreachable.
Reply from 192.168.1.1: Destination host unreachable.
Reply from 192.168.1.1: Destination host unreachable.

Ping statistics for 192.168.2.10:
    Packets: Sent = 4, Received = 0, Lost = 4 (100% loss),
```

그림 10.16 PCB에서 PCA로 Ping 결과

```
PC>ping 192.168.2.10

Pinging 192.168.2.10 with 32 bytes of data:

Reply from 192.168.2.10: bytes=32 time=47ms TTL=127
Reply from 192.168.2.10: bytes=32 time=62ms TTL=127
Reply from 192.168.2.10: bytes=32 time=62ms TTL=127
Reply from 192.168.2.10: bytes=32 time=62ms TTL=127

Ping statistics for 192.168.2.10:
    Packets: Sent = 4, Received = 4, Lost = 0 (0% loss),
Approximate round trip times in milli-seconds:
    Minimum = 47ms, Maximum = 62ms, Average = 58ms
```

그림 10.17 PCC에서 PCA로 Ping 결과

PCB에서 PCA까지 Ping 테스트 통신이 정상적이지 않는 것은 액세스 리스트에서 deny로 설정되었기 때문이다. ACL조건들이 정확하게 반영되고 있는지를 확인하기 위해 다른 PC와의 통신도 확인해야 한다.

그림 10.17과 같이 [access-list 2 permit any]라는 설정은 PCB 이 외의 모든 주소는 접근이 허용되도록 설정되었기 때문에 그림 10.17처럼 Ping 테스트는 성공하여 통신됨이 확인 가능하다.

실습 2 확장 ACL(Extended Access List)

확장 ACL은 출발지 주소와 목적지 주소 모두를 적용하여 액세스 리스트를 생성할 수 있으며 IP, TCP, UDP, ICMP 등의 프로토콜도 설정하여 제어할 수 있다. 그림 10.18은 확장 ACL 실습 모델이다. 확장 ACL조건은 다음과 같다.

- 출발지 192.168.4.0/24 네트워크는 웹 서버와 파일 서버 네트워크에 접근을 허용한다.
- 192.168.3.0/24 네트워크는 웹 서버와 파일 서버 네트워크에 접근을 차단한다.

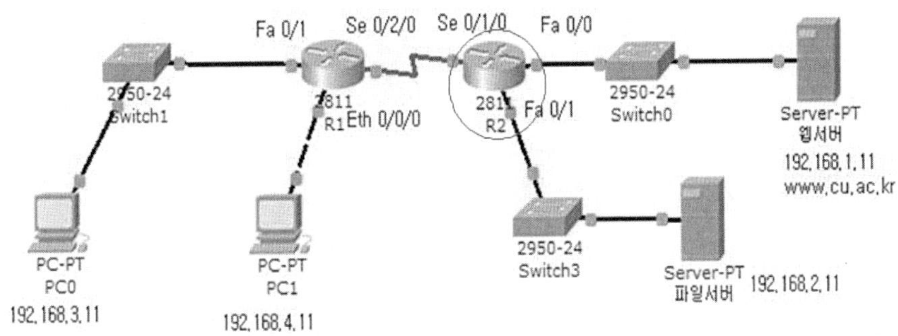

그림 10.18 확장 ACL 실습 모델

표 10.2는 그림 10.18 확장 ACL 모델의 상세 설정에 대하여 담고 있다.

표 10.1 확장 ACL을 위한 IP 주소

장치명	인터페이스	IP 주소	서브넷 마스크	게이트웨이 주소
Router 1 (R1)	Fa 0/1	192.168.3.10	255.255.255.0	N/A
	Serial 0/2/0	192.168.5.1	255.255.255.0	N/A
	Ethernet 0/0/0	192.168.4.10	255.255.255.0	N/A
Router 2 (R2)	Fa 0/0	192.168.1.11	255.255.255.0	N/A
	Fa 0/1	192.168.2.11	255.255.255.0	N/A
	Serial 0/1/0	192.168.5.2	255.255.255.0	N/A
웹 서버	FastEthernet	192.168.1.11	255.255.255.0	192.168.1.10
파일 서버	FastEthernet	192.168.2.11	255.255.255.0	192.168.2.10
PC 0	NIC	192.168.3.11	255.255.255.0	192.168.3.10
PC 1	NIC	192.168.4.11	255.255.255.0	192.168.4.10

표 10.1을 참조하여 실습을 위한 기본 설정은 완료된 것으로 가정한다.

1 확장 ACL 설정을 위해 구체적인 ACL조건을 검토한다. 확장 ACL에서는 출발지 주소와 목적지 주소가 모두 설정된다.
제시된 문제 해결을 위해 네 개의 액세스 리스트를 생성한다.
PC0의 192.168.3.0/24는 웹 서버(192.168.1.0/24) 접근을 차단한다.
PC0의 192.168.3.0/24는 파일 서버(192.168.2.0/24) 접근을 차단한다.
PC1의 192.168.4.0/24는 웹 서버(192.168.1.0/24) 접근을 허용한다.
PC1의 192.168.4.0/24는 파일 서버(192.168.2.0/24) 접근을 허용한다.

2 액세스 리스트를 적용할 인터페이스를 검토한다.

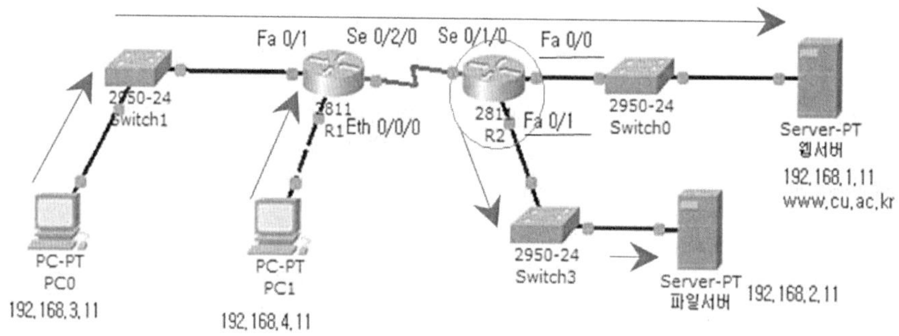

그림 10.19 확장 ACL 적용경로

그림 10.19는 확장 액세스 리스트 작성을 위해 살펴본 각 호스트들은 트래픽의 이동경로를 보여준다. ACL 설정은 웹 서버와 파일 서버를 기준으로 하여 R2 라우터의 인터페이스 Fa0/0과 Fa0/1가 될 수 있다.

3 액세스 리스트와 적용 인터페이스를 확인하고 R2 라우터에 확장 ACL을 설정하도록 한다. 확장 ACL의 형식은 7.1절을 참조한다.
확장 ACL 설정 전에 많이 사용되는 일반적인 포트번호를 이해하자(표 10.2 참조). FTP, Telnet, HTTP 정도는 기억하면 액세스 리스트를 작성할 때 쉽다. 액세스 리스트 작성에서 eq는 같다(qual)의 의미로써 뒤에 응용 서비스 이름을 기재해도 가능하다. 예를 들면 eq 23은 eq telnet, eq 21은 eq ftp, eq 80은 eq www이다. 그 외에는 gt(grater than) 1,023이란 포트번호가 1,023보다 크다의 의미이고 lt(less than) 1,024는 포트번호가 1,024보다 작다의 의미를 나타낸다.

표 10.2 프로토콜별 포트번호

전송 프로토콜	응용 서비스 프로토콜	포트번호
TCP	FTP	21
	SSH	22
	Telnet	23
	SMTP	25
	HTTP	80
	POP3	110
UDP	DNS	53
	TFTP	69
	DHCP	67/68
	SNMP	161

4 R2 라우터에서 설정될 액세스 리스트 내용은 다음과 같다.

```
Router(config)#access-list 101 deny tcp 192.168.3.11 0.0.0.255 192.168.1.11 0.0.
0.255 eq www ——→ 192.168.3.0 네트워크에서 192.168.1.0 네트워크로 www 접근 허용하지 않음
Router(config)#access-list 101 deny tcp 192.168.3.11 0.0.0.255 192.168.2.11 0.0.
0.255 eq ftp ——→ 192.168.3.0 네트워크에서 192.168.2.0 네트워크로 ftp 접근 허용하지 않음
Router(config)#access-list 101 permit tcp 192.168.4.11 0.0.0.255 192.168.1.11 0.
0.0.255 eq www ——→ 192.168.4.0 네트워크에서 192.168.1.0 네트워크로 www 접근 허용
Router(config)#access-list 101 permit tcp 192.168.4.11 0.0.0.255 192.168.2.11 0.
0.0.255 eq ftp ——→ 192.168.4.0 네트워크에서 192.168.2.0 네트워크로 ftp 접근 허용
Router(config)#access-list 101 permit ip any any ——→ 이외 모두 허용
Router(config)#end
```

위의 액세스 리스트 설정을 보면 의문사항이 생긴다. 특정 IP 주소를 네트워크 대역에 설정하였다는 것이다. 여기서 기억해야 할 것은 와일드카드 마스크의 사용법이며 표 10.3을 참조한다.

표 10.3 와일드카드 마스크(wildcard mask)

IP 주소	와일드카드 마스크	ACL 적용 범위
192.168.1.11	0.0.0.255	192.168.1.0–192.168.1.255
192.168.1.11	0.0.0.0	192.168.1.11
0.0.0.0	255.255.255.255	모든 IP 주소(any)

표 10.3과 같이 192.168.1.11 0.0.0.255는 그 범위가 192.168.1.11의 특정 IP에 해당하는 호스트의 주소를 의미하는 것이 아니고 해당 네트워크 전체 범위를 의미한다. 그러므로 액세스 리스트 설정에서는 네트워크 주소 대신 특정 호스트의 주소와 와일드카드 마스크를 설정하면 네트워크로 인식됨을 이해한다.

액세스 리스트 [access-list 101 permit ip any any]에서 any라는 명령어는 7.1절에서 이해하였듯이 출발지 네트워크 주소와 목적지 네트워크 주소의 모두를 허용한다는 의미이다.

5 액세스 리스트 101을 R2 라우터의 해당 인터페이스 Fa0/0와 Fa0/1 인터페이스에 적용한다.

```
Router(config)#interface fa 0/0
Router(config-if)#ip access-group 101 out
Router(config-if)#exit
Router(config)#interface fa 0/1
Router(config-if)#ip access-group 101 out
Router(config-if)#end
Router#
```

해당 인터페이스에 적용하는 방법은 표준 ACL과 동일함을 알 수 있다.

6 확장 ACL 테스트를 수행한다.

PC0(192.168.3.11/24)과 PC1(192.168.4.11/24)에서 파일 서버(ftp)과 웹 서버(www)까지의 Ping 결과는 각기 다르다. 왜냐하면 FTP와 WWW 응용 계층 서비스에 대하여 PC1(192.168.4.11/24)은 허용하고 PC0(192.168.3.11/24)은 차단 ACL이 적용되었기 때문이다.

웹 서버와의 테스트 확인 방법은 PC 1의 웹브라우저를 통해 가능하다. 웹브라우저에서 http://www.cu.ac.kr 또는 http://192.168.1.11 주소로 연결하여 웹 서버로 접근이 되는지를 확인하면 된다. 파일 서버와의 연결 확인 방법은 그림 10.20과 같이 PC1의 CMD 화면에서 ftp 192.168.2.11 명령을 수행하여 파일 서버로 접근이 되는지를 확인하면 된다. 실습 모델에서는 사용자 ID와 패스워드는 cisco/cisco로 설정되어 있다. 그림 10.20과 같이 PC 1(192.168.2.11/24)에서는 웹 서버와 파일 서버로의 접근이 성공적임을 보인다.

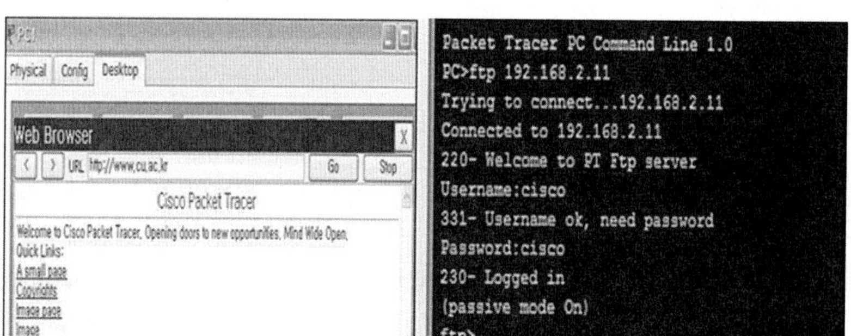

그림 10.20 PC1에서 웹 서버와 ftp 서버 접근 결과

그림 10.21은 PC 0(192.168.3.11/24)에서 파일 서버와 웹 서버에 접근할 때의 결과를 나타낸다.

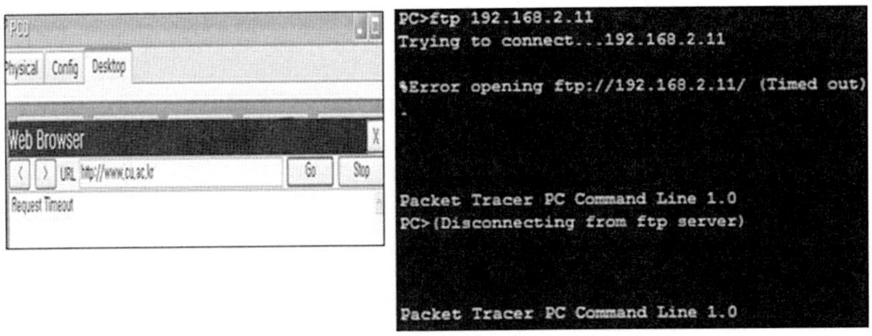

그림 10.21 PC0에서 웹 서버와 FTP 서버 접근 결과

그림 10.21은 그림 10.20과는 다른 통신 결과를 보인다. PC 0(192.168.3.11/24)은 웹브라우저의 웹 서버 접근이 차단되고 있으며 FTP 서버 접근에도 차단됨을 보인다(그림 10.21 참조). 확장 액세스 리스트의 설정이 정확하게 적용되고 있음을 확인할 수 있다.

10.4 NAT 구축 및 실습

그림 10.22의 네트워크를 모델링하여 정적(static) NAT를 설정하고 확인한다.

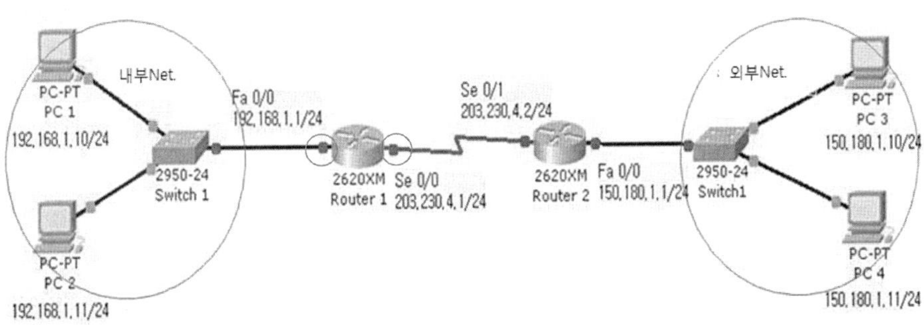

그림 10.22 정적 NAT 모델

사설 IP를 사용하는 내부 네트워크에서 공인 IP를 사용하는 외부 네트워크를 이용할 때 설정하는 NAT 방법 중의 하나로 정적 NAT 방법이 있다. 정적 NAT는 내부 사설 IP 주소 하나에 외부 IP 주소 하나를 할당하는 일 대 일 방식의 주소 변환방법이다. Router1에서 정적 NAT를 설정하는 과정을 실습한다.

1 PC 및 라우터 인터페이스의 기본적인 설정을 한다. 그림 10.22를 참조하여 각 PC에 IP 및 Subnet Mask, Gateway 주소를 부여한다.

표 10.4 정적 NAT 모델의 IP 설정 정보

장치명	인터페이스	IP 주소	서브넷 마스크	게이트웨이 주소
Router 1	Fa 0/0	192.168.1.1	255.255.255.0	N/A
	Serial 0/0	203.230.4.1	255.255.255.0	N/A
Router 2	Fa 0/0	150.180.1.1	255.255.255.0	N/A
	Serial 0/1	203.230.4.2	255.255.255.0	N/A
PC 1	NIC	192.168.1.10	255.255.255.0	192.168.1.1
PC 2	NIC	192.168.1.11	255.255.255.0	192.168.1.1
PC 3	NIC	150.180.1.10	255.255.255.0	150.180.1.1
PC 4	NIC	150.180.1.11	255.255.255.0	150.180.1.1

PC들과 라우터에 IP 주소를 설정하고 네트워크의 연결을 위해 Router1과 Router2에 RIPv2 라우팅 프로토콜 설정까지 한 후의 Router1의 show running-config 명령의 내용이다. 참조하길 바란다.

```
interface FastEthernet0/0
 ip address 192.168.1.1 255.255.255.0
 duplex auto
 speed auto

interface Serial0/0
 ip address 203.230.4.1 255.255.255.0
 clock rate 128000
!
interface Serial0/1
 no ip address
 shutdown
!
router rip
 version 2
 network 192.168.1.0
 network 203.230.4.0
 no auto-summary
.
```

RIPv2 라우팅 프로토콜은 VLSM을 지원하므로 no auto-summary 명령을 설정해야 한다. Router2에도 RIPv2 라우팅 프로토콜을 설정한다. Router2의 show running-config 명령의 내용이다.

```
interface FastEthernet0/0
 ip address 150.180.1.1 255.255.255.0
 duplex auto
 speed auto
!
interface Serial0/0
 no ip address
 shutdown
!
interface Serial0/1
 ip address 203.230.4.2 255.255.255.0
!
router rip
 version 2
 network 150.180.0.0
 network 203.230.4.0
 no auto-summary
```

Router1에서 정적 NAT를 설정한다. 이때 192.168.1.0/24 네트워크가 사설 IP 네트워크이고 203.230.4.0/24 네트워크가 인터넷 가능한 공인 IP 네트워크이다.

2 Router1에서 정적 NAT를 설정한다. 정적 NAT의 수행 명령어는 다음과 같다.

```
ip nat inside source static [Inside Local] [Inside Global]
```

[Inside Local]은 사설 IP를 의미하고 [Inside Global]은 할당되는 공인 인터넷 IP를 의미한다. 정적 NAT는 일 대 일로 할당되기 때문에 하나씩 설정해주어야 한다. 192.168.1.10/24은 203.230.4.3/24로 설정하고 192.168.1.11/24은 203.230.4.4/24로 설정한다. 일 대 일로 설정이 마무리된 후에는 Router1의 Fa0/0 인터페이스에 ip nat inside 명령어를, Se0/0 인터페이스에 ip nat outside 명령어를 설정하면 된다. 정적 NAT의 설정내용은 다음과 같다.

```
Router(config)#ip nat inside source static 192.168.1.10 203.230.4.3
Router(config)#ip nat inside source static 192.168.1.11 203.230.4.4
Router(config)#int fa 0/0
Router(config-if)#ip nat inside
Router(config-if)#exit
Router(config)#int se 0/0
Router(config-if)#ip nat outside
Router(config-if)#exit
```

3 정적 NAT의 설정이 성공적으로 설정되었는지 이제 확인하여 보도록 한다. PC1에서 PC3으로, PC2에서 PC4로 Ping 결과를 확인한다.

```
PC>ping 150.180.1.10

Pinging 150.180.1.10 with 32 bytes of data:

Reply from 150.180.1.10: bytes=32 time=141ms TTL=126
Reply from 150.180.1.10: bytes=32 time=125ms TTL=126
Reply from 150.180.1.10: bytes=32 time=157ms TTL=126
Reply from 150.180.1.10: bytes=32 time=156ms TTL=126

Ping statistics for 150.180.1.10:
    Packets: Sent = 4, Received = 4, Lost = 0 (0% loss),
Approximate round trip times in milli-seconds:
    Minimum = 125ms, Maximum = 157ms, Average = 144ms
```

그림 10.23 PC 0에서 PC 2로 Ping 결과

그림 10.23의 결과는 내부 네트워크 PC1에서 외부 네트워크 PC3 사이 통신 가능함이 확인된다. 이는 정확한 인터페이스 설정 위에 라우팅 프로토콜이 설정되었기 때문에 당연한 결과이다. 이 결과로는 정적 NAT의 주소변환을 확인하기 어렵다. 정적 NAT의 정확한 주소변환을 확인하기 위해서는 Router1에서 show ip nat translations 명령을 사용한다.

```
Router#show ip nat translations
Pro  Inside global      Inside local       Outside local      Outside global
icmp 203.230.4.3:1      192.168.1.10:1     150.180.1.10:1     150.180.1.10:1
icmp 203.230.4.3:2      192.168.1.10:2     150.180.1.10:2     150.180.1.10:2
icmp 203.230.4.3:3      192.168.1.10:3     150.180.1.10:3     150.180.1.10:3
icmp 203.230.4.3:4      192.168.1.10:4     150.180.1.10:4     150.180.1.10:4
icmp 203.230.4.3:5      192.168.1.10:5     150.180.1.10:5     150.180.1.10:5
icmp 203.230.4.3:6      192.168.1.10:6     150.180.1.10:6     150.180.1.10:6
icmp 203.230.4.3:7      192.168.1.10:7     150.180.1.10:7     150.180.1.10:7
icmp 203.230.4.3:8      192.168.1.10:8     150.180.1.10:8     150.180.1.10:8
icmp 203.230.4.4:10     192.168.1.11:10    150.180.1.11:10    150.180.1.11:10
icmp 203.230.4.4:11     192.168.1.11:11    150.180.1.11:11    150.180.1.11:11
icmp 203.230.4.4:12     192.168.1.11:12    150.180.1.11:12    150.180.1.11:12
icmp 203.230.4.4:9      192.168.1.11:9     150.180.1.11:9     150.180.1.11:9
---  203.230.4.3        192.168.1.10       ---                ---
---  203.230.4.4        192.168.1.11       ---                ---
```

그림 10.24 show ip nat translations 명령 결과

이 명령을 실행하면 주소 변환의 정확한 확인이 가능하다. 그림 10.24는 정적 NAT 설정 후 show ip nat translations 명령 수행 결과이다. 이 결과에서 정적 NAT 설정조건과 일치되는 결과를 확인 가능하다. 또한 192.168.1.10은 203.250.4.3으로 그리고 192.168.1.11은 203.250.4.4로 일 대 일 변환됨을 확인 가능하다.

결과적으로 그림 10.23의 Ping 결과는 Inside local 주소를 Inside global 주소로 변환되어 목적지 주소로 통신이 수행됨을 보인 것이다. 내부 네트워크에서 외부 네트워크 사용을 위해 정적 NAT 설정이 성공적으로 수행되었음이 확인되었다.

실습과제

1 표준 ACL 문제(그림 참조)

192.168.10.0/24 네트워크를 차단하는 ACL을 Router0에 설정하시오.

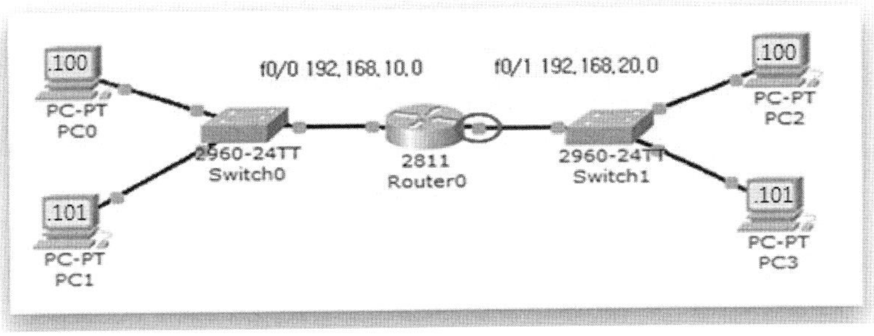

ACL 설정은 Router0에서 show running-config 결과인 아래 내용을 참조한다. 아래의 PC0에서 PC1과 PC3으로 Ping 결과도 참조하시오.

```
interface FastEthernet0/1
 ip address 192.168.20.1 255.255.255.0
 ip access-group 1 out
 duplex auto
 speed auto
!
interface Vlan1
 no ip address
 shutdown
!
ip classless
!
!
access-list 1 deny 192.168.10.0 0.0.0.255
```

```
PC>ping 192.168.20.100

Pinging 192.168.20.100 with 32 bytes of data:

Reply from 192.168.10.1: Destination host unreachable.
Reply from 192.168.10.1: Destination host unreachable.
```

```
PC>ping 192.168.20.101

Pinging 192.168.20.101 with 32 bytes of data:

Reply from 192.168.10.1: Destination host unreachabl
Reply from 192.168.10.1: Destination host unreachabl
```

2 확장 ACL 문제

웹 서버 주소인 192.168.20.102/24로의 모든 웹 접근을 허용하지 않는다. 호스트 192.168.10.100/24에서 호스트 192.168.20.100로 IP 트래픽은 차단하고 그리고 그 외의 트래픽은 모두 허용한다(그림 참조).

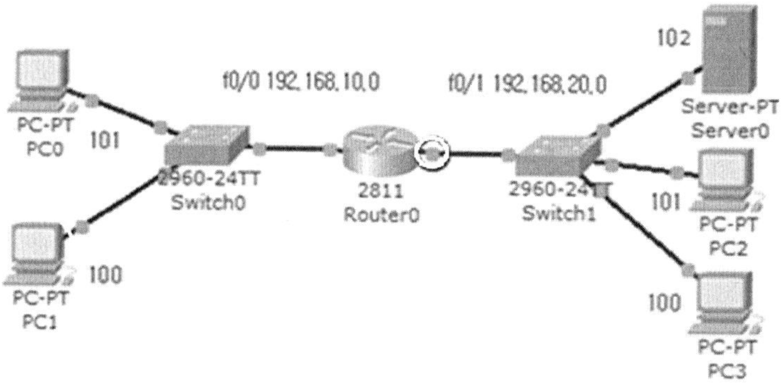

ACL 설정은 아래의 show running-config 명령의 내용을 참조한다.

```
interface FastEthernet0/1
 ip address 192.168.20.1 255.255.255.0
 ip access-group 100 out
 duplex auto
 speed auto
!
interface Vlan1
 no ip address
 shutdown
!
ip classless
!
!
access-list 100 deny tcp any host 192.168.20.102 eq www
access-list 100 deny ip host 192.168.10.100 host 192.168.20.100
access-list 100 permit ip any any
```

확장 ACL 설정 후 PC 1의 웹브라우저를 이용한 웹 서버로의 접근은 차단된다. PC1(192.168.10.100)에서 PC3(192.168.20.100)으로 Ping 통신이 불가능하지만 웹 서버로의 Ping 통신이 성공적임을 보인다. 이는 액세스 리스트의 마지막에 줄의 내용 permit ip any any 때문이다.

PC 1에서 웹 서버로 접근은 실패 결과를 보인다.

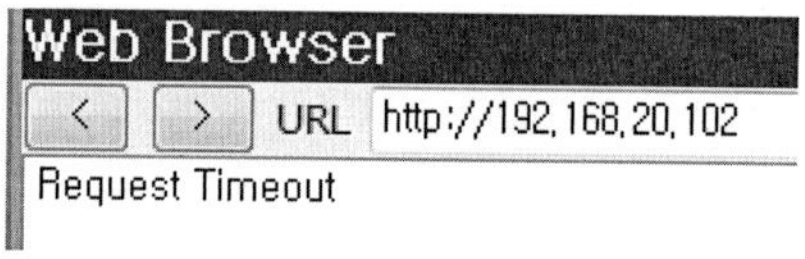

PC1과 웹 서버 그리고 PC1과 PC3 사이 Ping 결과를 나타낸다.

```
PC>ping 192.168.20.102

Pinging 192.168.20.102 with 32 bytes of data:

Reply from 192.168.20.102: bytes=32 time=15ms TTL=127
Reply from 192.168.20.102: bytes=32 time=15ms TTL=127
```

```
PC>ping 192.168.20.100

Pinging 192.168.20.100 with 32 bytes of data:

Reply from 192.168.10.1: Destination host unreachable.
Reply from 192.168.10.1: Destination host unreachable.
```

3 정적 NAT 문제

정적 NAT 모델을 활용하여 내부 네트워크 PC1(192.168.10.100/24)을 공인 IP(192.162.0.20/24)로, NAT 라우터에 정적 NAT를 설정하시오. ip nat inside는 Fa0/0, ip nat outside는 Se0/1/0에 적용시키시오.

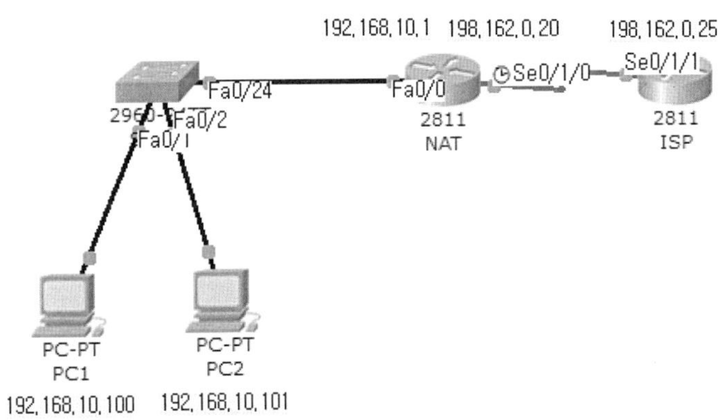

NAT 라우터에서 정적 NAT 설정은 다음의 내용을 참조한다.

```
Router(config)#ip nat inside source static 192.168.10.100 198.162.0.100

Router(config)#int f0/0
Router(config-if)#ip nat inside

Router(config-if)#int s0/1/0
Router(config-if)#ip nat outside
```

정적 NAT는 PC1과 PC2에서 ISP 라우터(198.162.0.25)로 Ping 결과이다.

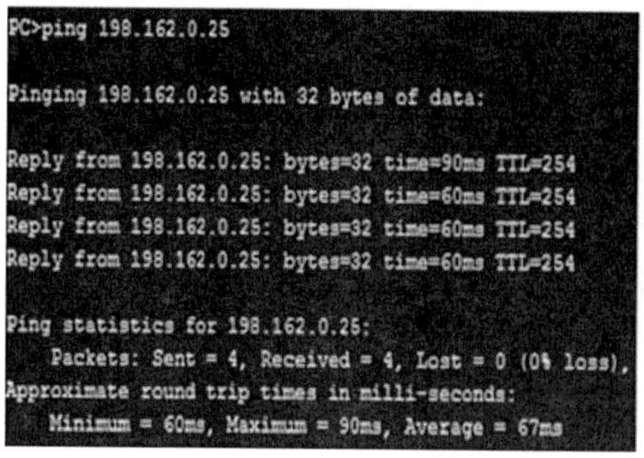

```
PC>ping 198.162.0.25

Pinging 198.162.0.25 with 32 bytes of data:

Reply from 198.162.0.25: bytes=32 time=90ms TTL=254
Reply from 198.162.0.25: bytes=32 time=60ms TTL=254
Reply from 198.162.0.25: bytes=32 time=60ms TTL=254
Reply from 198.162.0.25: bytes=32 time=60ms TTL=254

Ping statistics for 198.162.0.25:
    Packets: Sent = 4, Received = 4, Lost = 0 (0% loss),
Approximate round trip times in milli-seconds:
    Minimum = 60ms, Maximum = 90ms, Average = 67ms
```

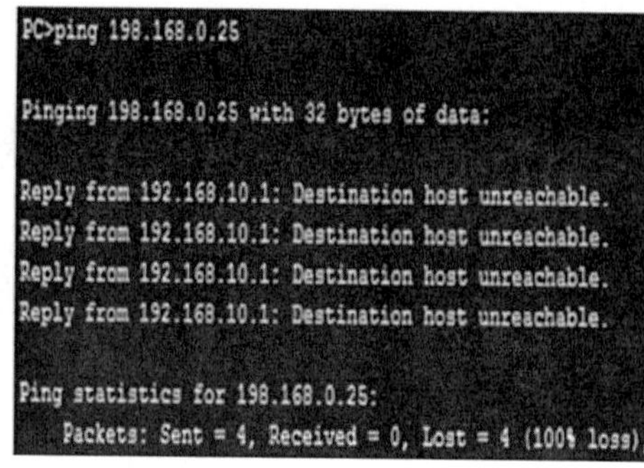

```
PC>ping 198.168.0.25

Pinging 198.168.0.25 with 32 bytes of data:

Reply from 192.168.10.1: Destination host unreachable.
Reply from 192.168.10.1: Destination host unreachable.
Reply from 192.168.10.1: Destination host unreachable.
Reply from 192.168.10.1: Destination host unreachable.

Ping statistics for 198.168.0.25:
    Packets: Sent = 4, Received = 0, Lost = 4 (100% loss),
```

4 NAT overloading(PAT) 문제

NAT 구성을 위한 조건은 다음과 같다(그림 참조).

NAT 설치 라우터의 이름은 NAT, Pool 이름은 isp, Fa0/0: ip nate inside, Se0/1/0: ip nat outside 이다.

내부 사설 네트워크 주소 범위: 192.168.10.0/24

외부 공인 네트워크 주소 범위: 198.162.0.1/24

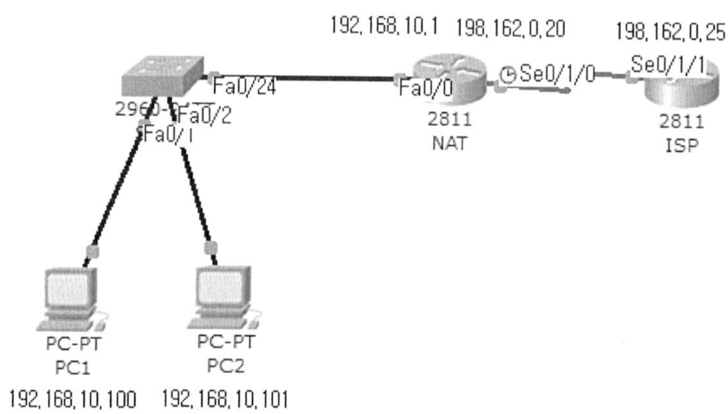

NAT 라우터에서 동적 NAT 설정은 다음의 내용을 참조한다.

```
Router(config)#access-list 10 permit 192.168.10.0 0.0.0.255
Router(config)#ip nat pool isp 198.162.0.1 198.162.0.254 netmask 255.255.255.0
Router(config)#ip nat inside source list 10 pool isp overload
Router(config)#int f0/0
Router(config-if)#ip nat inside
Router(config-if)#exit
Router(config)#int s0/1/0
Router(config-if)#ip nat outside
Router(config-if)#end
```

동적 NAT는 PC1과 PC2에서 ISP 라우터(198.162.0.25)로 Ping 확인한다.

```
PC>ping 198.162.0.25

Pinging 198.162.0.25 with 32 bytes of data:

Reply from 198.162.0.25: bytes=32 time=90ms TTL=254
Reply from 198.162.0.25: bytes=32 time=60ms TTL=254
Reply from 198.162.0.25: bytes=32 time=60ms TTL=254
Reply from 198.162.0.25: bytes=32 time=60ms TTL=254

Ping statistics for 198.162.0.25:
    Packets: Sent = 4, Received = 4, Lost = 0 (0% loss),
Approximate round trip times in milli-seconds:
    Minimum = 60ms, Maximum = 90ms, Average = 67ms
```

```
PC>ping 198.162.0.25

Pinging 198.162.0.25 with 32 bytes of data:

Reply from 198.162.0.25: bytes=32 time=90ms TTL=254
Reply from 198.162.0.25: bytes=32 time=60ms TTL=254
Reply from 198.162.0.25: bytes=32 time=60ms TTL=254
Reply from 198.162.0.25: bytes=32 time=60ms TTL=254

Ping statistics for 198.162.0.25:
    Packets: Sent = 4, Received = 4, Lost = 0 (0% loss),
Approximate round trip times in milli-seconds:
    Minimum = 60ms, Maximum = 90ms, Average = 67ms
```

구체적인 NAT 변환과정은 show ip nat translations으로 확인 가능하다.

```
Router#show ip nat translations
Pro  Inside global       Inside local        Outside local      Outside global
icmp 198.162.0.1:1       192.168.10.100:1    198.162.0.25:1     198.162.0.25:1
icmp 198.162.0.1:2       192.168.10.100:2    198.162.0.25:2     198.162.0.25:2
icmp 198.162.0.1:3       192.168.10.100:3    198.162.0.25:3     198.162.0.25:3
icmp 198.162.0.1:4       192.168.10.100:4    198.162.0.25:4     198.162.0.25:4
icmp 198.162.0.1:1024    192.168.10.101:1    198.162.0.25:1     198.162.0.25:1024
icmp 198.162.0.1:1025    192.168.10.101:2    198.162.0.25:2     198.162.0.25:1025
icmp 198.162.0.1:1026    192.168.10.101:3    198.162.0.25:3     198.162.0.25:1026
icmp 198.162.0.1:1027    192.168.10.101:4    198.162.0.25:4     198.162.0.25:1027
```

참고문헌

1. 스티브 맥커리, "시스코 공인 학습 가이드", 피어슨에듀케이션코리아, 2009.
2. 조영일, 심재형, "네트워크 개론과 실습", 한빛미디어, 2003.
3. CCNA Cisco Certified Network Associate Study Guide
4. 김해근, 장정숙, "정보통신개론", 홍릉과학출판사, 2007.
5. 인터넷 사이트 참조: http://www.9tut.com, http://www.kisa.or.kr
6. 인터넷 검색 활용(키워드: 네트워크 모델링, 라우터, 스위치, 네트워크보안기술)

찾아보기

ㅊ

ㅋ

ㅌ

ㅍ

ㅎ

저자 약력

장정숙(Jung-Sook Chang)

- 경일대학교 컴퓨터공학과
- 대구가톨릭대학교 교육대학원 전자계산교육전공 교육학석사
- 대구가톨릭대학교 대학원 전산통계학과 네트워크보안전공 이학박사
- 대구경북과학기술원 공공원천기술연구센터 선임연구원
- (현) 대구가톨릭대학교 IT공학부 강의전담교수
- 한국정보시스템감사통제협회(ISACA) 개인정보연구회 임원
- 개인정보보호인증(PIPL) 심사원

전용희(Yong-Hee Jeon)

- 고려대학교 전기·전자·전파공학부
- 미국 플로리다공대 대학원 컴퓨터공학과
- 미국 노스캐롤라이나주립대 대학원 Elec. and Comp. Eng. 석사, 박사
- 삼성중공업(주)
- 한국전력기술(주)
- 벨기에 벨가톰사 연수
- 미국 노스캐롤라이나주립대 Dept of Elec. and Comp. Eng. TA
- 미국 노스캐롤라이나주립대 부설 CCSP(Center For Comm. & Signal Processing) RA
- 한국전자통신연구원 광대역통신망연구부 선임연구원
- (현) 대구가톨릭대학교 IT공학부 교수
- 대구가톨릭대학교 공과대학장
- 한국전자통신연구원 정보보호연구단 초빙연구원
- 경상북도 및 경산시 정보화 추진위원
- 한국정보보호학회 학회지 편집위원장
- 한국정보보호학회 부회장
- 한국통신학회 학회지 편집위원
- 한국정보과학회 정보보호 분과위원장
- Who's Who in the World, Who's Who in the Science and Engineering 등재

정가 16,000원

네트워크 설계 및 실습

2014년 7월 20일 초판 인쇄
2014년 8월 1일 초판 발행

저 자 : 장 정 숙 · 전 용 희
발행자 : 우 명 찬 · 송 준
발행처 : 홍릉과학출판사

저자와의 협의하에 인지생략

주 소 : ㊄ 142-885 서울시 강북구 인수봉로 50길 10

등 록 : 1976년 10월 21일 제5-66호

전 화 : 999-2274~5, 903-7037
팩 스 : 905-6729

ISBN : 979-11-5600-316-8

hongpub@hongpub.co.kr
www.hongpub.co.kr